Este libro *¡Cuidado con los extremo.* presentación de los dones, analizado: el Dr. Kittim Silva Bermúdez. El Dr. Silva, con los años experiencia, nos presenta una gama de cuidados balanceados a la hora de ver en acción los dones espirituales.

—Dr. José Martínez Rincón,
Presidente de Radio *Visión Cristiana*,
Obispo de la Región del Este,
Iglesia de Dios Pentecostal, MI

En *¡Cuidado con los extremos! Uso y abuso de los dones*, el Dr. Kittim Silva nos comparte la vigencia y pertinencia de los dones espirituales en la Iglesia de hoy, como lo fue en la Iglesia Primitiva.

Magistralmente, el autor hace alusión a la diversidad de los dones bíblicos del Nuevo Testamento, haciendo la advertencia del uso correcto de estos. Aquí vemos claramente que los dones espirituales tienen un propósito redentor para los no creyentes y de edificación para los creyentes. Este libro debe ser una lectura complementaria para todo estudioso de las Sagradas Escrituras.

—Rvdo. Iván De la Torre,
Superintendente General,
Asambleas de Dios,
Distrito de Puerto Rico

¡CUIDADO CON LOS EXTREMOS!

KITTIM SILVA

CASA
CREACIÓN

La mayoría de los productos de Casa Creación están disponibles a un precio con descuento en cantidades de mayoreo para promociones de ventas, ofertas especiales, levantar fondos y atender necesidades educativas. Para más información, escriba a Casa Creación, 600 Rinehart Road, Lake Mary, Florida, 32746; o llame al teléfono (407) 333-7117 en Estados Unidos.

¡Cuidado con los extremos! por Kittim Silva
Publicado por Casa Creación
Una compañía de Charisma Media
600 Rinehart Road
Lake Mary, Florida 32746
www.casacreacion.com

＝◆＝

A La Memoria Del
REVERENDO LINARDO ENRIQUE BÁEZ RUÍZ
Líder pentecostal
1945 - 2019

El Rvdo. Dr. Linardo Báez Ruíz fue un ministro de generaciones. Vivió una vida ejemplar como esposo de la Rvda. Rosa Vélez. Pastor y maestro. Amigo incondicional. Su sinceridad, honestidad, integridad, dejaron huellas en todos los que lo conocimos. ¡Un promotor de la unidad conciliar de las Iglesias Pentecostales de Jesucristo! De sus cinco hijos, tres hermanas (Dámaris, Yadira, Keylla) y dos hermanos (Linardo Enrique y Abner Andy) se destacan en sus profesiones, y tres visten la toga clerical, con un yerno y dos nueras también ministros. De sus nietos, varios han sido llamados al ministerio. ¡Qué gran legado!

CONTENIDO

PRESENTACIÓN DEL AUTOR

Por Pbro. Enrique González Vázquez

Superintendente General de
las Asambleas de Dios en México

Kittim Silva Bermúdez, auténtico predicador pentecostal y siervo de Dios muy apreciado entre su pueblo, fue orador de dos de nuestros magnos Concilio Nacional de las Asambleas de Dios en el 2000 y en el 2019. La impronta de su carisma personal, su sencillez de espíritu, su habilidad homilética han perdurado a través de los años. Además, lo reconocemos en México y en muchos países alrededor del mundo como un brillante escritor. Son muchas sus obras que hemos leído con especial atención y con gran aprovechamiento. Particularmente me refiero a la segunda edición de su obra *¡Cuidado con los extremos!...,* que nos satisfizo tanto en su momento al repasar la teología de los dones, siempre desde una perspectiva bíblica, y a la vez pastoral.

Frente a una postura cesasionista, nuestro autor afirma, sin embargo, la ingenuidad de los carismas, pero a la vez previene en cuanto al emocionalismo subjetivista que tanto puede dañar y ha dañado al pueblo de Dios en las oleadas de Pentecostés del siglo pasado, y aún ahora. Sobre todo, el don de profecía y el don de lenguas. Este balance es indispensable.

Sin declaraciones estridentes, pero con toda claridad, nos anima y nos ilustra acerca del anclaje en la palabra profética más permanente, además de adiestrarnos contra el abuso en la cátedra y en el púlpito.

Me siento afortunado de extender mi recomendación sin regateos para la lectura de este libro, haciendo votos por una amplia acogida y por una abundante edificación.

PRESENTACIÓN DE LA OBRA

Por Pbro. José Inmar Valle

EXSUPERINTENDENTE DEL DISTRITO CENTRAL DE

LAS ASAMBLEAS DE DIOS EN MÉXICO

"SOMOS LA CONTINUACIÓN de la iglesia de los Hechos, no de la iglesia de los dichos", dice el Dr. Kittim Silva. La enseñanza del apóstol Pablo sobre el tema sigue vigente para nuestros días: "No quiero, hermanos, que ignoréis acerca de los dones espirituales" (1 Corintios 12:1).

¡Cuidado con los extremos!... es un libro pentecostal. El Dr. Kittim Silva es ministro y maestro pentecostal, con una trayectoria casi de medio siglo. Además, es un viajero incansable y ha participado en muchos eventos de concilios pentecostales y carismáticos, principalmente de países hispanos. Esto le da la autoridad y la experiencia para enseñar sobre el relevante tema de los dones espirituales, un distintivo de la práctica carismática pentecostal.

¡Cuidado con los extremos!... es un libro apologético. El Dr. Kittim Silva clasifica en este libro los dones y presenta evidencias claras y contundentes de la vigencia y operatividad de los dones espirituales para la Iglesia de hoy.

¡Cuidado con los extremos!... es un libro necesario. Se hace necesario ante una sociedad que sostiene que cada quien tiene su propia verdad. Tenemos la necesidad de dar respuesta a los críticos. También a los detractores que sostienen que los pentecostales son gente ignorante y solo se dejan guiar por las emociones. Además, este libro servirá de manual para edificar a las nuevas generaciones que tienen una experiencia carismática pentecostal.

¡Cuidado con los extremos!... es un libro equilibrado. Hay dos extremos en relación con los dones espirituales: uno es negar su vigencia para la Iglesia actual y el otro es exagerar o imitar su operación. En este libro, se nos ofrece un equilibrio. Se advierte de los excesos que son incorrectos pero, además, se orienta sobre el uso correcto.

¡Cuidado con los extremos!... es un libro contemporáneo. Ofrece respuestas a la sociedad actual, en la que hay una fuerte tendencia a buscar las cosas espirituales. Si la Iglesia no ofrece un rumbo correcto en las manifestaciones espirituales, lo que va a suceder es que los buscadores de sensaciones busquen en otras corrientes espirituales. Esto representará un acelerado crecimiento de la brujería, el vudú, la santería, y cualquier otro tipo de prácticas del ocultismo.

¡Cuidado con los extremos!... es un libro de un autor congruente. El Dr. Kittim Silva ha escrito más de 60 libros. Está casado desde hace 47 años con la misma mujer; tiene dos hermosas hijas. Es muy institucional y constitucionalista. Ha desempeñado un ministerio pentecostal fructífero en la radio y en la televisión, así como ha sido capellán por 21 años en la ciudad de New York, donde radica. Y es apreciado y reconocido en círculos pentecostales por la unción que Dios ha puesto sobre su vida.

INTRODUCCIÓN

Nos ha tocado vivir, en los siglos XX y XXI, siglos del avivamiento pentecostal. A partir del primero de enero de 1901 —cuando se encendió la chispa pentecostal en Topeka, Kansas, y corrió la mecha encendida hasta el 312 de la calle Azusa en Los Ángeles, California (1906-1909)—, la Iglesia ha temblado bajo una "explosión espiritual", con la manifestación de los dones del Espíritu Santo.

Frank Bartleman, en su libro *Cómo Pentecostés llegó a Los Ángeles*, publicado en 1925, comparte las crónicas de ese avivamiento, que tuvo su epicentro en el 214/216 Norh Bonnie Brae Street y su efecto en el 312 Azusa Street, Los Ángeles, California.

Con el Dr. Danny Ríos Quiles tuvimos la oportunidad de visitar esos lugares históricos mencionados por el autor Frank Bartleman en su libro referido anteriormente. Ya muchos de esos lugares no existen pero, con el GPS, mi amigo Danny y yo llegamos a su ubicación.

- 214 North Bonnie Brae, Los Ángeles, CA: Se derramó el Espíritu Santo.

- 312 Azusa Street, Los Ángeles, CA: Se produjo el gran avivamiento.

- 1055 Temple Street, Los Ángeles, CA: Aquí vivió Frank Bartleman.

- 714 East Thirty-first street, Los Ángeles, CA: Aquí vivió Frank Bartleman.

- 227 S. Main Street, Los Ángeles, CA: Peniel Mission Eight Avenue and Maple Street, Los Ángeles, CA: Pentecostal Mission pastoreada por Frank Bartleman (8 de agosto de 1906).

• 327 1/2 South Spring Street, Los Ángeles, CA: Upper
  Room Mission, pastoreada por Brother Elmer Fisher.

Pudimos visitar el Evergreen Cemetery de Los Ángeles, para ver las
tumbas de William J. Seymour con su esposa Jenny Moore. Otras tumbas
que visitamos fueron la del Bishop Charles Price Jones, fundador de la
Church of Christ Holiness, autor de unos mil cánticos del alma, y la
tumba del evangelista fundador del Concilio de Iglesias Cristianas (1923)
(luego conocido como *Concilio Latinoamericano de Iglesias Cristianas*),
Francisco Olozábal, *El azteca*.

Visitamos la tumba de Aimee Semple McPherson en el Forest Lawn
Memorial Park in Glendale, California. En el mismo cementerio, cerca de
allí, está la tumba del pionero pentecostal Dr. Charles Sydney Price.

Frank Bartleman, en *Cómo Pentecostés llegó a Los Ángeles*, nos hace ser
partícipes de esos primeros días del gran avivamiento pentecostal:

> *El hermano Seymour era reconocido como líder nominal a cargo…*
> *En el principio ni siquiera teníamos una plataforma o un púlpito.*
> *Todos estábamos a la misma altura. Los ministros eran siervos,*
> *según el verdadero sentido de la palabra… El hermano Seymour*
> *generalmente se sentaba detrás de dos cajas de zapatos vacías colo-*
> *cadas una encima de la otra. Casi siempre mantenía su cabeza*
> *dentro de la caja superior durante la reunión, mientras oraba. Ahí*
> *no había orgullo. Los cultos se sucedían casi continuamente. Casi a*
> *toda hora, día y noche, podía verse a almas que buscaban a Dios y*
> *caían bajo su poder… en ese viejo edificio con sus gastadas vigas y*
> *sus pisos desnudos, Dios quebrantaba a hombres fuertes y mujeres,*
> *y los armaba otra vez, para su gloria. Era un maravilloso proceso*
> *de reparación. El orgullo, la vanidad, el egocentrismo y la autoes-*
> *tima no podían sobrevivir allí.*
>
> *No teníamos un programa preparado de antemano que tuviera*
> *que ser metido en un cierto período de tiempo. Nuestro tiempo*
> *era Dios.… Alguien podía estar hablando, y repentinamente el*
> *Espíritu caía sobre la congregación. Dios mismo hacía el llamado.*
> *Los hombres caían por todas partes… o corrían hacia el púlpito*
> *en masa, buscando a Dios… Nunca vi que se hiciera un llamado*
> *evangelístico en esa época. Dios mismo los llamaba. Y el predica-*
> *dor sabía cuándo irse.*
>
> *El poder de Dios barrió el lugar durante todo el día. La iglesia*
> *estaba llena de gente. Una terrible convicción de pecado se apoderó*

de la gente. El Espíritu se hizo cargo de las reuniones desde el principio hasta el final.

Nada es mayor obstáculo para la fe y la obra del Espíritu que la confianza en sí mismo del espíritu humano, la sabiduría, fortaleza, y autosuficiencia de la mente humana. Todas ellas deben ser crucificadas, y aquí es donde se plantea la batalla. Debemos deshacernos por completo, volvernos totalmente insuficientes y desvalidos, en forma consciente ser verdaderamente humillados, antes de poder recibir esta posesión del Espíritu Santo. Nosotros queremos el Espíritu Santo, pero el hecho es que Él desea poseernos a nosotros.

Charles Fox Parham, llamado "Padre del pentecostalismo", aunque muchos reconocen también a William J. Seymour, fue instrumento del avivamiento pentecostal del siglo xx. Dirigía la Escuela Bíblica Bethel en Topeka, Kansas, cuando se manifestó el Espíritu Santo en 1901. Hace muchos años fui invitado a inaugurar un templo en Topeka, Kansas; allí tuve la oportunidad de visitar el lugar donde estuvo esa Escuela Bíblica Bethel, antes de quemarse aquella mansión. Parham, además, fue maestro de William J. Seymour, el otro instrumento del Espíritu Santo en Los Ángeles, California.

En 1906 el Rvdo. Charles (Carlos) Parham visitó el 312 de la Calle Azusa, esquina de la Calle San Pedro en Los Ángeles. Este pionero pentecostal se sorprendió de los extremos que observó en dicho avivamiento:

Me senté en la tarima de Azusa Street y vi manifestaciones de la carne, manipulaciones de espiritismo, a personas que practicaban el hipnotismo en el altar sobre candidatos que buscaban el bautismo, aunque algunos recibían el bautismo auténtico del Espíritu Santo. Después de predicar dos o tres veces, dos de los ancianos, uno de ellos practicante de hipnosis, me informaron que ya yo era persona non grata en ese lugar. (Información obtenida de la Historia Cristiana, Tomo XVII, Número 2, Publicación número 58, páginas 10-17. PO Box 606, Mt. Morris, IL 61054-0606, U.S.A.).

El Rvdo. Charles Fox Parham sostuvo posiciones contradictorias con el emergente movimiento pentecostal tradicional, que se pueden demostrar en sus dos libros (que he leído).

Ese espíritu segregacionista de la época de Charles Fox Parham se dejó ver en la manera como William J. Seymour tuvo que estudiar en la Escuela Bíblica de Bethel (Topeka, Kansas) fuera del aula y detrás de la puerta. Esa separación racial hizo que Parham, posteriormente en Azusa Street, tuviera un fuerte rechazo hacia Seymour, el verdadero instrumento del gran avivamiento pentecostal al inicio del siglo xx.

Con el avivamiento también se manifiestan los excesos, los extremos, pero se deben corregir con mucho cuidado para no apagar el avivamiento.

> *Y los espíritus de los profetas están sujetos a los profetas; pues Dios no es Dios de confusión, sino de paz. Como en todas las iglesias de los santos [...]* (1 Corintios 14:32-33).

El Dr. José Guillermo De La Rosa Solorzano, ministro de nuestra organización Concilio Internacional de Iglesias Pentecostales de Jesucristo, en una conferencia que dictó al cuerpo pastoral, declaró:

> *Al principio los pentecostales eran tildados de locos, emocionalistas, irracionales. Hoy el movimiento pentecostal y carismático ha crecido para convertirse en el más grande del cristianismo en el mundo.*

> *Aun denominaciones históricas que al comienzo del movimiento pentecostal fueron reacias y críticas han abrazado el pentecostalismo. Hoy en las iglesias bautistas, episcopales y metodistas se habla en lenguas. Aun en la Iglesia católica (el movimiento carismático).*

Algunas personas tienen miedo a lo sobrenatural, pues temen al desorden y que se les salga todo de control, pero alguien dijo: "Prefiero atajar a un loco que empujar a un muerto para que corra".

La Iglesia de nuestros días es una generación que ha testificado del poder de Dios obrando sobrenaturalmente. Esta vive y respira el aire del avivamiento pentecostal. Para nosotros el avivamiento no es algo que vendrá, sino algo que ya vino el día de Pentecostés.

Somos la continuación de la Iglesia de los *Hechos,* y no de la Iglesia de los *Dichos.* Todavía nos esperan los mejores días. Pero, en medio de esta efervescencia religiosa, de esta demostración sobrenatural y de esta explosión espiritual, debemos cuidarnos de los extremos y de los abusos carismáticos.

La palabra "extremos" se puede definir como "exagerar algo", "hacer algo excesivamente", "abusar de algo haciendo de más o haciendo de menos". Por ejemplo, el apóstol Pedro exageró no queriendo que el

Maestro le lavara los pies. Luego, ante el regaño del Señor, Simón Pedro exageró pidiendo que le lavara las manos y la cabeza también.

Entonces vino a Simón Pedro; y Pedro le dijo: Señor, ¿tú me lavas los pies? Respondió Jesús y le dijo: Lo que yo hago, tú no lo comprendes ahora; mas lo entenderás después. Pedro le dijo: No me lavarás los pies jamás. Jesús le respondió: Si no te lavare, no tendrás parte conmigo (Juan 13:6-8).

Le dijo Simón Pedro: Señor, no sólo mis pies, sino también las manos y la cabeza. Jesús le dijo: El que está lavado no necesita sino lavarse los pies, pues está todo limpio; y vosotros limpios estáis, aunque no todos (Juan 13:9-10).

Como pentecostal de experiencia por 50 años, me preocupa la teología de los dones espirituales. Para muchos, los dones espirituales suplieron una necesidad espiritual en la Iglesia primitiva, pero ahora son innecesarios:

Pero a cada uno le es dada la manifestación del Espíritu para provecho. Porque a este le es dada, por el Espíritu, palabra de sabiduría; a otro, palabra de ciencia según el mismo Espíritu; a otro, fe por el mismo Espíritu; y a otro, dones de sanidades por el mismo Espíritu. A otro, el hacer milagros; a otro, profecía; a otro, discernimiento de espíritus; a otro, diversos géneros de lenguas; y a otro, interpretación de lenguas. Pero todas estas cosas las hace uno y el mismo Espíritu, repartiendo a cada uno en particular como él quiere (1 Corintios 12:7-11).

Según los cesacionistas, con la muerte del último de los apóstoles (que fue Juan Ben Zebedeo), y luego con el cierre del canon del Nuevo Testamento, ya los dones eran innecesarios. Los cesacionistas utilizan el pasaje bíblico que sigue para afirmar su posición:

El amor nunca deja de ser; pero las profecías se acabarán, y cesarán las lenguas, y la ciencia acabará. Porque en parte conocemos, y en parte profetizamos; mas cuando venga lo perfecto, entonces lo que es en parte se acabará. (1 Corintios 13:8-10).

El amor jamás se extingue, mientras que el don de profecía cesará, el de lenguas será silenciado y el de conocimiento desaparecerá. Porque conocemos y profetizamos de manera imperfecta; pero cuando llegue lo perfecto, lo imperfecto desaparecerá. (NVI).

Los cesacionistas presentan muchos argumentos para apoyar su posición, declarando que los milagros, prodigios y señales de los evangelios y del libro de Hechos eran para los judíos incrédulos, para que por medio de estos creyeran el evangelio de Jesucristo.

Vino, pues, Jesús otra vez a Caná de Galilea, donde había convertido el agua en vino. Y había en Capernaum un oficial del rey, cuyo hijo estaba enfermo. Este, cuando oyó que Jesús había llegado de Judea a Galilea, vino a él y le rogó que descendiese y sanase a su hijo, que estaba a punto de morir. Entonces Jesús le dijo: Si no viereis señales y prodigios, no creeréis (Juan 4:46-48).

Y le seguía gran multitud, porque veían las señales que hacía en los enfermos (Juan 6:2).

Y los judíos respondieron y le dijeron: ¿Qué señal nos muestras, ya que haces esto? (Juan 2:18).

Vinieron entonces los fariseos y comenzaron a discutir con él, pidiéndole señal del cielo, para tentarle. Y gimiendo en su espíritu, dijo: ¿Por qué pide señal esta generación? De cierto os digo que no se dará señal a esta generación (Marcos 8:11-12).

Y sobrevino temor a toda persona; y muchas maravillas y señales eran hechas por los apóstoles (Hechos 2:43).

Y Esteban, lleno de gracia y de poder, hacía grandes prodigios y señales entre el pueblo (Hechos 6:8).

Las señales de Marcos 16, los cesacionistas las aplicaron a la era apostólica, para que los incrédulos creyeran en el evangelio de Jesucristo predicado a ellos.

Y estas señales seguirán a los que creen: En mi nombre echarán fuera demonios; hablarán nuevas lenguas; tomarán en las manos serpientes, y si bebieren cosa mortífera, no les hará daño; sobre los enfermos pondrán sus manos, y sanarán (Marcos 16:17-18).

Si fuera cierto lo interpretado y aplicado por los cesacionistas, entonces el contexto de este pasaje debe también aplicarse a la era apostólica.

> *Y les dijo: Id por todo el mundo y predicad el evangelio a toda criatura. El que creyere y fuere bautizado, será salvo; mas el que no creyere, será condenado* (Marcos 16:15-16).

Los cesacionistas se oponen al ministerio pastoral y evangelístico de las mujeres; no las reconocen como predicadoras o profetisas. Con varios pasajes bíblicos contextuales de una época cultural donde había mujeres creando problemas con sus enseñanzas e interrupciones en los cultos, los cesacionistas coartan a mujeres con dones espirituales y dones de oficio, llamadas para ministrar.

> *[...] vuestras mujeres callen en las congregaciones; porque no les es permitido hablar, sino que estén sujetas, como también la ley lo dice. Y, si quieren aprender algo, pregunten en casa a sus maridos; porque es indecoroso que una mujer hable en la congregación* (1 Corintios 14:34-35).

> *Las mujeres deben guardar silencio en las iglesias, pues no les está permitido hablar. Deben estar sumisas, como lo declaran las Escrituras. Si desean preguntar algo, pregúntenselo al esposo cuando lleguen a la casa, porque no es correcto que las mujeres hablen en la Iglesia* (1 Corintios 14:34-35, NBV).

El tono del apóstol Pablo deja ver una costumbre de silencio al que las mujeres de los creyentes corintios o de otras congregaciones eran sujetas, "porque no les es permitido hablar".

Era una prohibición cultural respetada por el apóstol, pero no se debe dogmatizar sobre esta. Muchas cosas las decía Pablo, y otras cosas las decía el Señor. Debemos discernir entre lo uno y lo otro.

> *Y a los demás yo digo, no el Señor: Si algún hermano tiene mujer que no sea creyente, y ella consiente en vivir con él, no la abandone* (1 Corintios 7:12).

> *Pero a los que están unidos en matrimonio, mando, no yo, sino el Señor: Que la mujer no se separe del marido [...]* (1 Corintios 7:10).

Es una reacción muy personal en contra del ministerio público de la mujer en la congregación, producto de su propio trasfondo judío, donde la mujer no podía participar en la sinagoga como maestra o como predicadora.

La prohibición paulina a las mujeres de Corinto para que se callaran en las congregaciones o cultos religiosos se debe a que de alguna manera aquellas mujeres corintias interrumpían las reuniones.

La mujer aprenda en silencio, con toda sujeción. Porque no permito a la mujer enseñar, ni ejercer dominio sobre el hombre, sino estar en silencio (1 Timoteo 2:11-12).

La mujer debe aprender en silencio y humildad. No permito que la mujer enseñe a los hombres ni que ejerza sobre ellos dominio. Más bien, debe guardar silencio [...] (NBV).

De nuevo se siente el tono reaccionario del apóstol Pablo en contra de mujeres que interrumpían el culto congregacional con comentarios. Él, como un rabino judío mesiánico, corrige a estas mujeres que querían ejercer dominio sobre el hombre.

El apóstol Pablo exhorta a que las mujeres creyentes de las congregaciones de Corinto no rompan con el orden practicado. A los hombres les correspondía enseñar y predicar ante la congregación en esa época. No podemos traer esta prohibición de aquel entonces para aplicarla ahora. Pero, si en una congregación cristiana hay mujeres que abusan de su privilegio enseñando y predicando —lo que afecta a los hombres—, estas deben aprender en silencio.

Al escribirle a Timoteo, el apóstol Pablo le prohibió a la mujer involucrarse en el ministerio de la enseñanza, porque eso iba en contra de la cultura que les rodeaba. Y algunas mujeres no se sujetaban al orden establecido por Dios.

Desde luego, hay casos donde algunas mujeres en posiciones de pastorado, predicación, enseñanza y profetismo, humillan y subestiman a los hombres, haciendo de ellos eunucos serviles. Castrándolos de su autoridad, sueños y potencial. Pero también hay mujeres en ministerio que honran y elevan la autoridad del hombre en el orden de Dios.

¿Por qué los cesacionistas no aplican el uso del velo en las mujeres? Tal y como se les mencionó a los corintios:

Todo varón que ora o profetiza con la cabeza cubierta afrenta su cabeza. Pero toda mujer que ora o profetiza con la cabeza descubierta afrenta su cabeza; porque lo mismo es que si se hubiese rapado. Porque, si la mujer no se cubre, que se corte también el cabello; y, si le es vergonzoso a la mujer cortarse el cabello o raparse, que se cubra. Porque el varón no debe cubrirse la cabeza, pues él es imagen y gloria de Dios; pero la mujer es gloria del varón. Porque el varón no procede de la mujer, sino la mujer del varón, y tampoco el varón fue creado por causa de la mujer, sino la mujer por causa del varón. Por lo cual la mujer debe tener señal de autoridad sobre su cabeza, por causa de los ángeles. Pero en el Señor, ni el varón es sin la mujer, ni la mujer sin el varón; porque así como la mujer procede del varón, también el varón nace de la mujer; pero todo procede de Dios. Juzgad vosotros mismos: ¿Es propio que la mujer ore a Dios sin cubrirse la cabeza? La naturaleza misma, ¿no os enseña que al varón le es deshonroso dejarse crecer el cabello? Por el contrario, a la mujer dejarse crecer el cabello le es honroso; porque en lugar de velo le es dado el cabello (1 Corintios 11:4-15).

El apóstol Pablo favoreció y apoyó una postura cultural de los creyentes corintios y griegos. Eran las mujeres prostitutas las que se dejaban el cabello corto y sin velo. Para la época del Antiguo Testamento era lo contrario, ya que la mujer con velo identificaba a las rameras o a las prostitutas. Judá confundió a su nuera viuda llamada "Tamar" con una prostituta al verla donde se paraban las rameras con un velo.

Entonces se quitó ella los vestidos de su viudez, y se cubrió con un velo, y se arrebozó, y se puso a la entrada de Enaim junto al camino de Timnat; porque veía que había crecido Sela, y ella no era dada a él por mujer. Y la vio Judá, y la tuvo por ramera, porque ella había cubierto su rostro (Génesis 38:14-15).

Pablo dejó ver que la costumbre de los corintios no era una dogmática general de las iglesias de Dios:

Con todo eso, si alguno quiere ser contencioso, nosotros no tenemos tal costumbre, ni las iglesias de Dios (1 Corintios 11:16).

El que quiera discutir este asunto que lo discuta. Pero debe tener en cuenta que nosotros no tenemos otra costumbre, ni tampoco las demás iglesias de Dios (NBV).

Pero, si alguien quiere discutir este tema, simplemente digo que no tenemos otra costumbre más que esa, y tampoco la tienen las demás iglesias de Dios (NTV).

Las congregaciones desarrollan características que las hacen únicas y distintas de otras. Eso se puede denominar como "cultura congregacional"; se refleja en su manera de adorar, su liturgia propia, el estilo de ministración. Pero siempre unidas por las verdades fundamentales o doctrinales, las cuales las hacen ser homogéneas, denominacionalmente hablando. Entre los pentecostales, esas diversidades son notables.

A eso parece haberse referido el apóstol Pablo en el pasaje anterior al referirse a "tal costumbre" (RVR1960) y "otra costumbre" (NBV, NTV). Muchos hacen de esas costumbres doctrinas que transforman en dogmas. Son de valor para grupos particulares, y no generales, de los grupos religiosos. Las doctrinas se expresan y se protegen con los dogmas. Primero va la doctrina y luego el dogma, pero para muchos es primero el dogma y luego la doctrina, con lo que se hacen dogmáticos y legalistas. De ahí van surgiendo prohibiciones que muchas veces contradicen el mensaje de la gracia paulina.

Esas costumbres pueden irse a extremos liberales para dar permiso y aceptar prácticas contradictorias con la fe cristiana o con posturas liberales que justifican bajo una interpretación de gracia, cayendo en gracia sobre gracia.

Todas las cosas me son lícitas, mas no todas convienen; todas las cosas me son lícitas, mas yo no me dejaré dominar de ninguna (1 Corintios 6:12).

Todo me es lícito, pero no todo conviene; todo me es lícito, pero no todo edifica (1 Corintios 10:23).

Otro de los argumentos de los cesacionistas es que Jesús no llamó a ninguna mujer para ser incluida entre los doce apóstoles, ni entre los setenta que fueron enviados. Y, para los cesacionistas, toda mujer que enseña o predica públicamente ante una congregación está en desobediencia.

Pero también debemos leer esas declaraciones paulinas dentro de su propio contexto paulino, donde el apóstol elogia el ministerio de las mujeres, muchas de las cuales lo asistieron en la obra misionera, y tal parece que al cuidado de algunas congregaciones.

Una de esas mujeres destacadas en el ministerio fue Febe y era diaconisa:

> *Os recomiendo además nuestra hermana Febe, la cual es diaconisa de la iglesia en Cencrea [...]* (Romanos 16:1).

> *Todas las cosas me son lícitas, mas no todas convienen; todas las cosas me son lícitas, mas yo no me dejaré dominar de ninguna* (1 Corintios 6:12).

En su carta dirigida a los romanos, Pablo envió un saludo a varias hermanas muy activas en el ministerio:

> *Saludad a María, la cual ha trabajado mucho entre vosotros* (Romanos 16:6).

> *Saludad a Trifena y a Trifosa, las cuales trabajan en el Señor. Saludad a la amada Pérsida, la cual ha trabajado mucho en el Señor* (Romanos 16:12).

> *Saludad a Filólogo, a Julia, a Nereo y a su hermana, a Olimpas y a todos los santos que están con ellos* (Romanos 16:15).

El apóstol hace otra referencia a dos hermanas en la fe: Evodia y Síntique, posiblemente hermanas muy destacadas en la iglesia de Filipos:

> *Ruego a Evodia y a Síntique que sean de un mismo sentir en el Señor. Asimismo te ruego también a ti, compañero fiel, que ayudes a estas que combatieron juntamente conmigo en el evangelio, con Clemente también y los demás colaboradores míos, cuyos nombres están en el libro de la vida* (Filipenses 4:2-3).

Priscila fue una mujer muy destacada junto a su esposo Aquila, que colaboraron fuertemente en la obra misionera al lado del apóstol Pablo:

> *Saludad a Priscila y a Aquila, mis colaboradores en Cristo Jesús* (Romanos 16:3).

> *Las iglesias de Asia os saludan. Aquila y Priscila, con la iglesia que está en su casa, os saludan mucho en el Señor* (1 Corintios 16:19).

Y comenzó a hablar con denuedo en la sinagoga; pero, cuando le
oyeron Priscila y Aquila, le tomaron aparte y le expusieron más
exactamente el camino de Dios (Hechos 18:26).

A. W. Tozer, en su libro *La vida más profunda*, escribió en contra
de los cesacionistas:

> *Por espacio de una generación, ciertos maestros evangélicos nos*
> *han dicho que los dones del Espíritu cesaron con la muerte de*
> *los apóstoles o al ser completado el Nuevo Testamento. Esto, por*
> *supuesto, es una doctrina que carece totalmente de respaldo bíblico.*
> *Sus defensores están manipulando (y distorsionando) la palabra*
> *de Dios.*

Franca y honestamente, los dones nunca han cesado como manifestación y operación del Espíritu Santo dentro de las comunidades de
fe a lo largo de los siglos. La Iglesia del siglo I necesitó de los dones;
nosotros, que formamos parte de la Iglesia del siglo XXI, también los
necesitamos. Sin el Espíritu Santo la Iglesia no podría ser efectiva en
cumplir con la asignación de la Gran Comisión, menos en adorar a
Dios de la manera correcta.

> *Si el Espíritu Santo fuera retirado de la iglesia hoy, el 95% de lo*
> *que hacemos continuaría, y nadie sabría la diferencia. Si lo hubie-*
> *ran retirado de la iglesia del Nuevo Testamento, el 95% de lo que*
> *hicieron se detendría y todos sabrían la diferencia.* (A. W. Tozer).

J. Oswald Chambers, en su libro *Madurez espiritual: principios*
de crecimiento espiritual para cada creyente, presenta lo que creen los
cesacionistas sobre la posición continuadora sobre los dones asumida
por los pentecostales. Nos declara:

> *El pentecostalismo no es una herejía, puesto que no ruega ninguna*
> *doctrina del cristianismo evangélico. De hecho, lucha seriamente*
> *por la fe. Por lo tanto, debemos tener en cuenta que, aunque poda-*
> *mos no estar de acuerdo con las opiniones de los pentecostales, son*
> *miembros compañeros del cuerpo de Cristo. Creemos que muchos*
> *adherentes a este movimiento están errados en determinados*
> *temas, pero muchos de ellos son totalmente sinceros e intensamente*
> *serios. Tal vez el pentecostalismo pueda, sin ninguna intención*

de ofender, ser mejor descrito como un enamoramiento espiritual. Y un enamoramiento pocas veces se vence con argumentos fríos y lógicos. Abordar a aquellos que se encuentran en esta enseñanza emocional, casi extática, con una serie de silogismos, incluso si están respaldados por las Escrituras adecuadas, por lo general los dejará totalmente impávidos. Ellos están en el disfrute de algo que no están dispuestos a dejar de lado por lo que consideran que es una doctrina fría y no satisfactoria de muchas iglesias evangélicas.

¿Acaso no puede ser que los cristianos hambrientos y los nuevos conversos hayan sido impulsados a los brazos de este grupo porque sostiene la promesa de algo más vital, más satisfactorio, más dinámico que el tipo de cristianismo con el que se encuentran en nuestras iglesias? Al comparar el celo y el fervor de la primera Iglesia con la tibieza de la mayoría de las Iglesias de nuestros días, ¿no tienen bases para seguir algo que promete ser una repetición del poder de la Iglesia primitiva? ¿Nuestra enseñanza a este respecto ha sido inadecuada o defectuosa? Hacemos bien en ser desafiados por la virilidad del movimiento pentecostal de todo el mundo, tanto en el ministerio de su hogar como en su alcance misionero. (Editorial Portavoz. Grand Rapids, Michigan, USA, año 2007, páginas 163-164).

William Barclay, en el Comentario al Nuevo Testamento, Tomo 9, sobre 1 y 2 de Corintios, comenta:

Este fenómeno era muy corriente en la Iglesia primitiva. La persona entraba en un éxtasis, y en ese estado fluía de su boca un torrente de sonidos que no correspondían a ninguna lengua conocida. A menos que se interpretaran, nadie tenía idea de lo que podía significar. Aunque nos parezca extraño a muchos de nosotros, en la Iglesia primitiva era un don muy apreciado. Pero tenía sus peligros. Por una parte, era algo anormal y se admiraba mucho, lo que hacía que la persona que lo poseía corriera el riesgo de caer en un cierto orgullo espiritual y, por otra parte, el mismo deseo de poseerlo producía, por lo menos en algunos, una especie de autohipnotismo que inducía a un hablar en lenguas totalmente falso, engañoso (Editorial CLIE, páginas 158-159. Terrassa, Barcelona, España, 1996).

La falla en no educar a las congregaciones sobre el uso y abuso de los dones ha dado lugar a la indiferencia o exageración de estos. En vez de ayudar en la edificación de las comunidades de fe, los creyentes que han sido portadores de los dones las han perjudicado, porque a ellos mismos nunca se los instruyó debidamente en el uso y abuso de los dones espirituales.

Los dones no son juguetes espirituales y nunca deben emplearse para entretener o dar espectáculos a una congregación. Muchos evangelistas y predicadores juegan mucho con los dones en las congregaciones, y muchas congregaciones se entretienen con los dones.

La Iglesia no seguirá las señales, sino que las señales milagrosas seguirán a la Iglesia para testimoniar al mundo de que Jesucristo es el Señor:

> *Estas señales milagrosas acompañarán a los que creen: expulsarán demonios en mi nombre y hablarán nuevos idiomas. Podrán tomar serpientes en las manos sin que nada les pase y, si beben algo venenoso, no les hará daño. Pondrán sus manos sobre los enfermos, y ellos sanarán* (Marcos 16:17-18, NTV).

La Iglesia no debería hacer estrellas de quienes fluyen en los dones. Cuando el sol alumbra, las estrellas no brillan. Sin embargo, da pena y tristeza ver cómo muchas veces se da más promoción a los receptores del don que al dador del don.

El Pbro. José M. Saucedo Valenciano, Secretario General de las Asambleas de Dios en México, nos dice sobre los dones:

> *Algunas aclaraciones son pertinentes con respecto a los dones. No son indicadores de espiritualidad profunda en quien los ejerce, ni recompensas al mérito de los creyentes destacados. Tampoco son instrumentos de beneficio privado. Son gracias divinas al cuerpo de Cristo; tienen el designio de servir para provecho del cuerpo entero. Son diferentes unos de otros; pero no existe superioridad esencial entre ellos.*
>
> *Pablo tiene el cuidado de poner el énfasis en los creyentes, y no en los dones en sí mismos. Es más valioso quien los ejerce y su integración al cuerpo. Las habilidades son menos significativas. Las personas son más importantes que las cosas. Antes de pensar en la grandeza del carisma recibido, se debe poner la mira en agradar al Señor, que los otorga y edificar a los otros miembros del*

cuerpo. (*Comentario Teológico y Expositivo: Romanos,* publicado en México, 2007, pág. 165).

Muchos creyentes buscan más la impresión que la transformación, más la emoción que la unción; todo lo sensacional los imanta y los atrae. Los dones deben acercarnos más a la fuente del poder, que es el Espíritu Santo, y a los dadores de estos dones, que son el Padre y el Hijo. Hay quienes enseñan que los dones llegan con el bautismo en el Espíritu Santo. No se puede negar que en muchos casos haya sido así, pero esta es la excepción, y no la regla. Un don que llega con el bautismo del Espíritu Santo es el de las lenguas, según nuestra tradición pentecostal; primero como señal y luego como don. Pero una hermenéutica histórica nos demuestra que, antes de que los discípulos hubieran experimentado el bautismo en el Espíritu Santo en Pentecostés y de haber recibido la señal y el don de lenguas, ya el Señor Jesucristo les había conferido los dones de sanidades y de operación de milagros.

Desde luego los evangélicos no pentecostales enseñan que el bautismo en el Espíritu Santo llega sin la señal de hablar en lenguas, porque los corintios fueron todos bautizados por el Espíritu Santo en el cuerpo de Jesucristo, pero no todos los corintios hablaban en lenguas:

Porque por un solo Espíritu fuimos todos bautizados en un cuerpo, sean judíos o griegos, sean esclavos o libres; y a todos se nos dio a beber de un mismo Espíritu (1 Corintios 12:13).

¿Tienen todos dones de sanidad?, ¿hablan todos lenguas?, ¿interpretan todos? (1 Corintios 12:30).

Cuando Jesús de Nazaret llamó a su *dódeka* o doce discípulos, activó sobre ellos los dones de operación de milagros y dones de sanidades.

Entonces, llamando a sus doce discípulos, les dio autoridad sobre los espíritus inmundos, para que los echasen fuera, y para sanar toda enfermedad y toda dolencia... Y yendo, predicad, diciendo: El reino de los cielos se ha acercado. Sanad enfermos, limpiad leprosos, resucitad muertos, echad fuera demonios; de gracia recibisteis, dad de gracia (Mateo 10:1, 7, 8).

El Dr. Danny Ríos Quiles, en su disertación para el grado de Doctorado en Filosofía, habla del bautismo del Espíritu Santo y del pentecostalismo:

Además, se creía que el aumento de la manifestación de estos signos y experiencias carismáticas sobrenaturales anunciaban la segunda venida del Señor Jesucristo. El fenómeno de hablar en lenguas, conocido técnicamente como "glosolalia" se convirtió además en señal de identidad del pentecostalismo. De acuerdo con los pentecostales, se reconoce que se ha recibido el bautismo del Espíritu Santo cuando se habla en lenguas, pues es una señal.

Mientras otras denominaciones protestantes históricas usualmente creen que el bautismo del Espíritu Santo es recibido automáticamente en el momento de conversión, los pentecostales creen que el bautismo en el Espíritu Santo es un evento que se recibe particularmente en la vida del creyente. Este se suma al sinnúmero de experiencias de la vida cristiana.

Otras denominaciones protestantes entienden el pentecostalismo histórico como un fenómeno emocional, e incluso hasta demoníaco. Pentecostés era una de las tres principales festividades de los judíos de la diáspora a Jerusalén. Se celebraba cincuenta días después de la Pascua del Cordero. El Día de las Primicias (Primeros Frutos) se celebraba el día siguiente de la pascua. Esto significa que Pentecostés siempre se celebraba el domingo. (Tesis doctoral: *La nación desheredada: orígenes y desarrollo del Pentecostalismo en Puerto Rico (1916-1990).* (Publicada en Puerto Rico, 2014).

Con anterioridad a la llenura del Espíritu Santo en el Día de Pentecostés, el Cristo resucitado, en su primera aparición a sus discípulos, el mismo domingo de la Resurrección, por la noche, les sopló el Espíritu Santo, anticipándoles la recepción total en Pentecostés, dándoles autoridad espiritual en sus apostolados para que, mediante la predicación, los pecadores buscaran el perdón de pecados mediante el perdón, o se quedarían en pecado si no se arrepentían.

Eso de remitir o retener los pecados involucra también un acto de confesión acompañado por el arrepentimiento verdadero ante un ministro de Dios. Este se puede realizar dentro de un proceso de consejería pastoral.

Entonces Jesús les dijo otra vez: Paz a vosotros. Como me envió el Padre, así también yo os envío. Y habiendo dicho esto, sopló, y les dijo: Recibid el Espíritu Santo. A quienes remitiereis los pecados, les son remitidos; y a quienes se los retuviereis, les son retenidos (Juan 20:21-23).

Luego sopló sobre ellos, y les dijo: Reciban al Espíritu Santo. Si ustedes perdonan los pecados de alguien, Dios también se los perdonará. Y si no se los perdonan, Dios tampoco se los perdonará (Juan 20:22-23, TLA).

Los dones son regalos conferidos por el Padre, que da los dones de servicio y de ayuda (Romanos 12); por el Hijo que da los dones ministeriales (Efesios 4); y el Espíritu Santo que da los dones espirituales (1 Corintios 12). Cuando se identifican y se estudian los usos y abusos de los dones, el receptor de un don lo puede desarrollar de una manera más eficaz en su ministerio para edificación de la Iglesia.

Simón Pedro y Pablo son ejemplos de creyentes que fluyeron y operaron en todos los dones. Conozco a muchos creyentes que operan en varios dones y, dicho sea de paso, no son celebridades religiosas; se mantienen en el anonimato público.

Muchas veces los dones se presentan en combinación. Un creyente que opera en el don de milagros lo hace también en el don de fe. Uno que opera en los dones de sanidades opera en conjunto con los dones de sabiduría o de ciencia, de fe y de milagros.

Se deben procurar los mejores dones, pero Dios es soberano y sabe qué don dar a quién. Se debe buscar el camino excelente del amor:

Procurad, pues, los dones mejores. Mas yo os muestro un camino aún más excelente (1 Corintios 12:31).

Y, si tuviese profecía, y entendiese todos los misterios y toda ciencia, y si tuviese toda la fe, de tal manera que trasladase los montes, y no tengo amor, nada soy (1 Corintios 13:2).

El apóstol Pablo, de manera muy elocuente, utilizó la anatomía del cuerpo para describir en sus miembros externos la función de los creyentes con dones en el cuerpo de Jesucristo, y cómo cada miembro contribuye al bienestar colectivo de los otros miembros que operan en unidad.

El cuerpo tiene muchos miembros, no uno solo. Si el pie dice: No soy miembro del cuerpo porque no soy mano, ¿dejará por eso de ser miembro del cuerpo? Y si la oreja dice: No soy miembro del cuerpo porque no soy ojo, ¿dejará por eso de pertenecer al cuerpo? Supongamos que el cuerpo entero fuera ojo, ¿cómo oiría? Y si el cuerpo entero fuera una oreja, ¿cómo podría oler? Pero Dios colocó los miembros en el cuerpo como mejor le pareció. ¡Qué extraño sería que el cuerpo tuviera un solo miembro! Pero Dios lo hizo con miembros diversos que, en conjunto, forman un cuerpo (1 Corintios 12:14-20, NBV).

El ojo jamás podrá decirle a la mano: "No te necesito". Ni la cabeza puede decirles a los pies: "No los necesito". Al contrario, los miembros del cuerpo que parecen más débiles son los más necesarios. Y a los menos importantes los tratamos con más cuidado; y con esmero tratamos a los que no deben exhibirse. Pero no hacemos lo mismo con los miembros que son más decorosos. Así que Dios armó el cuerpo de tal manera que los miembros que pudieran parecer menos importantes recibieran más honor. Esto hace que no haya divisiones en el cuerpo, sino que cada uno se ocupe de los demás. Si un miembro sufre, los demás miembros sufren con él; y, si un miembro recibe algún honor, los demás se regocijan con él (1 Corintios 12:21-26, NBV).

Los dones no se transfieren ni se reciben por la imposición de las manos. La imposición de manos más bien confirma públicamente los dones, al igual que los ministerios:

Por lo cual te aconsejo que avives el fuego del don de Dios que está en ti por imposición de mis manos (2 Timoteo 1:6).

No descuides el don que hay en ti, que te fue dado mediante profecía con la imposición de las manos del presbiterio (1 Timoteo 4:14).

Ministrando estos al Señor, y ayunando, dijo el Espíritu Santo: Apartadme a Bernabé y a Saulo para la obra a que los he llamado. Entonces, habiendo ayunado y orado, les impusieron las manos y los despidieron (Hechos 13:2-3).

Los dones se dan al creyente por la gracia soberana de Dios. Dios es el dador de los dones, no la Iglesia.

El Presbiterio General de las Asambleas de Dios, el 11 de agosto del 2000, se pronunció en esta Declaración Oficial:

"Avivamiento en los últimos días: guiado y controlado por el Espíritu. Documento en respuesta a la Resolución 16".

Hay un énfasis excesivo de identificar, conferir, o impartir los dones espirituales por la imposición de manos y nombramiento, supuestamente por profecía, de dones específicos. Los dones espirituales son dones del Espíritu, y Él está "repartiendo a cada uno en particular como Él quiere" (1 Corintios 12:11). Cuando el Espíritu empodera el don que ha repartido, no es necesario que alguien asuma el papel del Espíritu. Cuando el Espíritu Santo inspira la función de los dones, la identificación y la confirmación serán obvias a todos sin la ayuda de las personas que procuran recibir parte de la gloria. La tragedia más grande de tales prácticas es la errónea predicción humana, con la apariencia de ser una profecía, que guía al creyente a esperar habilidades y dotación que quizás nunca tendrá.

Muchas personas pueden aparentar operar en los dones. En el Libro de los Hechos se nos menciona que algunos exorcistas ambulantes intentaron echar fuera demonios en el nombre de Jesús. Un espíritu malo agredió a los siete hijos de Esceva, jefe de los sacerdotes. Ellos trataron de operar en los dones sin tenerlos:

Pero algunos de los judíos, exorcistas ambulantes, intentaron invocar el nombre del Señor Jesús sobre los que tenían espíritus malos, diciendo: Os conjuro por Jesús, el que predica Pablo. Había siete hijos de un tal Esceva, judío, jefe de los sacerdotes, que hacían esto. Pero, respondiendo, el espíritu malo dijo: A Jesús conozco, y sé quién es Pablo; pero vosotros, ¿quiénes sois? Y el hombre en quien estaba el espíritu malo, saltando sobre ellos y dominándolos, pudo más que ellos, de tal manera que huyeron de aquella casa desnudos y heridos (Hechos 19:13-16).

Sé de casos en los cuales muchos han tratado de operar en el don de palabra de ciencia apelando a la ley de las probabilidades. Y es una forma de manipuleo, de jugar con la mente de las personas.

En un estadio lleno de personas, un evangelista dijo: "Aquí hay una hermana que se llama 'María' y se relaciona o estuvo relacionada con alguien de nombre 'Ana'. Está enferma, y el Señor me revela que, si pasas al frente, Él te va a sanar".

En un templo, otro evangelista dijo: "Dios me está mostrando a un caballero que está separado de su esposa y siente fuertes dolores en un área del cuerpo".

En otra ocasión, ante un grupo inmenso de personas, otro evangelista declaró: "No sé si esto significa algo para usted; Dios me muestra dos números: el cuatro y el dos (42). ¿Le recuerda algo este número? Si usted es esa persona, levante la mano".

Es innegable que muchos han operado en los dones sin tener consagración. Bíblicamente, Balaam y Sansón son ejemplos de esto:

> *Y Balaam respondió y dijo a los siervos de Balac: Aunque Balac me diese su casa llena de plata y oro, no puedo traspasar la palabra de Jehová mi Dios para hacer cosa chica ni grande. Os ruego, por tanto, ahora, que reposéis aquí esta noche, para que yo sepa qué me vuelve a decir Jehová. Y vino Dios a Balaam de noche, y le dijo: Si vinieron para llamarte estos hombres, levántate y vete con ellos; pero harás lo que yo te diga* (Números 22:18-20).

> *Así Balaam se levantó por la mañana, y enalbardó su asna y fue con los príncipes de Moab. Y la ira de Dios se encendió porque él iba; y el ángel de Jehová se puso en el camino por adversario suyo. Iba, pues, él montado sobre su asna, y con él dos criados suyos* (Números 22:21-22).

> *Fue Sansón a Gaza, y vio allí a una mujer ramera, y se llegó a ella [...]. Mas Sansón durmió hasta la medianoche; y a la medianoche se levantó, y tomando las puertas de la ciudad con sus dos pilares y su cerrojo, se las echó al hombro, y se fue, y las subió a la cumbre del monte que está delante de Hebrón* (Jueces 16:1-3).

> *No todos los que dicen que yo soy su Señor y dueño entrarán en el reino de Dios. Eso no es suficiente; antes que nada deben obedecer los mandamientos de mi Padre, que está en el Cielo. Cuando llegue el día en que Dios juzgará a todo el mundo, muchos me dirán: Señor y dueño nuestro, nosotros anunciamos de parte tuya el mensaje a otros. Y también usamos tu nombre para echar fuera demonios y para hacer milagros. Pero yo les diré: ¡Apártense de mí, gente malvada! ¡Yo no tengo nada que ver con ustedes!* (Mateo 7:21-23, TLA).

Los ancianos espirituales y los diáconos deben orar para que el Espíritu Santo los use en los dones espirituales. Esteban fue un diácono

que fluyó en el don de milagros (Hechos 6:8), en el don de palabra
sabiduría (Hechos 6:10), en el don de exhortación (Hechos 7:2-53) y en
el don de profecía (Hechos 7:55-56). Felipe, otro de los siete diáconos
(Hechos 6:1-7), fluyó en el don de ciencia (Hechos 8:35), en el don de
evangelización (Hechos 8:5), en el don de sanidades y en el don de
operación de milagros (Hechos 8:6-7).

Escribí este libro originalmente en 1991; se publicó en 1993 y ahora,
en el 2020, se presenta en una edición actualizada. Han pasado 27 años.
Mi intención de aquel entonces y de ahora no es criticar, sino tratar de
corregir cualquier abuso consciente o inconsciente en que se haya incu-
rrido en el uso de algún don. A muchos los intrigaba que yo, siendo de
una tradición pentecostal, hubiera escrito un libro titulado: *¡Cuidado
con los extremos!*

Veinte años después de mi libro, un autor cesacionista de gran pres-
tigio, respeto y aceptación por parte de calvinistas y de arminianos
criticaría el abuso de los dones entre los pentecostales y los carismáticos. Desde luego, Charles Fox Parham, padre del pentecostalismo, lo
había hecho por escrito en la primera y segunda década del movimiento
pentecostal.

El Dr. John MacArthur, reconocido expositor y escritor que goza de
mucho respeto entre los pentecostales, aunque antipentecostal, publicó,
en, el 2013, un libro titulado *Fuego extraño: el peligro de ofender al Espíritu Santo con adoración falsa*. El escrito de este autor bautista ofendió a
muchos en el movimiento pentecostal, y hubo reacciones institucionales
por parte de algunos líderes institucionales pentecostales.

Otros libros del autor sobre la misma temática son *Los carismáticos:
Una perspectiva doctrinal* (1978); *Caos carismático* (1993); *Diferencias doctrinales entre los carismáticos y los no carismáticos* (2003).

Los libros de John MacArthur son ampliamente leídos por los que
tienen tradición pentecostal. Él comparó el fuego extraño de Nadab
y Abiú con el fuego extraño de los pentecostales o carismáticos en la
adoración y manifestaciones. También dejó ver cómo se puede ofender
al Espíritu Santo:

*Nadab y Abiú, hijos de Aarón, tomaron cada uno su incensario, y
pusieron en ellos fuego, sobre el cual pusieron incienso, y ofrecieron
delante de Jehová fuego extraño, que él nunca les mandó. Y salió
fuego de delante de Jehová y los quemó, y murieron delante de
Jehová. Entonces dijo Moisés a Aarón: Esto es lo que habló Jehová,*

diciendo: En los que a mí se acercan me santificaré, y en presencia
de todo el pueblo seré glorificado. Y Aarón calló (Levítico 10:1-3).

George O. Wood, Superintendente General del Concilio General de
las Asambleas de Dios, le respondió en una carta al autor John MacArthur sobre su libro *Fuego extraño*:

> *Dr. MacArthur cree que los dones milagrosos del Espíritu cesaron*
> *con el cierre de la era apostólica y que los movimientos pentecosta-*
> *les y carismáticos son, por lo tanto, teológicamente aberrantes en*
> *un nivel fundamental.*
>
> *Si bien ha habido aberraciones aisladas de comportamiento y de*
> *doctrina durante el siglo pasado, entre los que se autoidentifican*
> *como pentecostales o carismáticos, el movimiento en su conjunto ha*
> *demostrado ser una fuerza vital en la evangelización del mundo, el*
> *cumplimiento de la promesa que Jesús hizo a sus discípulos en Hechos*
> *1:8. En nombre de los 66 millones de seguidores y 360 000 + iglesias*
> *de la Fraternidad mundial de las Asambleas de Dios, doy gracias*
> *a Dios que la fe y la vida de la Iglesia de Hechos 2 es aún creída y*
> *vivida en el día de hoy.*
>
> *Las Asambleas de Dios cumplieron 100 años en el 2014 y mantienen*
> *su compromiso con la plena autoridad de la Palabra de Dios. Como*
> *miembro fundador de la Asociación Nacional de Evangélicos, la*
> *Asamblea de Dios ha tratado de cooperar en la Gran Comisión con*
> *los cristianos de la fe, aun cuando no son pentecostales y carismáticos,*
> *y seguimos comprometidos con esa colaboración.*
>
> *Confiamos en que llegará el momento en que el Dr. John MacAr-*
> *thur y aquellos que comparten su punto de vista reconozcan la gran*
> *contribución que los pentecostales y carismáticos están haciendo en*
> *la evangelización de las personas sin Cristo. Pedimos las bendicio-*
> *nes de Dios sobre sus esfuerzos para compartir el evangelio en un*
> *mundo que se pierde. Pentecostales y carismáticos son sus colabo-*
> *radores en este esfuerzo, por lo que pedimos que ellos igualmente*
> *oren por la bendición de Dios en nosotros a medida que tratamos*
> *de cumplir con la gran comisión que Dios nos ha dado*[*].

---

[*] (http://agchurches.org/Sitefiles/Default/RSS/AG.org%20TOP/Gen%20Supt/GOW_Strange_fire_statement.pdf)

Aunque muchos pentecostales discreparon en contra del autor John MacArthur, la verdad fue que nos peló a muchos la llaga. Desde luego fue muy inclusivo en su ponencia, ofendiendo a pentecostales sinceros, doctrinales y que se mantienen bien alineados con las Sagradas Escrituras. El movimiento pentecostal, que es de Dios y ha sido utilizado por el Espíritu Santo, a causa de muchos líderes de nuevas revelaciones y nuevas unciones, se ha ido a muchos extremos y abusos con la manifestación de los dones. Y necesitábamos un profeta de afuera para que nos lo dijera. El movimiento pentecostal histórico es muy centralizado en su afirmación. Pero en general las congregaciones pentecostales no institucionales son descentralizadas. Aunque tenemos concilios que regulan a las congregaciones, la mayoría de no afiliados o de grupos integrados no se sujetan a una dogmática que salvaguarde con equilibrio mayormente las manifestaciones carismáticas, que nos defina y nos distinga como pentecostales. Debe haber un equilibrio entre presencia y palabra con otro equilibrio entre dones y manifestaciones.

Los pentecostales históricos afirmamos 16 verdades fundamentales, tal y como aparecen en la Constitución General de las Asambleas de Dios. Entre estas verdades decimos en relación con el Espíritu Santo:

1. El bautismo en el Espíritu Santo

Todos los creyentes tienen el derecho de recibir y deben buscar fervientemente la promesa del Padre, el bautismo en el Espíritu Santo y fuego, según el mandato del Señor Jesucristo. Esta era la experiencia normal y común de toda la primera Iglesia cristiana. Con el bautismo viene una investidura de poder para la vida y el servicio y la concesión de los dones espirituales y su uso en el ministerio (Lucas 24:49; Hechos 1:4,8; 1 Corintios 12:1-31). Esta experiencia es distinta a la del nuevo nacimiento y subsecuente a ella (Hechos 8:12-17; 10:44-46; 11:14-16; 15:7-9). Con el bautismo en el Espíritu Santo, el creyente participa de experiencias como la de ser lleno del Espíritu (Juan 7:37-39; Hechos 4:8); una mayor reverencia hacia Dios (Hechos 2:43; Hebreos 12:28); una consagración más intensa a Dios y una mayor dedicación a su obra (Hechos 2:42); y un amor más activo a Cristo, a su Palabra y a los perdidos (Marcos 16:20).

2. La evidencia física inicial del bautismo en el Espíritu Santo

El bautismo de los creyentes en el Espíritu Santo es evidente con la señal física inicial de hablar en otras lenguas como el Espíritu los dirija (Hechos 2:4). El hablar en lenguas en este caso es esencialmente lo mismo que el don de lenguas (1 Corintios 12:4-10, 28), pero es diferente en propósito y uso.

En la Declaración de Fe de la Constitución y Reglamentos del Concilio Internacional de las Iglesias Pentecostales de Jesucristo, se afirma:

Creemos que el bautismo con el Espíritu Santo es un poder que viene de Dios sobre una vida limpia y santificada. Se evidencia la investidura de este poder de lo alto (Hechos 1:8) con la señal de hablar en otras lenguas (Marcos 16:17; Hechos 2:4; 10:45-47). El hablar en lenguas y el don de lenguas (1 Corintios 12:10), aunque en origen son lo mismo, no obstante, en propósito son diferentes.

Creemos que los dones del Espíritu Santo son dados para la edificación de los santos. Estos son palabra de sabiduría; palabra de ciencia, fe, sanidades, operaciones de milagros, profecía, discernimiento de espíritus, géneros de lenguas e interpretación de lenguas (1 Corintios 12:4-10). También creemos en dones de oficio para ejercer el ministerio (Efesios 4:11-12) y en dones para servir en la Iglesia (Romanos 12:6-8).

¿Son irrevocables los dones conferidos por el Padre, el Hijo y el Espíritu Santo? Muchos contestarían afirmativamente citando Romanos 11:29:

Porque irrevocables son los dones y el llamamiento de Dios (RVR1960).

Dios jamás retira sus dádivas ni se olvida de aquellos a quienes ha elegido (NBV).

Dios no da regalos para luego quitarlos, ni se olvida de las personas que ha elegido (TLA).

Pero la respuesta de los dones y el llamamiento al cual el apóstol Pablo se refirió dentro de su contexto es el pueblo de Israel, y no se refiere directamente a la Iglesia o a los creyentes, pero se puede aplicar a estos. Leamos ese pasaje nuevamente:

Así que, en cuanto al evangelio, son enemigos por causa de vosotros; pero, en cuanto a la elección, son amados por causa de los padres. Porque irrevocables son los dones y el llamamiento de Dios. Pues, como vosotros también en otro tiempo erais desobedientes a Dios pero ahora habéis alcanzado misericordia por la desobediencia de ellos, así también estos ahora han sido desobedientes, para que, por la misericordia concedida a vosotros, ellos también alcancen misericordia. Porque Dios sujetó a todos en desobediencia, para tener misericordia de todos (Romanos 11:28-32).

En el *Comentario Bíblico de William McDonald* del Antiguo Testamento y del Nuevo Testamento a Romanos 11:29, se declara:

La razón de que sigan siendo amados es que los dones y el llamamiento de Dios nunca se rescinden. Dios no vuelve a tomar sus dones. Una vez que se ha hecho una promesa incondicional, nunca se vuelve atrás. Él dio a Israel los especiales privilegios relacionados en 9:4, 5. Llamó a Israel para que fuese su pueblo terrenal (Is. 48:12), separado del resto de las naciones. Nada hará cambiar su propósito. (Editorial CLIE. Barcelona, España, 1992).

En el Comentario de Martín Lutero a Romanos 11:29 se lee lo siguiente:

¡Palabras verdaderamente notables! La voluntad de Dios no la alteran ni los méritos ni los deméritos de hombre alguno. No se arrepiente el Señor de los dones y llamado prometidos; el hecho es que ellos, los judíos, son ahora indignos; vosotros, en cambio, los gentiles, sois dignos. La voluntad de Dios permanece inalterada, aun cuando vosotros cambiéis. Por eso aquellos retornarán y finalmente serán llevados a la verdad de la fe. De ahí— el término griego en "Los dones de Dios son ametameleta" quiere decir "no sujetos a arrepentimiento". No se trata pues de un acto de arrepentimiento por parte nuestra, sino de un arrepentimiento de parte de Dios: Él "se arrepiente" de aquello que somete a un cambio

o expone a la destrucción. (Editorial CLIE. Barcelona, España, publicado en 1998).

Es decir que el pasaje de Romanos 11:29 hace referencia al llamamiento del pueblo de Israel, pero luego habla de la misericordia de Dios por aquellos que han llegado a ser parte de la Iglesia. Dios no revocó ni revoca el pacto con Israel; tampoco revoca sus bendiciones y promesas para la Iglesia; esa es la irrevocabilidad de Dios.

En el Comentario Bíblico de Matthew Henry se dice de Romanos 11:29:

> *Ahora bien, Dios es el mismo para todos: Su llamamiento es también irrevocable para nosotros que hemos creído en el Salvador.* (Editorial CLIE. Barcelona, España, 1999).

El apóstol Pablo introduce el tema de los dones llamando a los creyentes a no ignorarlos. En el original griego, "dones" no aparece: solo se habla de "espirituales":

> *No quiero, hermanos, que ignoréis acerca de los dones espirituales* (1 Corintios 12:1).

> *Ahora, amados hermanos, con respecto a la pregunta acerca de las capacidades especiales que el Espíritu nos da, no quiero que lo malentiendan* (NTV).

En la entrega y manifestación de los dones o carismas se presenta la labor de la Trinidad:

> *Ahora bien, hay diversidad de dones, pero el Espíritu es el mismo. Y hay diversidad de ministerios, pero el Señor es el mismo. Y hay diversidad de operaciones, pero Dios, que hace todas las cosas en todos, es el mismo. Pero a cada uno le es dada la manifestación del Espíritu para provecho* (1 Corintios 12:4-7).

Según el apóstol Pablo, los dones son muchos en la Iglesia, pero también hay muchos ministerios en la iglesia y se manifiestan muchas operaciones o actividades en la iglesia. Se necesita el don para tener el ministerio y, cuando el don y el ministerio se juntan, se puede operar con el don y el ministerio. Cada creyente tiene, por lo menos, un don, o más.

La Nueva Traducción Viviente aclara mucho el sentido del pasaje bíblico anterior:

> *Hay distintas clases de dones espirituales, pero el mismo Espíritu es la fuente de todos ellos. Hay distintas formas de servir, pero todos servimos al mismo Señor. Dios trabaja de maneras diferentes, pero es el mismo Dios quien hace la obra en todos nosotros. A cada uno de nosotros se nos da un don espiritual para que nos ayudemos mutuamente* (NTV).

Los dones son descriptos como "diversidad de dones", "diversidad de ministerios" y "diversidad de operaciones". La palabra "diversidad" (RV1960) se traduce en otras versiones bíblicas como "repartimientos" (RV1909) y "distintas" (NTV). La fuente de los dones es el Espíritu Santo. Y los creyentes le servimos a Dios de diferentes maneras. A través (y por medio) de cada uno, Dios trabaja para beneficio de la congregación. A cada creyente se le ha dado un don o más para la edificación del cuerpo y para la ayuda mutua.

La diversidad es una marca de la Iglesia de Jesucristo. La Trinidad respeta la diversidad en congregación. Y por eso el Espíritu Santo, en los dones espirituales, presenta la diversidad.

Pablo dejó ver cómo la iglesia es el cuerpo de Cristo, y a esta le ha dado también ministerios y manifestaciones para su cuidado y desarrollo:

> *Vosotros, pues, sois el cuerpo de Cristo, y miembros cada uno en particular. Y a unos puso Dios en la iglesia, primeramente apóstoles; luego profetas; los terceros, maestros; luego los que hacen milagros; después los que sanan; los que ayudan; los que administran; los que tienen don de lenguas. ¿Son todos apóstoles?, ¿son todos profetas?, ¿todos maestros?, ¿hacen todos milagros?, ¿tienen todos dones de sanidad?, ¿hablan todos lenguas? ¿interpretan todos? Procurad, pues, los dones mejores. Mas yo os muestro un camino aún más excelente* (1 Corintios 12:27-31).

Cada creyente debe funcionar en su don, reconociendo que lo ha recibido por la gracia de Dios. La recepción y manifestación de algún don no debe llenar de orgullo religioso al que lo posee. Los dones son de Dios y los reparte soberanamente sobre los creyentes a quien Dios quiere dar el don o dones que Él quiere.

Pero todas estas cosas las hace uno y el mismo Espíritu, repartiendo a cada uno en particular como él quiere (1 Corintios 12:11).

Tenemos cuatro listados de los dones en el registro del Nuevo Testamento:

De manera que, teniendo diferentes dones, según la gracia que nos es dada, si es el de profecía, úsese conforme a la medida de la fe; o si es de servicio, en servir; o el que enseña, en la enseñanza; el que exhorta, en la exhortación; el que reparte, con liberalidad; el que preside, con solicitud; el que hace misericordia, con alegría (Romanos 12:6-8).

Porque a este es dada por el Espíritu palabra de sabiduría; a otro, palabra de ciencia según el mismo Espíritu; a otro, fe por el mismo Espíritu; y a otro, dones de sanidades por el mismo Espíritu. A otro, el hacer milagros; a otro, profecía; a otro, discernimiento de espíritus; a otro, diversos géneros de lenguas; y a otro, interpretación de lenguas (1 Corintios 12:8-10).

El que descendió es el mismo que también subió por encima de todos los cielos para llenarlo todo. Y él mismo constituyó a unos, apóstoles; a otros, profetas; a otros, evangelistas; a otros, pastores y maestros [...] (Efesios 4:10-11).

Cada uno según el don que ha recibido, minístrelo a los otros, como buenos administradores de la multiforme gracia de Dios. Si alguno habla, hable conforme a las palabras de Dios; si alguno ministra, ministre conforme al poder que Dios da, para que en todo sea Dios glorificado por Jesucristo, a quien pertenecen la gloria y el imperio por los siglos de los siglos. Amén (1 Pedro 4:10-11).

Del listado de los nueve dones de 1 Corintios 12:8-10, siete de estos se encuentran manifestados en el Antiguo Testamento, menos los dones de diversos géneros de lenguas y el de interpretación de lenguas.

Porque a este es dada por el Espíritu palabra de sabiduría; a otro, palabra de ciencia según el mismo Espíritu; a otro, fe por el mismo Espíritu; y a otro, dones de sanidades por el mismo Espíritu. A otro, el hacer milagros; a otro, profecía; a otro, discernimiento de espíritus; a otro, diversos géneros de lenguas; y a otro, interpretación de lenguas.

Los dones de 1 Corintios 12:8-10 se clasifican en relación con lo que se conoce, lo que se hace y lo que se habla por el Espíritu Santo:

Dones de revelación sobrenatural o conocimiento extraordinario (palabra de sabiduría, palabra de ciencia y discernimiento de espíritus). Son dones de saber.

Dones de poder sobrenatural o acciones extraordinarias (fe, sanidades y milagros). Son dones de hacer.

Dones de palabra sobrenatural o expresiones extraordinarias (profecía, diversos géneros de lenguas e interpretación de lenguas). Son dones de hablar.

¿Puede un creyente tener más de un don? Un creyente puede tener más de un don. ¿Puede un creyente poseer todos los dones espirituales? Claro que sí, aunque es algo muy poco frecuente. Cada creyente tiene, por lo menos, un don espiritual. La pluralidad de dones son para toda congregación que es llamada a poseer todos los dones espirituales.

En cada congregación, los dones de oficio deben estar presentes. Nadie debe jactarse de tener todos los dones espirituales y de oficio. Hacerlo es incurrir en el espíritu de orgullo.

En realidad, los dones los tiene el Espíritu Santo y los manifiesta en la congregación. Los dones no son de una persona: son dados y manifestados en una persona creyente por el poder del Espíritu Santo.

El texto griego reza: "Phanéresis tu pneúmatos pros to sympheron, φανερεσις του πνευματος προς το συμφερον". La palabra "don" o "dones" no se menciona en el original griego. Se habla más bien de la manifestación del Espíritu para provecho mutuo. El Espíritu Santo da los dones a la Iglesia. El Señor Jesucristo da los dones o ministerios de oficios a la Iglesia.

Deseo que usted, como lector, por medio de la lectura de este libro, pueda identificar en su vida los dones que el Espíritu Santo le haya conferido, y que de esa manera pueda bendecir más a los santos. Tenemos la misión de continuar con la antorcha de la fe como Iglesia del siglo XXI. Pero tenemos que pasar a las próximas generaciones una antorcha encendida, y no apagada.

Capítulo 1

LOS DONES ESPIRITUALES

EL DON PALABRA DE SABIDURÍA

Porque a este es dada por el Espíritu palabra de sabiduría.

— 1 Corintios 12:8a

L A PALABRA DE sabiduría es el primero de los nueve dones espirituales o dones ministeriales que encabeza la lista de 1 de Corintios 12:4-11. "Palabra de sabiduría" proviene del griego "lógos sofías" (λόγος σοφίας). Mediante la operación de este don, el Espíritu Santo hace manifiesta la sabiduría divina y la pone al alcance de la Iglesia. La mente de Dios se expresa en la manifestación de la palabra de sabiduría. El que posee este don tiene la capacidad de penetrar en el conocimiento de las verdades de la fe. Cuando este don está en operación sobre una persona, esta puede dar o compartir una palabra de sabiduría que aclara o asesora con una verdad.

Es, por lo tanto, un don de revelación sobrenatural que opera en momentos en que son necesarios el consejo y la dirección divina. Pero su uso abarca otras áreas espirituales, entre estas, la de incursionar en el futuro.

Uso del don

La reconocida Biblia de Jerusalén explica así el uso de este don "sin duda para exponer las verdades cristianas más elevadas, las que se refieren al ser de Dios y su acción en nosotros: la enseñanza de lo perfecto". (Compárese Hebreos 6:1 y 1 Corintios 2:6-16).

Por lo tanto, la palabra de sabiduría ayuda en la proclamación de la revelación de la Palabra escrita de Dios. Para entenderla, se necesita la manifestación de la sabiduría divina. El Espíritu Santo ha capacitado a ciertos individuos para interpretar la Biblia y aplicar la sabiduría de esta para provecho espiritual de otros.

La palabra de sabiduría se manifiesta en momentos de crisis espirituales, cuando hay que tomar decisiones difíciles que tienen que ver particularmente con los asuntos del reino de Dios y cuando es necesario el consejo divino. Nos ayuda también a entender la voluntad de Dios para nuestras vidas.

Mediante la manifestación de la palabra de sabiduría, Salomón pudo descubrir cuál era la madre del niño muerto y cuál era la madre del niño vivo.

En aquel tiempo vinieron al rey dos mujeres rameras, y se presentaron delante de él. Y dijo una de ellas: ¡Ah, señor mío! Yo y esta mujer morábamos en una misma casa, y yo di a luz estando con ella en la casa. Aconteció al tercer día después de dar yo a luz que esta dio a luz también, y morábamos nosotras juntas; ninguno de fuera estaba en casa, sino nosotras dos en la casa. Y una noche el hijo de esta mujer murió, porque ella se acostó sobre él. Y se levantó a medianoche y tomó a mi hijo de junto a mí, estando yo tu sierva durmiendo, y lo puso a su lado, y puso al lado mío su hijo muerto. Y, cuando yo me levanté de madrugada para dar el pecho a mi hijo, he aquí que estaba muerto; pero lo observé por la mañana, y vi que no era mi hijo, el que yo había dado a luz. Entonces la otra mujer dijo: No; mi hijo es el que vive, y tu hijo es el muerto. Y la otra volvió a decir: No; tu hijo es el muerto, y mi hijo es el que vive. Así hablaban delante del rey (1 Reyes 3:16-22).

El rey entonces dijo: Esta dice: Mi hijo es el que vive, y tu hijo es el muerto; y la otra dice: No, mas el tuyo es el muerto, y mi hijo es el que vive. Y dijo el rey: Traedme una espada. Y trajeron al rey una espada. En seguida el rey dijo: Partid por medio al niño vivo, y dad la mitad a la una, y la otra mitad a la otra. Entonces la mujer de quien era el hijo vivo habló al rey (porque sus entrañas se le conmovieron por su hijo), y dijo: ¡Ah, señor mío! dad a esta el niño vivo, y no lo matéis. Mas la otra dijo: "Ni a mí ni a ti; partidlo. Entonces el rey respondió y dijo: Dad a aquella el hijo vivo, y no lo matéis; ella es su madre (1 Reyes 3:23-27).

La operación de este don se relaciona con la revelación de hechos, asuntos y acontecimientos del futuro. En palabra de sabiduría, Eliseo le reveló a su siervo Giezi que, motivado por la ambición, se había ido tras Naamán para solicitarle los presentes que había ofrecido a Elías y que este había rechazado.

Por tanto, la lepra de Naamán se te pegará a ti y a tu descendencia para siempre. Y salió de delante de él leproso, blanco como la nieve (2 Reyes. 5.27).

En el uso de este don, Eliseo revela al rey de Israel dónde montaría el rey de Siria su campamento militar:

Tenía el rey de Siria guerra contra Israel y, consultando con sus siervos, dijo: En tal y tal lugar estará mi campamento. Y el varón de Dios envió a decir al rey de Israel: Mira que no pases por tal lugar, porque los sirios van allí. Entonces el rey de Israel envió a aquel lugar que el varón de Dios había dicho; y así lo hizo una y otra vez con el fin de cuidarse. Y el corazón del rey de Siria se turbó por esto; y, llamando a sus siervos, les dijo: ¿No me declararéis vosotros quién de los nuestros es del rey de Israel? Entonces uno de los siervos dijo: No, rey señor mío, sino que el profeta Eliseo está en Israel, el cual declara al rey de Israel las palabras que tú hablas en tu cámara más secreta (2 Reyes 6:8-12).

En la manifestación de la palabra de sabiduría, Eliseo recibió la revelación del mensajero enviado por el rey de Israel para quitarle la vida.

Eliseo estaba sentado en su casa, y los ancianos estaban sentados con él, cuando el rey envió a uno de sus hombres. Pero, antes que el mensajero llegara a él, Eliseo dijo a los ancianos: ¿Ven cómo este hijo de homicida envía para que me quiten la cabeza? Miren, pues, y cuando llegue el mensajero, cierren la puerta e impídanle la entrada. ¿No se oye tras él el ruido de los pasos de su señor? Mientras él estaba hablando con ellos, he aquí que el mensajero descendía hacia él y dijo: ¡Ciertamente este mal proviene del SEÑOR! *¿Qué puedo aún esperar del* SEÑOR? (2 Reyes 6:32-33).

El rey Ben-hadad de Siria estaba muy enfermo y envió a su ayudante Hazael para saber si sanaría. Eliseo tuvo la revelación por la palabra de sabiduría que sí sanaría, pero moriría. Al mirar a Hazael, lloró, y este le preguntó por qué lloraba, y allí le reveló que sería el rey de Siria.

Y el rey dijo a Hazael: Toma en tu mano un presente, y ve a recibir al varón de Dios, y consulta por él a Jehová, diciendo: ¿Sanaré de esta enfermedad? Tomó, pues, Hazael en su mano un presente de entre los bienes de Damasco, cuarenta camellos cargados, y fue a su encuentro, y llegando se puso delante de él, y dijo: Tu hijo Ben-adad rey de Siria me ha enviado a ti, diciendo: ¿Sanaré de esta enfermedad? Y Eliseo le dijo: Ve, dile: Seguramente sanarás. Sin embargo, Jehová me ha mostrado que él morirá ciertamente. Y el varón de Dios le miró fijamente, y estuvo así hasta hacerlo ruborizarse; luego lloró el varón de Dios. Entonces le dijo Hazael: ¿Por qué llora, mi señor? Y él respondió: Porque sé el mal que harás a los hijos de Israel; a sus fortalezas pegarás fuego, a sus jóvenes matarás a espada, y estrellarás a sus niños, y abrirás el vientre a sus mujeres que estén encintas. Y Hazael dijo: Pues, ¿qué es tu siervo, este perro, para que haga tan grandes cosas? Y respondió Eliseo: Jehová me ha mostrado que tú serás rey de Siria (2 Reyes 8:9-13).

Hazael le dio el mensaje al rey Ben-hadad de que sanaría. Al otro día mojó en agua un paño y asfixió de muerte al rey, proclamándose rey, tal y como Eliseo le había profetizado en palabra de sabiduría. La profecía se liga con la palabra de ciencia o con la palabra de sabiduría, o con ambas.

Y Hazael se fue, y vino a su señor, el cual le dijo: ¿Qué te ha dicho Eliseo? Y él respondió: Me dijo que seguramente sanarás. El día siguiente, tomó un paño y lo metió en agua, y lo puso sobre el rostro de Ben-adad, y murió; y reinó Hazael en su lugar (2 Reyes 8:14-15).

El don de palabra de sabiduría y el don de fe aparecen operando juntos en la orden que Eliseo le dio al rey Joás de Israel. Eliseo ayudó al rey a tirar una saeta o flecha como señal de su victoria sobre los sirios. Luego le ordenó golpear en el suelo con las saetas, y el rey lo hizo solamente tres veces. Eliseo le dejó saber que, si hubiera golpeado seis o siete veces, no hubiera quedado sirio alguno.

Y le dijo Eliseo: Toma un arco y unas saetas. Tomó él entonces un arco y unas saetas. Luego dijo Eliseo al rey de Israel: Pon tu mano sobre el arco. Y puso él su mano sobre el arco. Entonces puso Eliseo sus manos sobre las manos del rey, y dijo: Abre la ventana que da al oriente. Y cuando él la abrió, dijo Eliseo: Tira. Y tirando él, dijo Eliseo: Saeta de salvación de Jehová, y saeta de salvación contra Siria; porque herirás a los sirios en Afec hasta consumirlos. Y le volvió a decir: Toma las saetas. Y luego que el rey de Israel las hubo tomado, le dijo: Golpea la tierra. Y él la golpeó tres veces, y se detuvo. Entonces el varón de Dios, enojado contra él, le dijo: Al dar cinco o seis golpes, hubieras derrotado a Siria hasta no quedar ninguno; pero ahora solo tres veces derrotarás a Siria (2 Reyes 13:15-19).

Por medio de la revelación de la palabra de sabiduría y el don de fe, el profeta Elías, mucho antes del ascenso del rey Joram, hijo del rey Josafat de Judá, tuvo la revelación de qué clase de rey sería este y del juicio de muerte que le sobrevendría.

Y le llegó una carta del profeta Elías, que decía: Jehová, el Dios de David, tu padre, ha dicho así: Por cuanto no has andado en los caminos de Josafat tu padre, ni en los caminos de Asa rey de Judá, sino que has andado en el camino de los reyes de Israel, y has hecho que fornicase Judá y los moradores de Jerusalén, como fornicó la casa de Acab; y además has dado muerte a tus hermanos, a la familia de tu padre, los cuales eran mejores que tú; he aquí que Jehová herirá a tu pueblo de una gran plaga, y a tus hijos y a tus mujeres, y a todo cuanto tienes; y a ti con muchas enfermedades, con enfermedad de tus intestinos, hasta que se te salgan a causa de tu persistente enfermedad (2 Crónicas 21:12-15).

Elías le escribió con antelación esa carta, que fue leída por el rey Joram mucho después de Elías haber sido arrebatado al Cielo por un torbellino. La última profecía de Elías fue plasmada en esa carta, aunque el profeta ya estaba en el cielo.

Sobre el diácono Esteban se reveló de manera extraordinaria la palabra de sabiduría:

Y Esteban, lleno de gracia y de poder, hacía grandes prodigios y señales entre el pueblo. Entonces se levantaron unos de la sinagoga llamada de los libertos, y de los de Cirene, de Alejandría, de Cilicia y de Asia, disputando con Esteban. Pero no podían resistir a la sabiduría y al Espíritu con que hablaba (Hechos 6:8-10).

En Hechos 15 vemos una ilustración del uso de esta palabra de sabiduría. Allí el Espíritu Santo ilumina a Jacobo (Santiago) para que, mediante el don de sabiduría, exprese una solución al problema de la circuncisión para los gentiles convertidos al cristianismo.

Por lo cual yo juzgo que no se inquiete a los gentiles que se convierten a Dios, sino que se les escriba que se aparten de las contaminaciones de los ídolos, de fornicación, de ahogado y de sangre (Hechos 15:19-20).

Otro ejemplo del uso de esta palabra de sabiduría lo encontramos cuando el profeta Ananías, en palabra de sabiduría, le reveló a Saulo el propósito y elección divina para con él.

Entonces uno llamado Ananías, varón piadoso según la ley, que tenía buen testimonio de todos los judíos que allí moraban, vino a mí, y acercándose, me dijo: Hermano Saulo, recibe la vista. Y yo en aquella misma hora recobré la vista y lo miré. Y él dijo: El Dios de nuestros padres te ha escogido para que conozcas su voluntad, y veas al Justo, y oigas la voz de su boca. Porque serás testigo suyo a todos los hombres, de lo que has visto y oído (Hechos 22:12-15).

La palabra de sabiduría se puede recibir por sueños, por visión, por pensamiento y por visita angelical:

Después que partieron ellos, he aquí que un ángel del Señor apareció en sueños a José y dijo: Levántate y toma al niño y a su madre, y huye a Egipto, y permanece allá hasta que yo te diga; porque acontecerá que Herodes buscará al niño para matarlo (Mateo 2:13).

Y se le mostró a Pablo una visión de noche: un varón macedonio estaba en pie, rogándole y diciendo: Pasa a Macedonia y ayúda-nos. Cuando vio la visión, en seguida procuramos partir para Macedonia, dando por cierto que Dios nos llamaba para que les anunciásemos el evangelio (Hechos 16:9-10).

Y habiendo pasado mucho tiempo, y siendo ya peligrosa la nave-gación, por haber pasado ya el ayuno, Pablo les amonestaba, diciéndoles: Varones, veo que la navegación va a ser con perjuicio y mucha pérdida, no solo del cargamento y de la nave, sino también de nuestras personas (Hechos 27:9-10).

La palabra de sabiduría puede darse en un consejo, aviso u orientación para alguien que espiritualmente la necesite. En este caso puede combinarse con el don de profecía. La razón es que, para esa persona, lo dicho es un mensaje recibido del Espíritu Santo.

Abuso del don

Muchos han abusado de este don al caer en el mal hábito de declarar: "Dios me dijo que te dijera". Esta clase de personas siempre tienen palabra de revelación futura para los demás. Quien tenga este don debe cuidarse de no poner en la boca de Dios palabras que Él no ha dicho ni ha revelado. Esto es tomar en vano el nombre de Dios, de Jesucristo o del Espíritu Santo.

El autor Edgar Vera, pastor del Distrito Hispano del Este, habla sobre este síndrome de "Dios me dijo…":

> *Una vida guiada por intuiciones puede resultar ser peligrosa. Tenga cuidado con "el Espíritu me dijo", "Dios me mostró", "Sentí de Dios". Y un sinnúmero de otros sentimientos que muchas veces son ideas o sentimientos que suscitan en nosotros, por ende, de nuestras emociones. He visto gente decir: "Dios me dijo que dejara mi trabajo". Están los que expresan: "Dios me dijo que dejara mis estudios". Otros declaran: "Dios me dijo que me fuera de esta iglesia". Solo para entrar a más realidades frustrantes en la vida.*

Déjese mejor llevar por principios bíblicos y sanos. Pídale a Dios por sabiduría y no decida por simple intuición. Yo no digo que Dios no habla a nuestro corazón: solo que hay que tener cuidado de no interpretar cada emoción como la voz de Dios. Un ejemplo de alguien movido por intuición y no por la voluntad de Dios lo fue Simón Pedro, al cual el Señor Jesucristo lo tuvo que regañar:

> *Entonces Pedro lo llevó aparte y comenzó a reprenderlo por decir semejantes cosas. ¡Dios nos libre, Señor!, dijo. Eso jamás te sucederá a ti. Jesús se dirigió a Pedro y le dijo: ¡Aléjate de mí, Satanás! Representas una trampa peligrosa para mí. Ves las cosas solamente desde el punto de vista humano, no desde el punto de vista de Dios* (Mateo 16:22-23, NTV).

También se abusa cuando quien reclama tener el don lo emplea por voluntad propia, cuando quiere y donde quiere, sin considerar que la operación de este don depende del Espíritu Santo.

Recuerdo a un evangelista que decía: "El Espíritu Santo en palabra de sabiduría dará un mensaje especial a aquellos que me traigan una ofrenda especial de veinte dólares". Cobraba por una consulta espiritual. Entre este evangelista y una gitana no había mucha diferencia. Como siempre sucede, en pocos minutos ya había un grupo de hermanos alineados que querían el "mensaje especial". Más que un poseedor del don, era un manipulador.

Un famoso evangelista norteamericano declaró que, si antes del 31 de marzo de 1987 no entraban a su ministerio ocho millones de dólares para ser invertidos en la obra misionera, enviándose personal médico a lugares en el extranjero que necesitaban atención médica, Dios le quitaría la vida. El asunto no es si Dios habla a los hombres y mujeres hoy día como en días pasados, sino, ¿habló este evangelista con palabra de sabiduría y con el don de fe o fue movido por la presunción?

Una personalidad evangélica que ha estado en la televisión por varias décadas reclamó tener una visión con Cristo armado, que demuestra que Él viene pronto:

> *El televangelista Pat Robertson dijo que había recibido un mensaje de Jesucristo diciéndole que estaba complacido con el trabajo del presidente Donald Trump. "Anoche, estaba orando y Jesús vino a mí en una visión. Jesús tenía las maletas empacadas, llevaba camuflaje y llevaba un AK-47 —dijo Robertson en* El Club 700—. *Eso significa que se está preparando para regresar y encargarse de los enemigos de Israel".* *

Otro reconocido evangelista de televisión acostumbraba decir: "Sí, Señor, sí, Señor... dime...". A los pocos segundos declaraba: "Hay un televidente que se fracturó la espina dorsal y el Señor me dijo que lo va a sanar".

Al tiempo se descubrió que vivía con mucho libertinaje, con mucha opulencia; fue arrestado por intoxicación con alcohol. En su vida privada representaba más al mundo que al reino de Dios. Tuvo dones sin carácter.

Este don mal usado se ha prestado para ser una herramienta de explotación financiera por parte de anfitriones de la iglesia electrónica. Por

---

* www.bizstandardnews.com/2019/04/03/robertsonjesus/

favor, no me malinterprete; sé que los ministerios electrónicos necesitan solicitar donaciones o contribuciones. Pero nunca se deben emplear trucos espirituales o psicología espiritual para despojar de su dinero a otros.

Se abusa de este don de palabra de sabiduría con el empleo de los llamados "pactos financieros" para colectar dinero de los feligreses. Los verdaderos pactos se hacían con la sangre de cordero o con ofrendas estipuladas bajo la ley. El pacto de Jesucristo se selló con su propia sangre. Este don de palabra de sabiduría es necesario. Su manifestación nos permitirá entender la voluntad de Dios, ver el futuro revelado, descubrir la solución a un problema y nos alertará de algún peligro.

EL DON PALABRA DE CIENCIA

A otro, palabra de ciencia según el mismo Espíritu.

— 1 Corintios 12:8b

La palabra de ciencia es el segundo de los nueve dones espirituales de 1 Corintios 12:4-11. "Palabra de ciencia" viene del griego "lógos gnóseos" (λόγος γνώσεως). Se conoce también como "palabra de conocimiento".

Mediante la manifestación de este don, el Espíritu Santo imparte conocimiento divino y da revelación de hechos y personas a la Iglesia. El que posee este don recibe información que puede compartir con los oyentes o con los lectores. Al igual que la palabra de sabiduría, es un don de revelación sobrenatural.

Uso del don

La Biblia de Jerusalén lo define como "el don de exponer las verdades elementales del cristianismo", la enseñanza elemental de Hebreos 6:1 acerca de Cristo.

Por tanto, la expresión de este don asocia la presentación de la doctrina acerca de Cristo con su aplicación. Además, es un don que tiene que ver con el conocimiento sobre Dios y su Palabra. Es la revelación que Dios hace de sí mismo y de sus características divinas.

La manifestación de este don en el área del conocimiento divino no descarta la formación teológica y académica. Muchos de los que tienen este don (teólogos, exégetas, comentaristas bíblicos, maestros y escritores) se sometieron a una rigurosa disciplina académica. Tampoco la manifestación de este don rechaza la investigación acerca de Dios, de su Palabra y de los hechos de Jesucristo.

*Puesto que ya muchos han tratado de poner en orden la historia
de las cosas que entre nosotros han sido ciertísimas, tal como nos lo
enseñaron los que desde el principio lo vieron con sus ojos, y fueron
ministros de la palabra, me ha parecido también a mí, después
de haber investigado con diligencia todas las cosas desde su origen,
escribírtelas por orden, oh excelentísimo Teófilo, para que conozcas bien la verdad de las cosas en las cuales has sido instruido*
(Lucas 1:1-4).

Este don en su ejercicio se asocia con revelaciones pasadas de algo o
sobre alguien, que el Espíritu Santo revela a los que fluyen en este.
Esta palabra de ciencia o conocimiento se manifestó sobre el profeta
Samuel:

*Mañana a esta misma hora yo enviaré a ti un varón de la tierra
de Benjamín, al cual ungirás por príncipe sobre mi pueblo Israel,
y salvará a mi pueblo de mano de los filisteos; porque yo he mirado
a mi pueblo, por cuanto su clamor ha llegado hasta mí. Y luego
que Samuel vio a Saúl, Jehová le dijo: He aquí, este es el varón
del cual te hablé; este gobernará a mi pueblo* (1 Samuel 9:16-17).

*Y Samuel respondió a Saúl, diciendo: Yo soy el vidente; sube
delante de mí al lugar alto, y come hoy conmigo, y por la mañana
te despacharé, y te descubriré todo lo que está en tu corazón. Y
de las asnas que se te perdieron hace ya tres días, pierde cuidado
de ellas, porque se han hallado. Mas, ¿para quién es todo lo que
hay de codiciable en Israel, sino para ti y para toda la casa de tu
padre?* (1 Samuel 9:19-20).

Por esa palabra de ciencia o conocimiento Dios reveló que Saúl
estaba escondido en el bagaje:

*Preguntaron, pues, otra vez a Jehová si aún no había venido allí
aquel varón. Y respondió Jehová: He aquí que él está escondido
entre el bagaje. Entonces corrieron y lo trajeron de allí; y puesto
en medio del pueblo, desde los hombros arriba era más alto que
todo el pueblo. Y Samuel dijo a todo el pueblo: ¿Habéis visto
al que ha elegido Jehová, que no hay semejante a él en todo el
pueblo? Entonces el pueblo clamó con alegría, diciendo: ¡Viva el
rey!* (1 Samuel 10:22-24).

En la operación de esta palabra de ciencia, Eliseo recibió la revelación de que Giezi tomó los presentes que pidió a Naamán:

Él entonces le dijo: ¿No estaba también allí mi corazón, cuando el hombre volvió de su carro a recibirte? ¿Es tiempo de tomar plata, y de tomar vestidos, olivares, viñas, ovejas, bueyes, siervos y siervas? (2 Reyes 5:26).

En el apóstol Pedro vemos manifestado este don espiritual de palabra de ciencia cuando confrontó a Ananías con su pecado secreto:

Pero cierto hombre llamado Ananías, con Safira su mujer, vendió una heredad, y sustrajo del precio, sabiéndolo también su mujer; y trayendo solo una parte, la puso a los pies de los apóstoles. Y dijo Pedro: Ananías, ¿por qué llenó Satanás tu corazón para que mintieses al Espíritu Santo, y sustrajeses del precio de la heredad? Reteniéndola, ¿no se te quedaba a ti? y vendida, ¿no estaba en tu poder? ¿Por qué pusiste esto en tu corazón? No has mentido a los hombres, sino a Dios. Al oír Ananías estas palabras, cayó y expiró. Y vino un gran temor sobre todos los que lo oyeron. Y levantándose los jóvenes, lo envolvieron, y sacándolo, lo sepultaron (Hechos 5:1-6).

El discípulo llamado *Ananías de Damasco* recibió esa palabra de ciencia con la dirección exacta y nombres de dónde estaba Saulo de Tarso:

Había entonces en Damasco un discípulo llamado Ananías, a quien el Señor dijo en visión: Ananías. Y él respondió: Heme aquí, Señor. Y el Señor le dijo: Levántate, y ve a la calle que se llama Derecha, y busca en casa de Judas a uno llamado Saulo, de Tarso; porque he aquí, él ora, y ha visto en visión a un varón llamado Ananías, que entra y le pone las manos encima para que recobre la vista (Hechos 9:10-12).

Esa palabra de ciencia le reveló al apóstol Pablo que aquel hombre que había nacido cojo y era de Listra tenía la fe para recibir el milagro de su sanidad:

Y cierto hombre de Listra estaba sentado, imposibilitado de los pies, cojo de nacimiento, que jamás había andado. Este oyó hablar a Pablo, el cual, fijando en él sus ojos, y viendo que tenía fe para ser

sanado, dijo a gran voz: Levántate derecho sobre tus pies. Y él saltó,
y anduvo (Hechos 14:8-10).

Con palabra de ciencia el Espíritu Santo le mostró al apóstol Pedro
que tres hombres enviados por el centurión Cornelio lo vendrían a
buscar. A Cornelio se le instruyó mandar tres hombres para traer hasta
él a Simón Pedro:

> *Y mientras Pedro pensaba en la visión, le dijo el Espíritu: He*
> *aquí, tres hombres te buscan. Levántate, pues, y desciende y no*
> *dudes de ir con ellos, porque yo los he enviado. Entonces Pedro,*
> *descendiendo a donde estaban los hombres que fueron enviados por*
> *Cornelio, les dijo: He aquí, yo soy el que buscáis; ¿cuál es la causa*
> *por la que habéis venido?* (Hechos 10:19-21).

> *Y he aquí, luego llegaron tres hombres a la casa donde yo estaba,*
> *enviados a mí desde Cesarea. Y el Espíritu me dijo que fuese con*
> *ellos sin dudar. Fueron también conmigo estos seis hermanos, y*
> *entramos en casa de un varón, quien nos contó cómo había visto*
> *en su casa un ángel, que se puso en pie y le dijo: Envía hombres*
> *a Jope, y haz venir a Simón, el que tiene por sobrenombre Pedro;*
> *él te hablará palabras por las cuales serás salvo tú, y toda tu casa*
> (Hechos 11:11-14).

Por la palabra de ciencia el Señor Jesucristo le reveló al apóstol Pablo la
instrucción con la Cena Pascual que el Maestro había compartido con sus
discípulos para que fuera la ordenanza de la Cena del Señor.

> *Porque yo recibí del Señor lo que también os he enseñado: Que el Señor*
> *Jesús, la noche que fue entregado, tomó pan; y habiendo dado gracias,*
> *lo partió, y dijo: Tomad, comed; esto es mi cuerpo que por vosotros es*
> *partido; haced esto en memoria de mí. Asimismo tomó también la copa,*
> *después de haber cenado, diciendo: Esta copa es el nuevo pacto en mi*
> *sangre; haced esto todas las veces que la bebiereis, en memoria de mí.*
> *Así, pues, todas las veces que comiereis este pan, y bebiereis esta copa, la*
> *muerte del Señor anunciáis hasta que Él venga* (1 Corintios 11:23-26).

Es muy probable que, por medio de los apóstoles, Pablo hubiera escuchado de la Cena Pascual que Jesús de Nazaret había celebrado con sus
discípulos aquel jueves preámbulo del Gran Reposo de la Pascua. Pero, a
Pablo, el Señor Jesucristo le dio instrucciones para que esta fuera celebrada

regularmente entre los gentiles creyentes, cristianizando la Cena Pascual judía en la Cena cristiana del Señor.

También le dio la instrucción de la revelación del significado doctrinal de la resurrección del Señor, antes de ponerse por escrito las tradiciones de los evangelios de Mateo (entre los años 80 al 90), Marcos (66 al 70), Lucas (80 al 90) y Juan (95 al 100), que en realidad es un evangelio expresado en cuatro formas o maneras cuádruples. El orden de composición pudo ser Marcos, Lucas, Mateo y Juan.

Antes de las tradiciones de los evangelios, ya se habían escrito las epístolas de 1 y 2 de Corintios (año 56); 1 y 2 de Tesalonicenses (50 al 52); Gálatas (56 al 57); Romanos (57 al 58); Colosenses, Efesios y Filemón, escritas durante el aprisionamiento paulino (61 al 63); 1, 2 de Timoteo y Tito (años 60). Las epístolas de Santiago y 1 de Pedro (años 60); Hebreos, Judas, 1, 2, 3 de Juan (años 70); Apocalipsis (95 al 96) y 2 Pedro pudo ser un escrito tardío.

Las principales doctrinas de la fe cristiana fueron elaboradas por la reflexión teológica, cristológica, pneumatológica y escatológica por el apóstol Pablo.

El apóstol también reclamó haber recibido (aunque no lo dice, del Señor) la doctrina de la resurrección de Jesucristo, y de los muertos en Cristo.

Porque primeramente os he enseñado lo que asimismo recibí: Que Cristo murió por nuestros pecados, conforme a las Escrituras; y que fue sepultado, y que resucitó al tercer día, conforme a las Escrituras [...] (1 Corintios 15:3-4).

En el Gran Diccionario Enciclopédico de la Biblia editado por Alfonso Ropero Berzosa, se nos enseña cómo se formó el Nuevo Testamento a partir de la resurrección de Cristo.

Nuevo Testamento, gr. kainé diatheke, καινη διαθηκη. Se formó como libro a partir del acontecimiento absolutamente extraordinario y fundamental de la Resurrección de Cristo. La experiencia pascual transformó retrospectivamente la pasión, la vida pública, e incluso la infancia de Jesús de Nazaret, reconocido como Mesías y Salvador. A la luz de la Resurrección, sus discípulos releen toda la vida de Jesús. Como judíos que eran, los discípulos no dejaron de meditar la Escritura hebrea que les llevaba a descubrir en el Resucitado al Mesías que tenía que venir. Entonces se da un doble movimiento. Por una parte, la Escritura ilumina la vida de Jesús, y por otra, la vida de Jesús aclara el sentido de las Escrituras. Teniendo en cuenta estos dos factores determinantes, podemos distinguir, en la formación de los libros del Nuevo Testamento, los siguientes momentos. (Editorial CLIE. Tarrasa, Barcelona, España, 2010).

Abuso del don

Muchos hablan de revelaciones que no proceden del Espíritu Santo, sino de la revelación de chismes, de sospechas y asuntos que se imaginan. Este abuso se ha llamado sarcásticamente "el don de sospecha".

Un día una hermana cristiana convocó a un ministro y su esposa para darles una palabra de ciencia: "Ustedes tienen problemas en su vida matrimonial. Eso me lo muestra el Señor. Si así no fuera, no me atrevería a decírselo. Es verdad lo que digo". La pareja le contestó: "Delante de Dios nuestro matrimonio es de amor, unión, comprensión y compatibilidad de carácter espiritual". La confrontación del ministro hizo que la "profetisa" cambiara su "palabra de ciencia" y dijera: "Lo que quiere decir el Señor es que saquen tiempo el uno para el otro; no permitan que el ministerio los lleve a descuidar su matrimonio".

Un predicador le dijo a mi esposa en su primer embarazo, cuando no se hacían sonogramas de bebés: "El Señor me revela que usted va a tener un varón, y no me equivoco; cómprele ropa de niño". Cuando ella dio a luz, ¿qué nació? ¿Un varón? No, nació nuestra primogénita. Pero nosotros, muy precavidos, no nos movimos por la emoción; esperamos en Dios y no nos decepcionamos.

Un "profeta" reclamaba que el Espíritu Santo le había revelado el pecado moral de un ministro. Al tiempo se descubrió que este manipulador del don de ciencia tenía problemas con su propia sexualidad.

El que fluye en el don de ciencia debe estar seguro de que es de Dios lo que ha visto en su espíritu, o lo que supuestamente se le ha revelado. Las emociones proféticas llevan a la decepción profética.

Ese don de ciencia operó en el apóstol Pablo cuando recibió la revelación de su teología paulina:

> *Mas os hago saber, hermanos, que el evangelio anunciado por mí, no es según hombre; pues yo ni lo recibí ni lo aprendí de hombre alguno, sino por revelación de Jesucristo* (Gálatas 1:11-12).

No te impresiones por lo que un predicador descubre en las Sagradas Escrituras, sino por lo que el Espíritu Santo revela dentro del contexto de estas. Nunca pretendas saber más de lo que Dios quiere revelar en las Sagradas Escrituras. Así evitarás caer en errores de interpretación.

EL DON DE FE
A otro, fe por el mismo Espíritu
— 1 Corintios 12:9a

Este don de fe es diferente a la fe salvadora y a la fe sanadora. Capacita al que lo posee de una confianza sobrenatural en Dios para creer en lo que Él hará. Por lo tanto, es un don de poder sobrenatural. "Fe" se traduce del griego "pistis" (πίστις).

Uso del don

Según la Biblia de Jerusalén, es "la fe en grado extraordinario". Es un don que se expresa cuando se toman decisiones que, desde el punto de vista humano, son imposibles de realizarse. Se manifiesta cuando se dan órdenes extraordinarias y cuando se espera que ocurra lo imposible.

Por lo general, este don funciona acompañado de otros, tales como la palabra de sabiduría, los dones de sanidades y el don de hacer milagros.

Cuando los miembros de la Junta de Directores de Radio Visión Cristiana de New Jersey (fui presidente de esta junta) decidimos comprar esta emisora por trece millones de dólares, lo hicimos en un acto de fe extraordinaria. En el ejercicio del don de fe, nos dimos a la tarea de recaudar cuatro millones en tres meses. Dios tocó los corazones de muchas personas, y logramos ver ese milagro económico.

Moisés ejercitó ese don de fe cuando extendió la vara y se abrieron las aguas del mar Rojo:

> *Y extendió Moisés su mano sobre el mar, e hizo Jehová que el mar se retirase por recio viento oriental toda aquella noche; y volvió el mar en seco, y las aguas quedaron divididas. Entonces los hijos de Israel entraron por en medio del mar, en seco, teniendo las aguas como muro a su derecha y a su izquierda* (Éxodo 14:21-22).

> *Y Jehová dijo a Moisés: Extiende tu mano sobre el mar, para que las aguas vuelvan sobre los egipcios, sobre sus carros, y sobre su caballería. Entonces Moisés extendió su mano sobre el mar, y cuando amanecía, el mar se volvió en toda su fuerza, y los egipcios al huir*

*se encontraban con el mar; y Jehová derribó a los egipcios en medio
del mar. Y volvieron las aguas, y cubrieron los carros y la caballería,
y todo el ejército de Faraón que había entrado tras ellos en el mar;
no quedó de ellos ni uno. Y los hijos de Israel fueron por en medio
del mar, en seco, teniendo las aguas por muro a su derecha y a su
izquierda* (Éxodo 14:26-29).

Con Josué como el nuevo Moisés, ocurrió algo similar al dividirse
las aguas del río Jordán:

> *Y añadió Josué: En esto conoceréis que el Dios viviente está en medio
> de vosotros, y que él echará de delante de vosotros al cananeo, al heteo,
> al heveo, al ferezeo, al gergeseo, al amorreo y al jebuseo. He aquí el
> arca del pacto del Señor de toda la tierra pasará delante de vosotros en
> medio del Jordán. Tomad, pues, ahora doce hombres de las tribus de
> Israel, uno de cada tribu. Y, cuando las plantas de los pies de los sacer-
> dotes que llevan el arca de Jehová, Señor de toda la tierra, se asienten
> en las aguas del Jordán, las aguas del Jordán se dividirán; porque las
> aguas que vienen de arriba se detendrán en un montón* (Josué 3:10-13).

Josué oró a Jehová Dios en este don de fe combinado con el don de
operación de milagros, para que un día fuera prolongado, y Dios lo hizo:

> *Entonces Josué habló a Jehová el día en que Jehová entregó al
> amorreo delante de los hijos de Israel, y dijo en presencia de los israe-
> litas: Sol, detente en Gabaón; y tú, luna, en el valle de Ajalón. Y el
> sol se detuvo y la luna se paró, hasta que la gente se hubo vengado
> de sus enemigos. ¿No está escrito esto en el libro de Jaser? Y el sol se
> paró en medio del cielo, y no se apresuró a ponerse casi un día entero*
> (Josué 10:12-13).

Este milagro de la detención del sol en Gabaón y la luna en Ajalón
deja ver cómo la ley de la naturaleza fue interrumpida por la ley de la
fe, que hizo que la rotación de la tierra disminuyera casi en un día o
veinticuatro horas. También se puede explicar que el milagro esperado
por Josué fue que la duración del día fue suficiente para la derrota de
los enemigos del pueblo de Dios.

El profeta Elías funcionó bajo este don de fe cuando Dios le hizo la
provisión milagrosa con los cuervos trayéndole pan y carne:

Entonces Elías tisbita, que era de los moradores de Galaad, dijo a
Acab: Vive Jehová Dios de Israel, en cuya presencia estoy, que no habrá
lluvia ni rocío en estos años, sino por mi palabra. Y vino a él palabra
de Jehová, diciendo: Apártate de aquí, y vuélvete al oriente, y escón-
dete en el arroyo de Querit, que está frente al Jordán. Beberás del
arroyo; y yo he mandado a los cuervos que te den allí de comer. Y él
fue e hizo conforme a la palabra de Jehová; pues se fue y vivió junto al
arroyo de Querit, que está frente al Jordán. Y los cuervos le traían pan
y carne por la mañana, y pan y carne por la tarde; y bebía del arroyo
(1 Reyes 17:1-6).

El profeta Elías operó con este don de fe y el don de milagros cuando
le declaró a la viuda que ni la harina ni el aceite le faltarían hasta que
la lluvia descendiera.

Elías le dijo: No tengas temor; ve, haz como has dicho; pero hazme a
mí primero de ello una pequeña torta cocida debajo de la ceniza, y
tráemela; y después harás para ti y para tu hijo. Porque Jehová Dios
de Israel ha dicho así: La harina de la tinaja no escaseará, ni el aceite
de la vasija disminuirá, hasta el día en que Jehová haga llover sobre la
faz de la tierra. Entonces ella fue e hizo como le dijo Elías; y comió él,
y ella, y su casa, muchos días. Y la harina de la tinaja no escaseó, ni
el aceite de la vasija menguó, conforme a la palabra que Jehová había
dicho por Elías (1 Reyes 17:13-16).

El profeta Elías ya había subido a la cumbre del monte Carmelo para
orar; le ordenó al rey Acab que comiera y bebiera mientras él oraba:

Acab subió a comer y a beber. Y Elías subió a la cumbre del
Carmelo, y postrándose en tierra, puso su rostro entre las rodillas
(1 Reyes 18:42).

El profeta había recibido la visión del milagro de la lluvia que vendría.
Pero el ayudante no se había alineado con esa visión sino hasta la séptima
vez que vio una pequeña nube como una palma de una mano.

Y dijo a su criado: Sube ahora, y mira hacia el mar. Y él subió, y
miró, y dijo: No hay nada. Y él le volvió a decir: Vuelve siete veces.
A la séptima vez dijo: Yo veo una pequeña nube como la palma
de la mano de un hombre, que sube del mar. Y él dijo: Ve, y di a
Acab: Unce tu carro y desciende, para que la lluvia no te ataje. Y

aconteció, estando en esto, que los cielos se oscurecieron con nubes
y viento, y hubo una gran lluvia. Y subiendo Acab, vino a Jezreel
(1 Reyes 18:43-45).

¿Qué significaba entonces la orden de: "Sube y mira"? En realidad,
lo que hizo el profeta fue pedir, al ayudante que ya había subido con él,
que subiera un poco más de donde estaban y que mirara hacia el mar
Mediterráneo, mientras él seguía orando.

> *—Ve y mira hacia el mar —le ordenó a su criado. El criado fue*
> *y miró, y dijo—: No se ve nada. Siete veces le ordenó Elías que*
> *fuera a ver* (1 Reyes 18:43, NVI).

El profeta Elías, operando en este don de fe de milagros, corrió de
manera sobrehumana. Corrió una distancia de 48,3 kilómetros o 30
millas, desde el monte Carmelo hasta la ciudad de Jezreel. Elías fue un
buen corredor. Un ser humano que corría sobrenaturalmente contra un
carro halado por caballos.

> *Y la mano de Jehová estuvo sobre Elías, el cual ciñó sus lomos, y*
> *corrió delante de Acab hasta llegar a Jezreel* (1 Reyes 18:46).

El profeta Eliseo, operando con el don fe y el don de operación de
milagros, echó sal en las aguas de los manantiales de Jericó, que fueron
milagrosamente sanadas. El llamado "manantial de Eliseo", fuente principal que da agua a toda la ciudad, lleva su nombre.

> *Y los hombres de la ciudad dijeron a Eliseo: He aquí, el lugar en*
> *donde está colocada esta ciudad es bueno, como mi señor ve; mas las*
> *aguas son malas, y la tierra es estéril. Entonces él dijo: Traedme una*
> *vasija nueva, y poned en ella sal. Y se la trajeron. Y saliendo él a*
> *los manantiales de las aguas, echó dentro la sal, y dijo: Así ha dicho*
> *Jehová: Yo sané estas aguas, y no habrá más en ellas muerte ni enfer-*
> *medad. Y fueron sanas las aguas hasta hoy, conforme a la palabra*
> *que habló Eliseo* (2 Reyes 2:19-22).

He visitado varias veces el lugar donde nace el manantial de Eliseo en
Jericó en las inmediaciones del Tel es Sultán en Jericó. Allí se ve cómo las
modernas tuberías de agua y la represa controlan el fluir de aguas. ¡He
bebido agua del manantial o fuente de Eliseo!

El profeta Eliseo, en el ejercicio de este don de fe, pronunció juicio contra cuarenta y dos mozalbetes que, al verlo subir, se burlaban del profeta de Dios llamándolo "calvo". Aparecieron dos osos que los mataron.

Después subió de allí a Bet-el; y subiendo por el camino, salieron unos muchachos de la ciudad, y se burlaban de él, diciendo: ¡Calvo, sube! ¡Calvo, sube! Y mirando él atrás, los vio, y los maldijo en el nombre de Jehová. Y salieron dos osos del monte y despedazaron, de ellos, a cuarenta y dos muchachos (2 Reyes 2:23-24).

El profeta Eliseo manifestó este don de fe combinado con el don de milagros cuando hizo que, con un palo, flotara el hierro de un hacha. En una época como esa, perder el hierro de un hacha era un gran problema.

Se fue, pues, con ellos; y cuando llegaron al Jordán, cortaron la madera. Y aconteció que, mientras uno derribaba un árbol, se le cayó el hacha en el agua; y gritó diciendo: ¡Ah, señor mío, era prestada! El varón de Dios preguntó: ¿Dónde cayó? Y él le mostró el lugar. Entonces cortó él un palo, y lo echó allí; e hizo flotar el hierro. Y dijo: Tómalo. Y él extendió la mano, y lo tomó (2 Reyes 6:4-7).

En estos ejemplos bíblicos vemos una combinación de los dones de fe y de operación de milagros, los cuales muy a menudo funcionan en equipo.

Abuso del don

Al igual que con cualquier otro don, el posesor del don de fe puede abusar de este. La intención del Espíritu Santo es que se usen correctamente los dones y que no se abuse de ellos.

Se puede abusar del don de fe cuando se compromete a Dios con algo que no está en el marco de su voluntad. El don nunca puede tratar de violentar la voluntad divina: más bien se subordina a esta.

Otro abuso de este don de fe ocurre cuando se emplea mal, apelando al sensacionalismo y al misticismo de la fe para engañar y seducir la fe de creyentes sinceros y dispuestos a creer cualquier cosa por temor a dudar de esta.

Sobre este particular, el pastor y conferencista Dr. Gabriel Elías Paulino afirma:

Muchos venden y promueven en el evangelio, "sensaciones" y
"emociones" disfrazadas de poder, unción, gloria y majestad, pero
los que las creen y las aceptan, pasado el evento, se dan cuenta de
que todo fue una "realidad virtual" sin esencia, ni sustancia, ni
fundamentos.

También se abusa el don de fe cuando un ministerio pastoral, evangelístico o misionero, se involucra en un proyecto sin recursos financieros,
sin personal de asistencia, sin miembros para respaldarlo, sin asesoría legal
o sin un plan de planeación o de trabajo, y luego todo se le viene abajo. La
fe no niega la realidad de las cosas, ni tampoco actúa en contra de la razón,
pero cree en lo sobrenatural sobre lo natural.

Sin embargo, no comiences sin calcular el costo. Pues, ¿quién
comenzaría a construir un edificio sin primero calcular el costo
para ver si hay suficiente dinero para terminarlo? De no ser así, tal
vez termines solamente los cimientos antes de quedarte sin dinero,
y entonces todos se reirán de ti. Dirán: "¡Ahí está el que comenzó
un edificio y no pudo terminarlo!".

¿O qué rey entraría en guerra con otro rey sin primero sentarse con
sus consejeros para evaluar si su ejército de diez mil puede vencer
a los veinte mil soldados que marchan contra él? Y, si no puede,
enviará una delegación para negociar las condiciones de paz mien-
tras el enemigo todavía esté lejos (Lucas 14:28-32, NTV).

La fe cristiana, como ejercicio de la piedad y del servicio cristiano,
es inteligente:

Es, pues, la fe la certeza de lo que se espera, la convicción de lo
que no se ve. Porque por ella alcanzaron buen testimonio los anti-
guos. Por la fe entendemos haber sido constituido el universo por
la palabra de Dios, de modo que lo que se ve fue hecho de lo que
no se veía (Hebreos 11:1-3).

Confiar en Dios es estar totalmente seguro de que uno va a recibir
lo que espera. Es estar convencido de que algo existe, aun cuando
no se pueda ver. Dios aceptó a nuestros antepasados porque ellos
confiaron en él. Y nosotros creemos que Dios creó el universo con
una sola orden suya. Lo que ahora vemos fue hecho de cosas que
no podían verse (TLA).

La fe se asegura en lo que espera. La fe se convence de algo que todavía no es. La fe ayuda a entender que Dios creó todo. Es decir, la fe opera con la inteligencia. Así como no se debe adorar la adoración, tampoco se debe tener fe en la fe. Muchos hablan de palabra de fe cuando en realidad la palabra de fe son todas las Sagradas Escrituras. No se debe explotar este don de fe para el beneficio y lucro personales. Los que recaudan fondos para el ministerio deben cuidarse de no abusar del don de la fe. La persona que fluye en el don de fe no hará alarde de esto ni lo estará promocionando. El don de fe siempre opera cuando hay una necesidad que Dios desea suplir, o una situación en la cual Él desea intervenir.

LOS DONES DE SANIDADES

Y a otro, dones de sanidades por el mismo Espíritu.
— 1 Corintios 12:9b

¿Sanará Dios a todos los enfermos? Dios quiere sanar a todos enfermos, pero no va a sanar a todos los enfermos. El porqué es un asunto de Dios y de Su soberanía. Sin embargo, los enfermos y los que oran por ellos deben ejercitar fe y creer que Jesús de Nazaret los quiere sanar.

[...] cómo Dios ungió con el Espíritu Santo y con poder a Jesús de Nazaret, y cómo este anduvo haciendo bienes y sanando a todos los oprimidos por el diablo, porque Dios estaba con él (Hechos 10:38).

Jesucristo es el mismo ayer, y hoy, y por los siglos (Hebreos 13:8).

Dones de sanidades viene del griego "charísmata íamáton" (χαρισματα ιαματων). La Biblia de Jerusalén los traduce como "carismas de curaciones". Mediante la operación de esta pluralidad de dones de sanidades, los posesores pueden ministrar sanidad a los enfermos. Son dones de poder sobrenatural. Erróneamente, muchos hablan en singular. Lo correcto es hablar en plural: "dones de sanidades".

Los cesacionistas se burlan de los continuadores de la práctica y ejercicio de los dones de sanidades. Según ellos, los milagros de sanidades eran necesarios para demostrar el poder del evangelio, para presentar a un Mesías milagroso. Pero, después de los apóstoles y del cierre del canon, no son necesarios para creer. Pero el apóstol Pablo les dijo a los corintios y les dice a los cesacionistas:

> En cuanto a los dones espirituales, hermanos, quiero que entiendan bien este asunto (1 Corintios 12:1 NVI).

Señalan que en la ciudad de Filipos no se vieron milagros de sanidades. Pero vemos que fue un milagro la liberación de la joven posesa por un espíritu de adivinación:

> Y esto lo hacía por muchos días; mas desagradando a Pablo, este se volvió y dijo al espíritu: Te mando en el nombre de Jesucristo, que salgas de ella. Y salió en aquella misma hora (Hechos 16:18).

Señalan que Pablo, en vez de orar por Timoteo por su condición del estómago, le aconsejó tomar vino:

> No bebas agua solamente. Deberías tomar un poco de vino por el bien de tu estómago, ya que te enfermas muy seguido (1 Timoteo 5:23, NTV).

Uso del don

Así como hay muchas enfermedades, hay también muchos dones de sanidades. Algunos predicadores o creyentes fluyen en ciertas unciones especiales para ministrar sanidades a ciertas enfermedades particulares. Desde luego, con esto no se quiere decir que Dios tenga especialistas en oídos, piernas, brazos, pies, ojos, espaldas, estómagos o corazones. Pero, de tiempo en tiempo, el Espíritu Santo puede usar a una persona en alguna área de sanidad divina más que en otra.

En las cruzadas evangelísticas en que he participado, he visto cómo el Espíritu Santo me ha usado, fluyendo en una unción particular para ministrar sanidad a una enfermedad específica. Por ejemplo, una noche he visto que el Señor Jesucristo ha sanado hernias, y otra noche ha sanado enfermedades estomacales.

Los dones de sanidades operan en combinación con la palabra de ciencia (la enfermedad se revela), con la palabra de sabiduría (la sanidad se revela) y con el don de la fe (se ordena o más bien se sugiere al enfermo hacer algo extraordinario).

Este don de sanidades se manifestó en el apóstol Pedro en la unción sobrenatural que el Espíritu Santo manifestó por medio de su sombra.

Y por la mano de los apóstoles se hacían muchas señales y prodigios
en el pueblo; y estaban todos unánimes en el pórtico de Salomón.
De los demás, ninguno se atrevía a juntarse con ellos; mas el pueblo
los alababa grandemente. Y los que creían en el Señor aumenta-
ban más, gran número así de hombres como de mujeres; tanto que
sacaban los enfermos a las calles, y los ponían en camas y lechos,
para que al pasar Pedro, a lo menos su sombra cayese sobre alguno
de ellos. Y aun de las ciudades vecinas muchos venían a Jerusalén,
trayendo enfermos y atormentados de espíritus inmundos; y todos
eran sanados (Hechos 5:12-16).

Aunque parezca extraño, estos dones de sanidades pueden operar
mediante la revelación que Dios dé a un creyente en relación con algún
remedio que contribuya a la salud de un enfermo.

El profeta Isaías tuvo palabra de sabiduría cuando Dios le reveló que
sanaría al rey Ezequías y que al tercer día llegaría al templo de Dios.
Además, en palabra de sabiduría, Isaías le reveló a Ezequías quince años
más de vida.

Vuelve, y di a Ezequías, príncipe de mi pueblo: Así dice Jehová,
el Dios de David tu padre: Yo he oído tu oración, y he visto tus
lágrimas; he aquí que yo te sano; al tercer día subirás a la casa
de Jehová. Y añadiré a tus días quince años, y te libraré a ti y a
esta ciudad de mano del rey de Asiria; y ampararé esta ciudad por
amor a mí mismo, y por amor a David mi siervo (2 Reyes 20:5-6).

Luego vemos cómo Isaías tuvo por la palabra de sabiduría la revelación
de un remedio natural que produjo la sanidad en el rey Ezequías.

Y dijo Isaías: Tomad masa de higos. Y tomándola, la pusieron
sobre la llaga, y sanó (2 Reyes 20:7, compare con Isaías 38:21).

El apóstol Pablo también le ofreció un remedio natural a su discípulo Timoteo:

Ya no bebas agua, sino usa de un poco de vino por causa de tu estó-
mago y de tus frecuentes enfermedades (1 Timoteo 5:23).

En la época paulina el agua contenía muchas contaminaciones, y
causaba muchas afecciones estomacales. El vino sería más saludable

al estómago débil de Timoteo. En muchos países el agua tiene cierta contaminación, por lo tanto, los que viajan acostumbraban ingerir agua destilada o mezclan el agua con zumo de limón o con tabletas de clorox. Al decir esto, señalo que no soy naturista ni profeso naturismo. Lo hago como ejemplo de cómo se manifiestan también los dones de sanidades. Lo que quiere hacer el Espíritu Santo en la Iglesia de hoy es restaurar los dones sobre los líderes de las congregaciones. Vendrán días en que los diáconos y los ancianos fluirán como aquellos de la Iglesia primitiva. Habrá días de gran explosión espiritual. Por ejemplo, el evangelista Carlos Annacondia fue llamado al evangelismo siendo diácono de una congregación local.

A los ancianos gobernantes de la Iglesia primitiva se les confirió los dones de sanidades por el Espíritu Santo. Ellos eran los encargados de orar por los enfermos.

¿Está alguno enfermo entre vosotros? Llame a los ancianos de la iglesia, y oren por él, ungiéndole con aceite en el nombre del Señor. Y la oración de fe salvará al enfermo, y el Señor lo levantará; y si hubiere cometido pecados, le serán perdonados (Santiago 5:14-15).

Si alguno está enfermo, que llame a los líderes de la iglesia, para que oren por él; entonces ellos le untarán aceite y le pedirán al Señor que lo sane. Si oran con confianza, Dios les responderá y sanará al enfermo, y si ha pecado también lo perdonará (TLA).

Esto demuestra que la sanidad divina no estaba restringida a los que tenían los dones de sanidades, sino que esta podía ocurrir por la oración de fe de los líderes de la congregación y por la oración de la iglesia. A esto Dios responderá soberanamente sanando o no.

Abuso del don

Los creyentes que fluyen en los dones de sanidades jamás deben aconsejar a quienes vienen a ellos en busca de sanidad que dejen sus tratamientos o medicinas. Tampoco los deben levantar de las sillas de ruedas, ni quitarles el dispositivo de respiración artificial, ni quitarles yeso de brazos o piernas, ni romperles los anteojos. El hacer esto se puede considerar ilegal, y podría implicar denuncias. Los que operan en los dones de sanidades no son médicos: son siervos del Señor Jesucristo.

La demostración de la sanidad por parte del que estaba enfermo debe ser un acto de iniciativa propia. Se le debe estimular la fe para que actúe, para que haga lo que antes no podía hacer, pero no obligarlo a actuar.

También es muy importante no jugar con la fe de los enfermos, haciéndoles creer que están sanos cuando no lo están. Muchos dicen a los enfermos: "Cuando llegue a su hogar estará sano. Vaya mañana al médico y verá que está sano". Mediante la palabra de sabiduría, en ocasiones Dios revela lo que hará. Pero el que ministra sanidad debe estar más que seguro de que la palabra que declara ha sido revelada por Dios y no es simplemente alguna exhibición emocional.

Muchas veces Dios puede dar palabra de sabiduría pero, si Él no la ha dado, se ha engañado a la fe del enfermo. Algunos que oran por los enfermos, mayormente los que lo hacen públicamente, quieren lucirse; y, como no verán más a ese enfermo, le hacen promesas falsas que contribuyen a su fama.

Recuerdo a una creyente que fue miembro de nuestra congregación. Ella me mostró un ojo gravemente lesionado. Esta es su historia narrada por ella misma:

> *Tenía un ojo afectado. El predicador me llamó al frente. Me pregunto qué tenía y se lo dije. Me apretó el ojo y me declaró que el Señor Jesucristo me sanaría. El resultado fue que, a partir de ese momento, mi ojo izquierdo comenzó a dolerme mucho. Fui al doctor, quien me dijo que el ojo había sufrido mucho daño por haber sido apretado. Como resultado ahora tengo el ojo bajo un tratamiento especial.*

Se abusa de los dones de sanidades cuando el que ministra manipula con las manifestaciones de sanidades; está más interesado en demostrar la unción del Espíritu Santo o el poder de Dios en su vida que en los verdaderos milagros de sanidades.

Mucha gente sale frustrada y vacía de fe en muchas de estas cruzadas o campañas, al ver que muchos otros son sanados, y ellos no. Más cuando el evangelista declara que los que son sanados es porque han tenido fe y los que no han sido sanados han tenido dudas. Y vemos gente con mucha fe no ser sanada y a otros con poca fe ser sanados.

El pastor José Lachapell, de la Iglesia Jesucristo Viene Ya (Bronx, New York), da el consejo de que se ore por los enfermos con fe y humildad, no decretando o dándole órdenes a Dios.

Muchos creyentes mal instruidos y hasta con buenas intenciones cometen errores a la hora de orar por los enfermos. Muchos han caído en el error de profetizar, decretar y hasta darle órdenes a Dios a la hora de hacer peticiones y clamores de sanidad en favor de alguien.

Bien es cierto que la voluntad de Dios es que estemos sanos. Y aunque hay indicadores en la Escritura de que Dios quiere que tengamos buena salud (3 Juan 1:2), todo padecimiento y enfermedad son permitidos por Él para Sus propósitos, ya sea que lo entendamos o no.

Las enfermedades no son dadas por Dios, sino que son producto y resultado de una humanidad caída y del pecado. Debemos entender que la sanidad depende de la voluntad soberana de Dios al responder las oraciones que imploran sanidad.

Hay que ser humildes y mejor, orar, pedir, suplicar y clamar en fe para que Dios tenga misericordia y sane al enfermo, pero sin olvidarnos de que al final Dios es quien tiene la última Palabra y es quien tomará la decisión de sanar la enfermedad física o no.

Amados, recuerden que muchas veces nosotros tenemos que "perder" para Dios ganar. Dios sí sana. Dios sigue sanando. Muchas veces lo hará al instante, de manera milagrosa; otras veces lo hará progresivamente; otras veces lo hará por medio de la medicina, ciencia y los doctores, y otras veces simplemente no sanará.

Para todo Dios tiene un propósito; solo hay que aprender a alinearnos a los propósitos de Dios, entendiendo que Él es soberano, perfecto y siempre hará lo que es mejor para nosotros. Confiemos en Dios.

La persona que reclama haber recibido un milagro de sanidad divina o un milagro de parálisis cerebral, de sanidad de cáncer, de sanidad del virus VIH, hepatitis C4 o cualquier otra condición debe confirmar el milagro o sanidad con el diagnóstico o resultado médico.

No testifique de un milagro de algo que nunca tuvo. Muchos se atribuyen a sí mismos enfermedades que nunca experimentaron, como el cáncer y que eran pacientes terminales, sin haberlo sido. Si uno testifica que tuvo esa enfermedad o aquella enfermedad, debe comprobarlo.

Jesús de Nazaret sanó al leproso y lo envío a buscar la certificación de su sanidad con los sacerdotes:

> *Y al entrar en una aldea, le salieron al encuentro diez hombres leprosos, los cuales se pararon de lejos y alzaron la voz, diciendo: ¡Jesús, Maestro, ten misericordia de nosotros! Cuando él los vio, les dijo: Id, mostraos a los sacerdotes. Y aconteció que, mientras iban, fueron limpiados. Entonces uno de ellos, viendo que había sido sanado, volvió, glorificando a Dios a gran voz, y se postró rostro en tierra a sus pies, dándole gracias; y este era samaritano* (Lucas 17:12-16).

EL DON DE HACER MILAGROS
A otro, el hacer milagros.
— 1 Corintios 12:10a

El don de hacer milagros (rvr1960) se describe, en otras versiones, como "el poder de realizar milagros" (nbv); "operaciones de milagros" (rv1909); y "poder de milagros" (nbl).

Jesús de Nazaret, durante su ministerio mesiánico, realizó muchos milagros de sanidades y liberaciones de personas poseídas de malos espíritus:

> *Cuando llegó la noche, luego que el sol se puso, le trajeron todos los que tenían enfermedades, y a los endemoniados; y toda la ciudad se agolpó a la puerta. Y sanó a muchos que estaban enfermos de diversas enfermedades, y echó fuera muchos demonios; y no dejaba hablar a los demonios, porque le conocían* (Marcos 1:32-34).

> *Porque había sanado a muchos; de manera que por tocarle, cuantos tenían plagas caían sobre él. Y los espíritus inmundos, al verle, se postraban delante de él, y daban voces, diciendo: Tú eres el Hijo de Dios. Mas Él les reprendía mucho para que no le descubriesen* (Marcos 3:10-12).

Jesús de Nazaret sigue haciendo milagros en el presente como los hizo mientras caminó por esta tierra por medio de la Iglesia. Él delegó a los creyentes señales milagrosas. Todas las sanidades son milagros, pero todos los milagros no son sanidades.

Y estas señales seguirán a los que creen: En mi nombre echarán
fuera demonios; hablarán nuevas lenguas; tomarán en las manos
serpientes, y si bebieren cosa mortífera, no les hará daño; sobre los
enfermos pondrán sus manos, y sanarán (Marcos 16:17-18).

De cierto, de cierto os digo: El que en mí cree las obras que yo hago,
él las hará también; y aun mayores hará, porque yo voy al Padre.
Y todo lo que pidiereis al Padre en mi nombre, lo haré, para que
el Padre sea glorificado en el Hijo. Si algo pidiereis en mi nombre,
yo lo haré (Juan 14:12-14).

Jesucristo es el mismo ayer, y hoy, y por los siglos (Hebreos 13:8).

Pablo de Tarso habló del don de hacer milagros y lo asoció con los
apóstoles, profetas y maestros:

¿Son todos apóstoles? ¿son todos profetas? ¿todos maestros? ¿hacen
todos milagros? (1 Corintios 12:29).

Pablo de Tarso dejó que las señales del apóstol incluyeran prodigios
y milagros:

Con todo, las señales de apóstol han sido hechas entre vosotros en
toda paciencia, por señales, prodigios y milagros (2 Corintios 12:12).

El autor de la Epístola a los Hebreos, dirigiéndose a lectores hebreos
o helenistas, habla de cómo fue anunciado el evangelio de Jesucristo
con las señales de prodigios y con el don de hacer milagros:

[...] testificando Dios juntamente con ellos, con señales y prodi-
gios y diversos milagros y repartimientos del Espíritu Santo según
su voluntad (Hebreos 2:4).

El comentarista bíblico William McDonald, al comentar entre los
dos extremos de creer en muchos milagros y de no creer en muchos
milagros, declaró:

Nuestras vidas deberían estar cargadas de poder sobrenatural.
Deberíamos estar constantemente viendo la mano de Dios en las
maravillosas convergencias de circunstancias. Deberíamos estar
experimentando su conducción de una manera maravillosa y

misteriosa. Deberíamos experimentar acontecimientos en nuestras vidas que van más allá de las leyes de la probabilidad. Deberíamos ser conscientes de que Dios está disponiendo contactos, abriendo puertas, predominando sobre la oposición. Nuestro servicio debería estar saturado de lo sobrenatural.

Deberíamos poder ver respuestas directas a la oración. Cuando nuestras vidas tocan otras vidas, deberíamos ver algo sucediendo para Dios. Deberíamos ver su mano en las averías, retardos, accidentes, pérdidas y aparentes tragedias. Deberíamos experimentar extraordinarias liberaciones y ser conscientes de un poder, valor, paz y sabiduría más allá de nuestros límites naturales.

Si nuestras vidas son vividas solo al nivel natural, ¿en qué somos diferentes de los no cristianos? La voluntad de Dios es que nuestras vidas sean sobrenaturales, que la vida de Jesucristo mane a través de nosotros. Cuando esto suceda, las imposibilidades se desharán, las puertas cerradas se abrirán, y el poder se manifestará de manera patente. Entonces estaremos energizados por el Espíritu Santo y, cuando vengan personas cerca de nosotros, serán influidas por la energía del Espíritu. (Comentario Bíblico de McDonald. Editorial, CLIE. Barcelona, España. Año 2004).

Esa declaración de "hacer milagros" se traduce del griego "énergémata dunámeon" (ενεργηματα δυναμεων). Literalmente, "efectos de poderes". La Biblia de Jerusalén dice: "poder de milagros".

Uso del don

Es importante enfatizar que todas las sanidades son milagros, pero no todos los milagros son sanidades. Este don de hacer milagros aparece asociado con los dones de sanidades.

Y hacía Dios milagros extraordinarios por mano de Pablo, de tal manera que, aun se llevaban a los enfermos los paños o delantales de su cuerpo, y las enfermedades se iban de ellos, y los espíritus malos salían (Hechos 19:11-12).

Y saliendo, predicaban que los hombres se arrepintiesen. Y echaban fuera muchos demonios, y ungían con aceite a muchos enfermos, y los sanaban (Marcos 6:12-13).

También el don de hacer milagros se asocia con liberaciones espirituales.

Y la gente, unánime, escuchaba atentamente las cosas que decía Felipe, oyendo y viendo las señales que hacía. Porque de muchos que tenían espíritus inmundos, salían estos dando grandes voces; y muchos paralíticos y cojos eran sanados [...] (Hechos 8:6-7).

Los dones de fe y de hacer milagros siempre operan en equipo. Se complementan el uno al otro. También el don de hacer milagros se asocia con los dones de sanidades.

Ellos entonces les amenazaron y les soltaron, no hallando ningún modo de castigarles, por causa del pueblo; porque todos glorificaban a Dios por lo que se había hecho, ya que el hombre en quien se había hecho este milagro de sanidad tenía más de cuarenta años (Hechos 4:21-22).

Este hombre era el que había estado cojo a la puerta del templo llamado La Hermosa. (Hechos 3:2). Notemos que este pasaje se refiere a un milagro de sanidad. Por intermedio del diácono Esteban, el don de milagros se manifestó con señales:

Y Esteban, lleno de gracia y de poder, hacía grandes prodigios y señales entre el pueblo (Hechos 6:8).

Muchos intérpretes toman literalmente el pasaje que dice que Felipe fue arrebatado por el Espíritu Santo en el camino de Gaza, y físicamente fue traspuesto o removido a Azoto que se conocía como "Asdod" en el Antiguo Testamento, y era la antigua ciudad de la pentápolis filistea y aún lleva el mismo nombre en tiempos presentes en Israel. En este caso el arrebatamiento de Felipe fue un milagro operado. Para otros, el pasaje simplemente indica que Felipe del camino de Gaza se fue hasta llegar a la ciudad de Azoto.

Cuando subieron del agua, el Espíritu del Señor arrebató a Felipe; y el eunuco no le vio más, y siguió gozoso su camino. Pero Felipe se encontró en Azoto; y pasando, anunciaba el evangelio en todas las ciudades, hasta que llegó a Cesarea (Hechos 8:39-40).

Desde luego eso de que "el Espíritu del Señor arrebató a Felipe" (RVR1960) puede implicar que fue tomado, que fue llevado, que fue movido, que fue impulsado, que se fue. El don de operación de milagros siempre está asociado con el don de fe. Ambos dones trabajan en equipo. En las trece vueltas sobre las murallas de Jericó, en el sonido unísono de los shofares, el milagro ocurrió, y se derrumbaron las murallas de Jericó.

Entonces el pueblo gritó, y los sacerdotes tocaron las bocinas; y aconteció que cuando el pueblo hubo oído el sonido de la bocina, gritó con gran vocerío, y el muro se derrumbó. El pueblo subió luego a la ciudad, cada uno derecho hacia adelante, y la tomaron (Josué 6:20).

Sansón, bajo la unción del Espíritu Santo, operó en la manifestación del don de operación de milagros:

Y el Espíritu de Jehová vino sobre Sansón, quien despedazó al león como quien despedaza un cabrito, sin tener nada en su mano; y no declaró ni a su padre ni a su madre lo que había hecho (Jueces 14:6).

Y así que vino hasta Lehi. Los filisteos salieron gritando a su encuentro; pero el Espíritu de Jehová vino sobre él, y las cuerdas que estaban en sus brazos se volvieron como lino quemado con fuego, y las ataduras se cayeron de sus manos. Y hallando una quijada de asno fresca aún, extendió la mano y la tomó, y mató con ella a mil hombres (Jueces 15:14-15).

En la manifestación de este don de milagros, Sansón pudo cargar con el peso de las puertas de Gaza con sus pilares, y recorrer la distancia desde Gaza hasta Hebrón, de 77,6 kilómetros o de 48,21 millas.

Fue Sansón a Gaza, y vio allí a una mujer ramera, y se llegó a ella. Y fue dicho a los de Gaza: Sansón ha venido acá. Y lo rodearon, y acecharon toda aquella noche a la puerta de la ciudad; y estuvieron callados toda aquella noche, diciendo: Hasta la luz de la mañana; entonces lo mataremos. Mas Sansón durmió hasta la medianoche; y a la medianoche se levantó, y tomando las puertas de la ciudad con sus dos pilares y su cerrojo, se las echó al hombro, y se fue y las subió a la cumbre del monte que está delante de Hebrón (Jueces 16:1-3).

Este don de hacer milagros se manifestó cuando Sansón oró a Dios por venganza; se asió de las columnas del templo de Dagón, y estas se desplomaron.

Entonces clamó Sansón a Jehová, y dijo: Señor Jehová, acuérdate ahora de mí, y fortaléceme; te ruego, solamente esta vez, oh Dios, para que de una vez tome venganza de los filisteos por mis dos ojos. Asió luego Sansón las dos columnas de en medio, sobre las que descansaba la casa, y echó todo su peso sobre ellas, su mano derecha sobre una y su mano izquierda sobre la otra. Y dijo Sansón: Muera yo con los filisteos. Entonces se inclinó con toda su fuerza, y cayó la casa sobre los principales, y sobre todo el pueblo que estaba en ella. Y los que mató al morir fueron muchos más que los que había matado durante su vida (Jueces 16:28-30).

Elías, con los dones de fe y milagros, oró por un niño fallecido, quien fue restaurado a la vida:

Y se tendió sobre el niño tres veces, y clamó a Jehová y dijo: Jehová, Dios mío, te ruego que hagas volver el alma de este niño a él. Y Jehová oyó la voz de Elías, y el alma del niño volvió a él, y revivió (1 Reyes 17:21-22).

Elías, con la manifestación de los dones de palabra de fe y hacer milagros, clamó a Dios por una demostración de su poder, y Dios lo hizo:

Cuando llegó la hora de ofrecerse el holocausto, se acercó el profeta Elías y dijo: Jehová, Dios de Abraham, de Isaac y de Israel, sea hoy manifiesto que tú eres Dios en Israel, y que yo soy tu siervo, y que por mandato tuyo he hecho todas estas cosas. Respóndeme, Jehová, respóndeme, para que conozca este pueblo que tú, oh Jehová, eres el Dios, y que tú vuelves a ti el corazón de ellos. Entonces cayó fuego de Jehová, y consumió el holocausto, la leña, las piedras y el polvo, y aun lamió el agua que estaba en la zanja. Viéndolo todo el pueblo, se postraron y dijeron: ¡Jehová es el Dios, Jehová es el Dios! (1 Reyes 18:36-39).

El don de hacer milagros se reveló cuando Elías y Eliseo respectivamente extendieron el manto y las aguas del río Jordán se separaron primero para Elías y luego para Eliseo.

Tomando entonces Elías su manto, lo dobló, y golpeó las aguas, las cuales se apartaron a uno y a otro lado, y pasaron ambos por lo seco (2 Reyes 2;8).

Alzó luego el manto de Elías que se le había caído, y volvió, y se paró a la orilla del Jordán. Y tomando el manto de Elías que se le había caído, golpeó las aguas, y dijo: ¿Dónde está Jehová, el Dios de Elías? Y así que hubo golpeado del mismo modo las aguas, se apartaron a uno y a otro lado, y pasó Eliseo (2 Reyes 2:13-14).

El rey Ezequías le pidió una señal al profeta Isaías de que sanaría en tres días para volver a la casa de Jehová. Isaías, en el don de hacer milagros junto al don de fe, declaró el milagro de los grados del reloj de sol.

Y Ezequías había dicho a Isaías: ¿Qué señal tendré de que Jehová me sanará, y de que subiré a la casa de Jehová al tercer día? Respondió Isaías: Esta señal tendrás de Jehová, de que hará Jehová esto que ha dicho: ¿Avanzará la sombra diez grados, o retrocederá diez grados? Y Ezequías respondió: Fácil cosa es que la sombra decline diez grados; pero no que la sombra vuelva atrás diez grados. Entonces el profeta Isaías clamó a Jehová; e hizo volver la sombra por los grados que había descendido en el reloj de Acaz, diez grados atrás (2 Reyes 20:8-11).

Y esto te será señal de parte de Jehová, que Jehová hará esto que ha dicho: He aquí yo haré volver la sombra por los grados que ha descendido con el sol, en el reloj de Acaz, diez grados atrás. Y volvió el sol diez grados atrás, por los cuales había ya descendido (Isaías 38:7-8).

Esos diez grados se refieren al reloj de gradas inventado en la época del rey Acaz, padre de Ezequías. Los 15 grados en un reloj de sol equivalen a una hora o 60 minutos. Por lo tanto, tomando en cuenta que cada cinco grados es 20 minutos, entonces, 10 grados o gradas atrás pueden significar 40 minutos de retraso en el tiempo.

Cuando Pablo sacudió la víbora venenosa que se prendió de su mano, ocurrió un milagro:

> *Entonces, habiendo recogido Pablo algunas ramas secas, las echó al fuego; y una víbora, huyendo del calor, se le prendió en la mano [...]. Pero él, sacudiendo la víbora en el fuego, ningún daño padeció. Ellos estaban esperando que él se hinchase, o cayese muerto de repente; más habiendo esperado mucho, y viendo que ningún mal le venía, cambiaron de parecer y dijeron que era un dios* (Hechos 28:3-6).

Los milagros pueden ser para corregir defectos físicos o para crear algo en el cuerpo. Dios puede crear órganos internos o externos si así le place. Pero, aunque puede hacer hacerlo, nunca hará cosas que comprometan su carácter divino.

Recuerdo un tiempo en que algunos evangelistas se dedicaban a orar por milagros para extender brazos y piernas. Según ellos, un brazo era más corto que el otro y una pierna era más corta que la otra. No se necesitaba mucho discernimiento para uno darse cuenta de que el llamado crecimiento de brazos y piernas era un juego de posicionarlos. ¿Puede Dios hacer crecer y estirar un brazo o una pierna? Claro que sí, pero no para hacer de esto un espectáculo o un entretenimiento milagroso.

Nunca, por ejemplo, Dios hará crecer dedos a una mano a la que le falten, ni dientes a alguien que los perdió. Nunca crea una mano o una pierna amputada, ni transforma dientes postizos en dentadura natural. Aunque lo puede hacer, porque para Dios no hay nada imposible.

Los milagros también pueden ser de multiplicación milagrosa, de protección divina, de provisión económica:

> *Jesús les dijo: No tienen necesidad de irse; dadles vosotros de comer. Y ellos dijeron: No tenemos aquí sino cinco panes y dos peces.*
>
> *Entonces mandó a la gente recostarse sobre la hierba; y tomando los cinco panes y los dos peces, y levantando los ojos al cielo, bendijo, y partió y dio los panes a los discípulos, y los discípulos a la multitud. Y comieron todos, y se saciaron; y recogieron lo que sobró de los pedazos, doce cestas llenas. Y los que comieron fueron como cinco mil hombres, sin contar las mujeres y los niños* (Mateo 14:16-17, 19-21).

Dios es un Dios que hace milagros. Los milagros nunca se pueden explicar ni por la razón ni por el intelecto; simplemente, se aceptan por fe. Los milagros también operan dentro del área de lo sobrenatural, cambiando las leyes naturales:

Mas a la cuarta vigilia de la noche, Jesús vino a ellos andando sobre el mar (Mateo 14:25).

Entonces le respondió Pedro, y dijo: Señor, si eres tú, manda que yo vaya a ti sobre las aguas. Y Él dijo: Ven. Y descendiendo Pedro de la barca, andaba sobre las aguas para ir a Jesús. Pero al ver el fuerte viento, tuvo miedo; y comenzando a hundirse, dio voces, diciendo: ¡Señor, sálvame! Al momento Jesús, extendiendo la mano, asió de él, y le dijo: ¡Hombre de poca fe! ¿Por qué dudaste? (Mateo 14:28-31).

Aquel día, cuando llegó la noche, les dijo: Pasemos al otro lado. Y despidiendo a la multitud, le tomaron como estaba, en la barca; y había también con él otras barcas. Pero se levantó una gran tempestad de viento, y echaba las olas en la barca, de tal manera que ya se anegaba. Y él estaba en la popa, durmiendo sobre un cabezal; y le despertaron, y le dijeron: Maestro, ¿no tienes cuidado de que perezcamos? Y levantándose, reprendió al viento, y dijo al mar: Calla, enmudece. Y cesó el viento, y se hizo grande bonanza. Y les dijo: ¿Por qué estáis así amedrentados? ¿Cómo no tenéis fe? Entonces temieron con gran temor, y se decían el uno al otro: ¿Quién es este, que aun el viento y el mar le obedecen? (Marcos 4:35-41).

Jesús fue a buscar higos de una higuera cuando no era el tiempo para las higueras de tener cosecha de higos. Aun sin la higuera tener ninguna culpa, la maldijo. Y le habló para que jamás tuviera fruto.

Al día siguiente, cuando salieron de Betania, tuvo hambre. Y viendo de lejos una higuera que tenía hojas, fue a ver si tal vez hallaba en ella algo; pero cuando llegó a ella, nada halló sino hojas, pues no era tiempo de higos. Entonces Jesús dijo a la higuera: Nunca jamás coma nadie fruto de ti. Y lo oyeron sus discípulos (Marcos 11:12-14).

El don de operación de milagros se hace presente en la liberación de personas poseídas o perturbadas por demonios. En Jesús este don de milagros para liberar endemoniados se hizo presente.

> *Aconteció después que Jesús iba por todas las ciudades y aldeas, predicando y anunciando el evangelio del reino de Dios, y los doce con él, y algunas mujeres que habían sido sanadas de espíritus malos y de enfermedades: María, que se llamaba Magdalena, de la que habían salido siete demonios; Juana, mujer de Chuza intendente de Herodes; Susana; y otras muchas que le servían de sus bienes* (Lucas 8:1-3).

Según el evangelista e historiador Lucas, Jesús sanó a muchas mujeres de malos espíritus (hoy se habla de sanidad mental) y de enfermedades mentales. Entre aquel abanico de mujeres sobresalió María Magdalena, que era de Magdala, una ciudad a orillas de Lago de Galilea.

> *Entonces, despedida la gente, entró en la barca, y vino a la región de Magdala* (Mateo 15:39).

El milagro de los atormentados por malos espíritus se veía como una sanidad:

> *Y los que habían sido atormentados de espíritus inmundos eran sanados* (Lucas 6:18).

Abuso del don

Es innegable que Dios ha normalizado brazos cortos y piernas cortas. Yo lo he visto y lo creo. Pero también he visto creyentes engañados por juegos milagreros de los predicadores. Y eso sí me preocupa. Oran por personas que caminan bien, pero que según la opinión del ministrador, tienen una pierna o un brazo más corto que el otro. En cambio, frente a ellos a veces tienen personas que verdaderamente han nacido con sus piernas desproporcionadas respecto de su estatura o con los brazos sin desarrollo, y no les prestan ninguna atención.

El autor, misionero y pastor Mario E. Fumero, hablando del abuso del don de milagros, escribió:

> *Es por ello que han aparecido algunos predicadores que dicen tener poderes especiales para hacer milagros, no solo en el orden de*

sanidades, sino en el orden de acciones naturales como es convertir el agua en vino, como en las bodas de Canaán, o hacer aparecer oro de las manos o que llueva oro sobre los creyentes que tienen fe.

En otros casos hacer que fluya aceite de las manos, y no duden de que algunos hagan salir sangre de la frente, apoyada por la doctrina católica de los estigmas. Ya no solo se usan los fetiches (objetos portadores de bendición), sino magia para producir lo que definimos como "histeria colectiva" frente a seudos milagros que son una farsa.

Pero el truco hecho en este culto es un descaro. Se compró polvo dorado decorativo, y se regó por las manos y ropa... y se hizo creer que era oro, pero ¿qué perito puede demostrar que era oro? ¿Y de qué sirve el polvo de oro si no se puede vender? Además, ¿cuál sentido o propósito tiene este milagro? Tan solo fue un show con el fin de producir histeria colectiva y decir que Dios hizo lo que el hombre hizo. Si damos crédito a este burdo truco como un milagro, entonces invitemos a los cultos a Criss Angel, que sí hace trucos que parecen milagros como, por ejemplo, caminar sobre el agua, lo cual es un milagro más bíblico que hacer aparecer oro.

Los milagros siempre estarán bajo la soberanía divina. Dios hará lo que quiera, cuando quiera, donde quiera, con quien quiera y como quiera. Pero en todo tendrá un propósito. Cuando un milagro es de Dios, los creyentes no tendrán dudas.

Sería recomendable que los evangelistas, ya que son quienes más oran públicamente por los enfermos, dieran un seguimiento a los milagros testificados. Muchos están más interesados en las fotografías sensacionalistas que en las personas afectadas.

No se deben inflar o vestir de sensacionalismo, o de hiperbolismo, los testimonios de milagros. Amado hermano y amigo, Dios no necesita ayuda con testimonios exagerados, cuyo contenido es la ficción espiritual. Las exageraciones y el sensacionalismo satisfacen momentáneamente. La vida de fe fundamentada en la Biblia es la que permanece en el creyente.

Muchos relajan con los milagros. Hacen a la gente confesar sanidades que no han recibido. Milagros que médicamente no son confirmados. La mayoría de los religiosos son crédulos y no quieren mostrar ninguna incredulidad. Y responden afirmativa o negativamente a las órdenes de sí o de no de los evangelistas.

Sigamos creyendo en milagros, pero que sean auténticos y verificados, para que Cristo sea glorificado. Los milagros no son para promoción de nadie: son para promover a Jesucristo.

El abuso de este don se ve en esos extremos de manifestaciones tomados por muchos, como unción de oro, unción de la risa santa, unción de las bofetadas o cachetadas santas, unción de los empujones santos, unción de los manguerazos santos, la unción del "chicle", la unción del saco arrojado y la unción de las patadas santas. Y hace poco vi un videoclip donde un pastor se quita la camisa e invita a los hermanos en la fe para que toquen su camisa ungida.

Para muchos evangelistas pentecostales, el crecimiento de piernas y brazos, el enderezamiento de los pies, la curvatura en los pies planos son su especialización milagrosa. Creo en milagros, pero no en entretenimientos para la fe. Un verdadero creyente no alimenta su fe con milagros, sino con la Biblia. Hay milagros de gran necesidad como un cáncer terminal y condiciones crónicas en los afectados.

Se abusa de este don de milagros por parte de creyentes, evangelistas y ministros, dando testimonios de milagros que no han ocurrido realmente en sus vidas. ¡Cuántos no inventan supuestos milagros como sanidades de cáncer, de ceguera, de parálisis! ¡Reclaman que le quedaban pocos meses de vida, de haber sido resucitados, de haber sido sanados de enfermedades crónicas, para así tener un testimonio impresionante! Si usted testifica un milagro de esa índole, debe poseer algún documento médico que lo verifique. Jesucristo no necesita que se lo ayude con milagros y sanidades inventados. Hacer eso trae desacreditación al evangelio. El Señor Jesucristo no necesita testimonios falsos para ayudar a otros a tener fe y a creer en milagros.

Muchos buscan el empujón y las caídas. Se necesita esa mano que levante aconsejando, ayudando, estimulando. No una mano que empuje, sino una mano que levante. Una mano amiga está en demanda por nuestra sociedad, por nuestra hermandad, por nuestra familia.

Las caídas que se ponen como prueba de unción son abusivas cuando se transforman en un espectáculo por el que ministra, como tirarle la chaqueta a las personas, estar soplando, levantar del piso a una persona y ponerle de nuevo las manos para que caiga al piso.

Sin embargo, muchas de esas personas que caen al suelo en una reunión ya están ausentes en la próxima. Caen al suelo, pero no cambian. Caen al suelo, pero no diezman. Caen al suelo, pero siguen iguales. Caen al suelo, pero son carnales. Caen al suelo, pero siguen con la misma mala actitud.

Muchas caídas son tratos especiales del Espíritu Santo con algunos creyentes, donde muchos experimentan un toque divino sobre sus vidas. Esta manifestación de caídas se ha visto en los círculos pentecostales desde los primeros años del avivamiento pentecostal del siglo xx.

La mayoría de los milagros ocurridos en las campañas o cruzadas evangelísticas no son confirmadas médicamente. La confirmación depende de la opinión del que oró y de sus ayudantes, y de la persona que testifica. Muchos salen de las campañas muchas veces frustrados, creyendo en un milagro que nunca ocurrió. El evangelista no debe jugar con las emociones y fe de las personas. Jesucristo todavía hace milagros como en los tiempos bíblicos, pero no necesita que se lo ayude con milagros de entretenimiento.

Jesucristo es el mismo ayer y hoy y por los siglos (Hebreos 13:8, nvi).

Jesucristo nunca cambia: es el mismo ayer, hoy y siempre (tla).

El pastor Pedro Marrero, ministro del Distrito Multicultural de la Florida, escribe:

Cuando la Iglesia dependa más del Espíritu Santo, de convicciones escriturales, y menos de estímulos emocionales, entonces veremos una Iglesia saludable.

El Presbiterio General de las Asambleas de Dios el 11 de agosto del 2000 se pronunció en esta Declaración Oficial: "Avivamiento en los últimos días: guiado y controlado por el Espíritu". Un documento en respuesta a la Resolución 16.

Lamentablemente, algunos pentecostales y carismáticos han llegado a pensar en el avivamiento en términos del número de personas que caen al suelo, que tiemblan o que se ríen sin control, o que demuestran una variedad de otras reacciones humanas que reportan los medios de comunicación y que son favorables al avivamiento. En la opinión de algunos, la presencia de tales reacciones físicas a veces es evidencia de espiritualidad o de las bendiciones de la presencia de Dios sobre ciertos ministerios. Puede ser ese el caso o no.

Tenemos que reconocer que un Dios omnipotente puede poner rellenos de oro en los dientes y polvo de oro sobre los individuos. Pero ¿tales experiencias pueden ser demostradas empíricamente? Si es para dar una señal a los que están presentes, la razón de la señal será obvia. Pero buscar tales señales y milagros nos hace semejantes a los fariseos que se acercaron a Jesús pidiendo ver una señal del cielo (Marcos 8:11). Los creyentes deben guardar la misma actitud, cualquiera que sea la señal sobrenatural. Juzgar desde lejos sobre la base de noticias que se han oído es peligroso.

Las manifestaciones de empastaduras, platificaciones y orificaciones en las muelas, para entretenimiento de los creyentes, es cuestionable. Dios puede hacer el milagro de sanar una muela sin recurrir a dichos efectos. Más aún cuando algunos de estos milagreros hablan de cruces y flores de plata y de oro en los molares. Dios tiene el poder de rellenar una muela de manera natural sin recurrir a otros materiales.

Nuestro Señor Jesucristo dejó saber que muchos, siendo instrumentos de milagros, reclamarían ser salvados por los dones, pero Él los rechazaría por haber estado obrando mal.

Muchos me dirán en aquel día: Señor, Señor, ¿no profetizamos en tu nombre, y en tu nombre echamos fuera demonios, y en tu nombre hicimos muchos milagros? Y entonces les declararé: ¡Nunca os conocí; apartaos de mí, hacedores de maldad! (Mateo 7:22-23).

Los demonios también hacen milagros. Los fariseos lo entendían de esa manera, y por eso acusaron a Jesús de Nazaret de que hacía milagros por Beelzebú:

Mas los fariseos, al oírlo, decían: Este no echa fuera los demonios sino por Beelzebú, príncipe de los demonios. Sabiendo Jesús los pensamientos de ellos, les dijo: Todo reino dividido contra sí mismo, es asolado, y toda ciudad o casa dividida contra sí misma, no permanecerá. Y si Satanás echa fuera a Satanás, contra sí mismo está dividido; ¿cómo, pues, permanecerá su reino? Y, si yo echo fuera los demonios por Beelzebú, ¿por quién los echan vuestros hijos? Por tanto, ellos serán vuestros jueces. Pero, si yo por el Espíritu de Dios echo

fuera los demonios, ciertamente ha llegado a vosotros el reino de Dios
(Mateo 12:24-28).

Bástale al discípulo ser como su maestro, y al siervo como su señor.
Si al padre de familia llamaron Beelzebú, ¿cuánto más a los de su
casa? (Mateo 10:25).

Se abusa de este don de hacer milagros cuando estos se niegan sobre
aquellos que están operando en su manifestación, o cuando el que
opera busca su propia gloria.

EL DON DE PROFECÍA
A otro, profecía.
— 1 Corintios 12:10b

El *don de profecía* se traduce del griego *"allo (dè) propheteía"*
(προφητεία). La Nueva Biblia Española dice: "A otro un mensaje
inspirado". La profecía es un medio que emplea el Espíritu Santo para
comunicar un mensaje divino a los creyentes.

El Gran Diccionario Enciclopédico de la Biblia declara: "Fue otor-
gado para fundar la Iglesia (Efesios 2:20), por lo que, pasada la era
apostólica, no es un don ordinario, sino extraordinario". (Editor General Alfonso Ropero Berzosa. Editorial CLIE. Barcelona, España, 2010).

El rugido del león que atemoriza es comparado con la profecía
dada por Dios.

Si el león ruge, ¿quién no temerá? Si habla Jehová el Señor, ¿quién
no profetizará? (Amós 3:8).

Uso del don
Este es un don de revelación sobrenatural y conocimiento. Es un don
de hablar sobrenaturalmente. En su manifestación se integra muchas
veces con la palabra de ciencia (revelación del pasado), con la palabra
de sabiduría (revelación del futuro) y con el discernimiento de espíritus
(revelación del espíritu que se manifiesta).

Ananías manifestó este don al anunciar a Saulo el propósito futuro
que Dios tenía para él con el ministerio:

Y él dijo: El Dios de nuestros padres te ha escogido para que conozcas su voluntad, y veas al Justo, y oigas la voz de su boca.

Porque serás testigo suyo a todos los hombres, de lo que has visto y oído (Hechos 22:14-15).

Agabo ejerció este don al anunciar el hambre durante el reinado del emperador Claudio:

Y levantándose uno de ellos, llamado Agabo, daba a entender por el Espíritu, que vendría una gran hambre en toda la tierra habitada, la cual sucedió en tiempo de Claudio (Hechos 11:28).

Agabo también reveló por profecía que Pablo sería aprisionado en Jerusalén:

Y permaneciendo nosotros allí algunos días, descendió de Judea un profeta llamado Agabo, quien viniendo a vernos, tomó el cinto de Pablo, y atándose los pies y las manos, dijo: Esto dice el Espíritu Santo: Así atarán los judíos en Jerusalén al varón de quien es este cinto, y le entregarán en manos de los gentiles (Hechos 21:10-11).

Pablo manifestó este don cuando profetizó la seguridad de los tripulantes en la nave adramitena:

Pero ahora os exhorto a tener buen ánimo, pues no habrá ninguna pérdida de vida entre vosotros, sino solamente de la nave. Porque esta noche ha estado conmigo el ángel del Dios de quien soy y a quien sirvo, diciendo: Pablo, no temas; es necesario que comparezcas ante César; y he aquí, Dios te ha concedido todos los que navegan contigo. Por tanto, oh varones, tened buen ánimo; porque yo confío en Dios que será así como se me ha dicho (Hechos 27:22-25).

Todo el que predica la Palabra de Dios fluye en este don de profecía. En toda predicación está presente el elemento de la profecía. En este sentido el predicador es un profeta de Dios. Por medio de él, el Espíritu Santo habla, consuela, reprende, exhorta, anima y corrige a su pueblo.

Desde luego el don de la profecía se manifiesta en creyentes que, sin ser predicadores, son usados por el Espíritu Santo para revelar el consejo divino. Son interlocutores de la voz de Dios.

Una persona con el don de profecía puede profetizar de manera tan natural que no se da cuenta de que lo está haciendo. Sin embargo, el que lo está oyendo se da cuenta de que el Espíritu Santo le está hablando proféticamente. Un don que se debería desear es el de la profecía, aún más que el de hablar en lenguas. La profecía implica tres propósitos específicos: edificar, exhortar y consolar:

Seguid el amor; y procurad los dones espirituales, pero sobre todo que profeticéis. Porque el que habla en lenguas no habla a los hombres, sino a Dios; pues nadie le entiende, aunque por el Espíritu habla misterios. Pero el que profetiza habla a los hombres para edificación, exhortación y consolación (1 Corintios 14:1-3).

El **primer propósito de la profecía** es la edificación. La profecía verdadera nunca divide congregaciones, denunciar públicamente a líderes y hacer daño a la obra, o para exhibir pecados privados y sacarlos a la luz pública. El que profetiza bendice a la Iglesia de Jesucristo y no le hace daño. La levanta y no la aplasta.

El **segundo propósito de la profecía** es exhortar. La profecía trae consejo, corrección y amonestación en lineamiento con la Palabra de Dios, la Biblia. Llama al arrepentimiento, a la santidad, a la búsqueda de Dios, a una entrega total al Señor Jesucristo.

El **tercer propósito de la profecía** es la consolación. La profecía levanta los ánimos, estimula la fe, promueve la esperanza, alienta al creyente.

El profeta debe ser disciplinado:

Porque podéis profetizar todos uno por uno, para que todos aprendan, y todos sean exhortados (1 Corintios 14:31).

Un profeta o profetisa usado por el Espíritu Santo sabe esperar su turno, no profetiza fuera de tiempo, no interrumpe cuando se está predicando, enseña y exhorta profetizando.

El profeta debe ser autocontrolado:

Y los espíritus de los profetas están sujetos a los profetas. (1 Corintios 14:32).

En el ejercicio del don de la profecía, el profeta o profetisa no pierde su control. Sabe lo que profetiza y, por tanto, es responsable de todo lo que dice.

El profeta debe ser obediente y sumiso a sus líderes espirituales:

> *Si alguno se cree profeta, o espiritual, reconozca que lo que os escribo son mandamientos del Señor* (1 Corintios 14:37).

Los profetas o profetisas obedecen lo que la Biblia enseña y regula. Se sujetan al pastor o a la autoridad espiritual presente. El profeta o profetisa honra y respeta lo que el hombre o la mujer de Dios ordena.

El profeta debe reconocer lo enseñado por Pablo sobre la profecía:

> *Si alguno se cree profeta, o espiritual, reconozca que lo que os escribo son mandamientos del Señor. Mas el que ignora, ignore.*
> (1 Corintios 14:37-38).

Los profetas deben ser primero aprobados en sus congregaciones particulares antes de ir a profetizar a otras. Los deben recomendar tanto su congregación local como su pastor. Aún más, antes de profetizar lo que sienten que les ha sido revelado deberían consultar con las autoridades espirituales locales, y de esa manera tener el permiso para comunicarlas públicamente. Hay profecías que se deben tratar con el pastor y con los líderes, y no llevarlas directamente delante de una congregación, lo cual, en vez de hacer bien, pudiera hacer mal.

Alguien que pretende ejercer el don de la profecía, pero no hace vida de redil, siempre está chocando con otros creyentes, no honra a sus autoridades espirituales, anda de chismoso o chismosa, es una persona que no paga, no cumple con sus diezmos, ni sus responsabilidades como miembro. Es una persona pleitosa, malcriada, está descalificado para aceptar sus pretendidas profecías. El carácter de la persona debe preceder su carisma.

Encontramos profetas o profetisas que andan buscando cómo hacer reclamos proféticos a los acontecimientos cumplidos. Sucede algo con alguien, y ya ellos reclaman que lo habían profetizado o que el Espíritu Santo se lo había revelado.

Las profecías se deben evaluar. El profeta no debe pensar que nadie tiene derecho de juzgar sus profecías. ¡No tiene inmunidad profética!:

Asimismo, los profetas hablen dos o tres, y los demás juzguen
(1 Corintios 14:29).

El profeta que tuviere la presunción de hablar palabra en mi
nombre, a quien yo no le haya mandado hablar, o que hablare
en nombre de dioses ajenos, el tal profeta morirá. Y si dije-
res en tu corazón: ¿Cómo conoceremos la palabra que Jehová no
ha hablado?; si el profeta hablare en nombre de Jehová, y no se
cumpliere lo que dijo, ni aconteciere, es palabra que Jehová no ha
hablado; con presunción la habló el tal profeta; no tengas temor de
él (Deuteronomio 18:20-22).

La palabra "presunción" se refiere a lo que el profeta "hace" o "dice" algo que Dios no le ha mandado a hacer, ni le ha ordenado decir. Muchos hacen y dicen cosas fuera de la voluntad de Dios, reclamando que es de parte de Él. En el profeta o en la profetisa debe manifestarse el fruto del Espíritu Santo. La arrogancia, orgullo y mala crianza en una persona que reclama el don de profecía o la posición de profeta lo descalifica como mensajero o mensajera efectivos del Señor Jesucristo.

En cambio, la clase de fruto que el Espíritu Santo produce en
nuestra vida es amor, alegría, paz, paciencia, gentileza, bondad,
fidelidad, humildad y control propio. ¡No existen leyes contra esas
cosas! (Gálatas 5:22-23, NTV).

En cambio, el Espíritu de Dios nos hace amar a los demás, estar
siempre alegres y vivir en paz con todos. Nos hace ser pacientes y
amables, y tratar bien a los demás, tener confianza en Dios, ser
humildes, y saber controlar nuestros malos deseos. No hay ley que
esté en contra de todo esto (TLA).

Abuso del don

Uno de los dones más edificantes, pero también el don del que más se abusa es el de la profecía. Las reuniones clandestinas de profecías en los hogares, fuera de la cobertura eclesiástica o congregacional, han dividido congregaciones.

Se abusa de este don de profecía con el síndrome moderno de "Dios me dijo que te dijera". Muchos andan siempre con una palabra de sabiduría o con una palabra de ciencia para profetizar a otros.

Se puede abusar de la profecía con el mal empleo de sueños y visiones, aunque Dios todavía habla por medio de estos como lo hizo en el pasado:

> *Sin embargo, en una o en dos maneras habla Dios; pero el hombre no entiende. Por sueño, en visión nocturna, cuando el sueño cae sobre los hombres, cuando se adormecen sobre el lecho. Entonces revela al oído de los hombres, y les señala su consejo* (Job 33:14-16).

> *Y después de esto derramaré mi Espíritu sobre toda carne, y profetizarán vuestros hijos y vuestras hijas; vuestros ancianos soñarán sueños, y vuestros jóvenes verán visiones* (Joel 2:28).

> *Y pensando él en esto, he aquí que un ángel del Señor le apareció en sueños y le dijo: José, hijo de David, no temas recibir a María tu mujer, porque lo que en ella es engendrado, del Espíritu Santo es* (Mateo 1:20).

> *Pero, siendo avisados por revelación en sueños que no volviesen a Herodes, regresaron a su tierra por otro camino* (Mateo 2:12).

> *Pero después de muerto Herodes, he aquí que un ángel del Señor apareció en sueños a José en Egipto, diciendo: Levántate, toma al niño y a su madre, y vete a tierra de Israel, porque han muerto los que procuraban la muerte del niño. Entonces él se levantó, y tomó al niño y a su madre, y vino a tierra de Israel* (Mateo 2:19-21).

Muy temprano en el avivamiento pentecostal de la Calle Azuza, Frank Bartleman, narrador de este hecho, escribió sobre el abuso del don de profecía:

> *Los ministros eran siervos en la verdadera acepción de la Palabra. No homenajeaban a los hombres porque tuvieran más recursos o instrucción, sino por los dones que Dios les diera. Él colocaba a los miembros en el lugar correcto de su cuerpo. Ahora, "cosa espantosa y fea es hecha en la tierra; los profetas profetizaron mentira, y los sacerdotes dirigían por manos de ellos; y mi pueblo así lo quiso. ¿Qué, pues, haréis cuando llegue el fin?"* (Jeremías 5:30,31).

Debido a la falta de buena alimentación e instrucción bíblicas, muchos creyentes alimentan, por no decir engordan, su fe de sueños y

visiones más que de la revelación de la Palabra. Dependen más de las
experiencias esotéricas que de la revelación escrita de Dios.

Se abusa del ejercicio del don de profecía cuando muchos, en la
manifestación de este don, hablan mensajes y dan sueños como si
fueran comisionados por parte de Dios:

*Dios mismo lo afirma: "Los profetas y los sacerdotes son los prime-
ros en hacer el mal; ¡hasta en el templo cometen terribles maldades!
Por eso los voy a castigar y caerá sobre ellos la desgracia. ¡Nada ni
nadie podrá salvarlos! ¡En Samaria he visto las cosas más repug-
nantes! Los profetas predican en nombre del dios Baal y hacen
que mi pueblo me abandone. Pero los profetas de Jerusalén son
peores que ellos; no solo me abandonan, sino que dicen mentiras y ayudan a los malvados. No hay uno solo de ellos que quiera
cambiar su conducta. ¡Son peores que la gente de Sodoma y de
Gomorra!".*

*Por tanto, el Dios todopoderoso declara en contra de los profe-
tas de Jerusalén: Ustedes son los responsables de tanta maldad
en este país. Su sufrimiento será terrible y su dolor no tendrá fin*
(Jeremías 23:11-15, TLA).

*Y a ustedes, los israelitas, Dios les advierte: Esos profetas son unos
mentirosos, ¡no les hagan caso! Yo no les di ningún mensaje, y los
sueños que dicen haber tenido son puro invento de ellos. Aseguran
que yo dije que a los malvados siempre les irá bien; que a los que me
desprecian nada malo les pasará. ¡Pero ninguno de esos profetas ha
estado en mi presencia! ¡Ninguno de ellos ha querido oír mi voz y
obedecerme!* (Jeremías 23:16-18, TLA).

*Ya he escuchado las mentiras de esos profetas. Según ellos, han
soñado que les he dado un mensaje. ¡Eso lo inventaron ellos!
¿Cuándo dejarán de mentir? Lo que quieren es que mi pueblo me
olvide, como me olvidaron sus antepasados por adorar al dios Baal.
Yo, el Dios de Israel, les digo: Si un profeta tiene un sueño, que
lo cuente; si recibe un mensaje de mi parte, que lo comunique al
pie de la letra. ¡Pero que se dejen de cuentos! Estoy cansado de sus
mentiras. ¡Y todavía se atreven a decir que hablan de mi parte!
Estoy en contra de esos profetas que dicen haber recibido mensajes de mi parte, pero yo no les he comunicado nada. Esa clase de
mentiras no le hace ningún bien a mi pueblo; al contrario, lo*

*conduce al error. Mi palabra es tan poderosa como el fuego, y tan
dura como un martillo; ¡hasta puede hacer pedazos una roca! Les
aseguro que así es* (Jeremías 23:25-32, TLA).

Muchos predicadores tienen como texto y contenido de sus mensajes
las profecías, los sueños y las visiones. Al predicar, interpretan místi-
camente estas revelaciones, restando importancia al estudio serio de
la Biblia.

Cualquier "profecía" que pretenda hacer daño, difamar, dividir, crear
contiendas, levantar insubordinación, atacar el liderato, confundir la fe,
menospreciar la autoridad, henchir de orgullo al profeta es abusiva. Es
una profecía falsa dada por un falso profeta.

Aquellos creyentes que proceden de un trasfondo de espiritismo, santería u ocultismo, deben tener mucho cuidado de no sucumbir ante el
abuso del don de profecía. En ellos hay más susceptibilidad para la manifestación de los dones y la mística espiritual.

*Y habiéndoles impuesto Pablo las manos, vino sobre ellos el Espí-
ritu Santo; y hablaban en lenguas, y profetizaban. Eran por todos
unos doce hombres* (Hechos19:6-7).

Al ver Simón ese fenómeno manifestado del Espíritu Santo, sin lugar a
dudas con la señal de hablar en otras lenguas, siendo nuevo en la fe cristiana, quedó impresionado e impactado, y ofreció dinero para él también
poder transmitir el poder del Espíritu Santo.

*Cuando vio Simón que por la imposición de las manos de los após-
toles se daba el Espíritu Santo, les ofreció dinero, diciendo: Dadme
también a mí este poder, para que cualquiera a quien yo impusiere
las manos reciba el Espíritu Santo* (Hechos 8:18-19).

Los que proceden de un mundo de fenómenos ocultistas, de sincre-
tismos religiosos, deben ser enseñados, para que no caigan en errores
doctrinales. Los que salen del espiritismo son atraídos por las manifestaciones que acompañan los dones. Se los debe catequizar en la fe cristiana.
Necesitan aprender a conocer los dones, sus usos y sus abusos. Es triste
ver en muchas comunidades de fe cómo se juega con los dones.

Este don es abusado cuando un espíritu de adivinación se hace
presente en el que ministra con el afán de querer impresionar y

entretener a la gente, como demostración del poder de nuestro Señor Jesucristo o la manifestación del Espíritu Santo.

La Biblia es muy clara al condenar el espíritu de la adivinación, que fácilmente se confunde con la profecía. Los profetas mayores Isaías, Jeremías y Ezequiel, pero solo citaré los últimos dos, se pronunciaron de parte de Dios en contra de los falsos profetas:

> *Me dijo entonces Jehová: Falsamente profetizan los profetas en mi nombre; no los envié, ni les mandé, ni les hablé; visión mentirosa, adivinación, vanidad y engaño de su corazón os profetizan* (Jeremías: 14.14).

> *Porque así ha dicho Jehová de los ejércitos, Dios de Israel: No os engañen vuestros profetas que están entre vosotros, ni vuestros adivinos; ni atendáis a los sueños que soñáis* (Jeremías 29:8).

> *Porque no habrá más visión vana, ni habrá adivinación de lisonjeros en medio de la casa de Israel* (Ezequiel 12:24).

> *Así ha dicho Jehová el Señor: ¡Ay de los profetas insensatos, que andan en pos de su propio espíritu, y nada han visto! Como zorras en los desiertos fueron tus profetas, oh Israel. No habéis subido a las brechas, ni habéis edificado un muro alrededor de la casa de Israel, para que resista firme en la batalla en el día de Jehová. Vieron vanidad y adivinación mentirosa. Dicen: Ha dicho Jehová, y Jehová no los envió; con todo, esperan que él confirme la palabra de ellos. ¿No habéis visto visión vana, y no habéis dicho adivinación mentirosa, pues que decís: Dijo Jehová, no habiendo yo hablado?* (Ezequiel 13:3-7).

> *Por tanto, así ha dicho Jehová el Señor: Por cuanto vosotros habéis hablado vanidad, y habéis visto mentira, por tanto, he aquí yo estoy contra vosotros. Dice Jehová el Señor: Estará mi mano contra los profetas que ven vanidad y adivinan mentira; no estarán en la congregación de mi pueblo, ni serán inscritos en el libro de la casa de Israel, ni a la tierra de Israel volverán; y sabréis que yo soy Jehová el Señor. Sí, por cuanto engañaron a mi pueblo, diciendo: Paz, no habiendo paz; y uno edificaba la pared, y he aquí que los otros la recubrían con lodo suelto, di a los recubridores con lodo suelto, que caerá; vendrá lluvia torrencial, y enviaré piedras*

de granizo que la hagan caer, y viento tempestuoso la romperá
(Ezequiel 13:8-11).

Por cuanto entristecisteis con mentiras el corazón del justo, al
cual yo no entristecí, y fortalecisteis las manos del impío, para
que no se apartase de su mal camino, infundiéndole ánimo, por
tanto, no veréis más visión vana, ni practicaréis más adivinación;
y libraré mi pueblo de vuestra mano, y sabréis que yo soy Jehová
(Ezequiel 13:22-23).

El apóstol Pablo con el apóstol Silas confrontaron un espíritu de
adivinación en una joven esclava que traía ganancias a su amo:

Aconteció que, mientras íbamos a la oración, nos salió al encuentro
una muchacha que tenía espíritu de adivinación, la cual daba gran
ganancia a sus amos, adivinando (Hechos 16:16).

Un día, íbamos con Pablo al lugar de oración, y en el camino nos
encontramos a una esclava. Esta muchacha tenía un espíritu que
le daba poder para anunciar lo que iba a suceder en el futuro. De
esa manera, los dueños de la muchacha ganaban mucho dinero
(TLA).

El mensaje de esta joven se escuchaba aparentemente como si fuera
de Dios. Decía dos verdades: que estos apóstoles eran siervos de Dios
y anunciadores del camino de salvación. Notemos que ella gritaba con
aquel mensaje.

Esta, siguiendo a Pablo y a nosotros, daba voces, diciendo: Estos
hombres son siervos del Dios Altísimo, quienes os anuncian el
camino de salvación (Hechos 16:17).

La muchacha nos seguía y le gritaba a la gente: ¡Estos hombres
trabajan para el Dios Altísimo, y han venido a decirles que Dios
puede salvarlos! (TLA).

Aquel espíritu o demonio que poseía la joven no quería ser moles-
tado, y operó de manera complaciente y agradable. Ella tenía un
espíritu adulador. Cuidado con las profecías y con los profetas adulado-
res. Declaran lo que a uno le gusta escuchar.

El apóstol Pablo fue discerniendo aquel mensaje repetido como adulador, muy agradable, y eso lo hizo reaccionar operando en el don de hacer milagros, y echó aquel espíritu de la joven para beneficiarla con la liberación. Los testimonios de los demonios no deben escucharse ni aceptarse.

Y esto lo hacía por muchos días; mas desagradando a Pablo, este se volvió y dijo al espíritu: Te mando en el nombre de Jesucristo que salgas de ella. Y salió en aquella misma hora (Hechos 16:18).

La muchacha hizo eso durante varios días, hasta que Pablo no aguantó más y, muy enojado, le dijo al espíritu: ¡En el nombre de Jesucristo, te ordeno que salgas de esta muchacha! Al instante, el espíritu salió de ella (TLA).

En nuestros días hemos visto un resurgimiento con los llamados "profetas", el profeta tal y la profetisa tal. Las mujeres no quieren llamarse "profetisas", aunque la Biblia las llama "profetisas". Tampoco quieren llamarse "la pastora", sino "la pastor", lo cual, normativamente correcto, sería "pastora". Veamos estos significados: "ortografía" significa "escribir bien". "Ortología" significa "hablar bien".

Y María la profetisa, hermana de Aarón, tomó un pandero en su mano, y todas las mujeres salieron en pos de ella con panderos y danzas (Éxodo 15:20).

Gobernaba en aquel tiempo a Israel una mujer, Débora, profetisa, mujer de Lapidot; y acostumbraba sentarse bajo la palmera de Débora, entre Ramá y Bet-el, en el monte de Efraín; y los hijos de Israel subían a ella a juicio (Jueces 4:4-5).

Entonces fueron el sacerdote Hilcías, y Ahicam, Acbor, Safán y Asaías, a la profetisa Hulda, mujer de Salum hijo de Ticva, hijo de Harhas, guarda de las vestiduras, la cual moraba en Jerusalén en la segunda parte de la ciudad, y hablaron con ella (2 Reyes 22:14).

Acuérdate, Dios mío, de Tobías y de Sanbalat, conforme estas cosas que hicieron; también acuérdate de Noadías profetisa, y de los otros profetas que procuraban infundirme miedo (Nehemías 6:14).

Y me llegué a la profetisa, la cual concibió, y dio a luz un hijo. Y me dijo Jehová: Ponle por nombre Maher-salal-hasbaz (Isaías 8:3).

Estaba también allí Ana, profetisa, hija de Fanuel, de la tribu de Aser, de edad muy avanzada, pues había vivido con su marido siete años desde su virginidad (Lucas 2:36).

Mientras él aún hablaba con ellos, Raquel vino con el rebaño de su padre, porque ella era la pastora (Génesis 29:9).

La vida personal del que profetiza debe ser transparente delante de Dios y ante la congregación. Un profeta o una profetisa debe ser una persona que se pone bajo la autoridad espiritual de un pastor y del consejo o gobierno de la Iglesia local. Los profetas "saltaiglesias" no son confiables.

Hoy están aquí, mañana por allá. Son transitorios y rotativos en las congregaciones. Son pastoreados por el pastor "ninguno" y por miembros de la congregación "ninguna". Antes de profetizar a otros, deben recibir la profecía del Espíritu Santo para que se congreguen y para que tengan pastores. Profetas y profetisas en rebeldía transmiten un espíritu de rebelión.

No dejando de congregarnos, como algunos tienen por costumbre, sino exhortándonos; y tanto más, cuanto veis que aquel día se acerca (Hebreos 10:25).

Se puede ver el caso de personas no espirituales que dan profecías genuinas:

Entonces Caifás, uno de ellos, sumo sacerdote aquel año, les dijo: Vosotros no sabéis nada; ni pensáis que nos conviene que un hombre muera por el pueblo, y no que toda la nación perezca. Esto no lo dijo por sí mismo, sino que, como era el sumo sacerdote aquel año, profetizó que Jesús había de morir por la nación; y no solamente por la nación, sino también para congregar en uno a los hijos de Dios que estaban dispersos. Así que, desde aquel día acordaron matarle (Juan 11:49-53).

Desde luego esa fue la interpretación que dio Juan al escribir el cuarto evangelio sobre la profecía del sumo sacerdote Caifás. La realidad es que en la mente de Caifás lo que había era una sentencia maquiavélica y malsana en contra del Hijo de Dios. Allí, con esas palabras le dio sentencia de muerte, aunque proféticamente dijo una gran verdad.

Balaam profetizó bendiciones sobre el pueblo de Dios, aunque Balac lo contrató para maldecir al pueblo:

> *¿Por qué maldeciré yo al que Dios no maldijo? ¿Y por qué he de execrar al que Jehová no ha execrado? Porque de la cumbre de las peñas lo veré, y desde los collados lo miraré; he aquí un pueblo que habitará confiado, y no será contado entre las naciones ¿Quién contará el polvo de Jacob, o el número de la cuarta parte de Israel? Muera yo la muerte de los rectos, y mi postrimería sea como la suya* (Números 23:8-10).

Balac por segunda vez llevó a Balaam a otro lugar y le insistió que maldijera al pueblo de Dios, pero Balaam le profetizó lo contrario, profetizando bendiciones al pueblo de Dios:

> *Entonces él tomó su parábola, y dijo: Balac, levántate y oye; escucha mis palabras, hijo de Zipor: Dios no es hombre, para que mienta, ni hijo de hombre para que se arrepienta. Él dijo, ¿y no hará? Habló, ¿y no lo ejecutará? He aquí, he recibido orden de bendecir; él dio bendición, y no podré revocarla. No ha notado iniquidad en Jacob, ni ha visto perversidad en Israel. Jehová su Dios está con él, y júbilo de rey en él. Dios los ha sacado de Egipto; tiene fuerzas como de búfalo. Porque contra Jacob no hay agüero, ni adivinación contra Israel. Como ahora, será dicho de Jacob y de Israel: ¡Lo que ha hecho Dios! He aquí el pueblo que como león se levantará, y como león se erguirá; No se echará hasta que devore la presa, y beba la sangre de los muertos* (Números 23:18-24).

Balac por tercera vez llevó a Balaam a otro lugar para maldijera al pueblo de Dios, pero Balaam le profetizó la venida del Mesías, es decir de Cristo:

> *Y tomó su parábola, y dijo: Dijo Balaam hijo de Beor, dijo el varón de ojos abiertos; dijo el que oyó los dichos de Jehová, y el que sabe la ciencia del Altísimo, el que vio la visión del Omnipotente; caído, pero abiertos los ojos: Lo veré, mas no ahora; lo miraré, mas no de cerca; saldrá estrella de Jacob, y se levantará cetro de Israel, y herirá las sienes de Moab, y destruirá a todos los hijos de Set* (Números 24:15-17).

El abuso de este don de profecía se nota en aquellos que se la pasan decretando, declarando, atando, desatando y rompiendo maldiciones. Pretenden darle órdenes a Dios. Es interesante que un profeta desata lo que otro profeta ata. Y lo que un profeta desata el otro profeta lo ata. Dios es soberano y nos toca hacer su voluntad, y no Dios hacer nuestra voluntad. Dios hace como quiere, porque quiere, donde quiere, con quien quiere, porque es soberano.

En la Biblia, Jesucristo nos da órdenes divinas a nosotros. Nosotros no podemos dar órdenes a Dios. Ese lenguaje de "Decreto ahora", "Establezco esto" o "Declaro aquello", "Hago pacto con Dios", "Pacto con esto" y "Pacto por aquello", suena muy bien al oído religioso pentecostal, pero no es bíblico.

Es más bien un mensaje que le dice a Dios lo que el creyente quiere que Dios haga, y no lo que Dios quiere hacer en el creyente. Pero respeto la opinión de cada cual.

La declaración profética de muchos es: "Hágase mi voluntad, y no la Tuya". La oración debe ser: "No se haga mi voluntad, sino la Tuya". Eso es sumisión y entrega total con una voluntad rendida al Rey de reyes y Señor de señores.

> *Venga tu reino. Hágase tu voluntad, como en el cielo, así también en la tierra* (Mateo 6:10).

> *[...] diciendo: Padre, si quieres, pasa de mí esta copa; pero no se haga mi voluntad, sino la tuya* (Lucas 22:42).

Algunos profetas le profetizan a la gente que tendrán ministerios internacionales, poderosos, ungidos, pero nunca los corrigen en sus áreas de desobediencia, rebeldía, negligencia, carnalidad y pecados.

Elí le dijo a Samuel que le dijera a Dios:

> *Habla Jehová, porque tu siervo oye. Ahora muchos profetas le dicen a Dios: Oye Jehová, porque tu siervo habla.*

> *Y dijo Elí a Samuel: Ve y acuéstate; y si te llamare, dirás: Habla, Jehová, porque tu siervo oye. Así se fue Samuel, y se acostó en su lugar. Y vino Jehová y se paró, y llamó como las otras veces: ¡Samuel, Samuel! Entonces Samuel dijo: Habla, porque tu siervo oye* (1 Samuel 3:9-10).

El autor Lucas Magnin, en su libro *Cristianismo y posmodernidad: la rebelión de los santos*, donde ha hecho una aportación extraordinaria, relaciona el abuso del don de profecía con las seudoprofecías:

> *La profecía está en vías de extinción porque hace falta mucha valentía para denunciar el pecado como hacían los profetas de antaño; preferimos esas seudoprofecías que no son más que augurios de buenos deseos y llamamos rencorosos y religiosos a los que nos dicen palabras de condenación. No vamos a permitir que nuestras iglesias se vacíen, así que abrimos las puertas del rebaño, aunque eso signifique dejar de lado nuestra obediencia para concentrarnos únicamente en la misericordia.* (Editorial CLIE. Barcelona, España, 2018, páginas 466-467).

El Presbiterio General de las Asambleas de Dios el 11 de agosto del 2000 se pronunció en esta Declaración Oficial: "Avivamiento en los últimos días: guiado y controlado por el Espíritu". Un documento en respuesta a la Resolución 16.

> *Maldiciones generacionales. Es cierto que las Escrituras hablan de que los pecados de los padres son "visitados" sobre los hijos hasta la tercera y cuarta generación (Éxodo 20:5; Números 14:18; Deuteronomio 5:9). En dos de los tres pasajes la visitación es dirigida a los que odian a Dios. También sabemos que la herencia y el ambiente sí pasan algunas cosas a los descendientes. Pero se debe leer el pasaje del Antiguo Testamento a la luz de la obra de Cristo en la Cruz. En ningún lugar en el Nuevo Testamento se encuentra una referencia a este concepto. Los creyentes hoy no viven bajo una maldición personal, aunque la Creación caída alrededor de nosotros todavía gime y sufre [Romanos 8:22], esperando la restauración de todas las cosas. Un fuerte énfasis en la maldición generacional ata, en vez de librar, al creyente. Fuera del cuerpo de Cristo, quizás haya evidencia de una maldición generacional, pero para los creyentes se rompe en el momento de la salvación, aunque quizás haya características naturales o comportamientos que tenemos que tratar con la ayuda del Espíritu Santo.*

Tenemos profetas o profetisas que solo traen profecías de "Siéntete bien", "Todo te irá bien", "Eres bendecido", "Recibe lo que quieres", "Ya está hecho", "Estás en victoria y seguirás en victoria", teniendo a los creyentes ilusionados con palabras proféticas o creándole fantasías espirituales. Mientras escuchan las profecías, se sienten en las nubes pero, cuando se le va la euforia de aquellas, se encuentran igual que como estaban.

> *¡Ay de los que a lo malo dicen bueno, y a lo bueno malo; que hacen de la luz tinieblas, y de las tinieblas luz; que ponen lo amargo por dulce, y lo dulce por amargo!* (Isaías 5:20).

Se abusa de este don de profecía cuando muchos declaran palabra profética a los que les solicitan ofrendas especiales o designadas. Esto demuestra la falsedad del don.

También se puede abusar del don de profecía con el menosprecio de algunos a las profecías:

> *No menospreciéis las profecías. Examinadlo todo; retened lo bueno* (1 Tesalonicenses 5:20-21).

> *Si alguno se cree profeta, o espiritual, reconozca que lo que os escribo son mandamientos del Señor. Mas el que ignora, ignore. Así que, hermanos, procurad profetizar, y no impidáis el hablar lenguas; pero hágase todo decentemente y con orden* (1 Corintios 14:37-40).

El don de la profecía se ha relajado. Muchos profetas parecen magos que declaran cosas mágicas. Muchos sueños y profecías se condicionan a las acciones de la persona que recibe.

Los profetas tienen una palabra profética pública para cinco personas. Esa noche había presentes ciento cincuenta y cinco personas. Y ciento cincuenta se van entonces sin ninguna profecía. ¿Qué pasó con los otros?

Se abusa de este de profecía con la proliferación de profetas cibernéticos de Facebook, facebookprofetas o ciberprofetas. Los vemos dando esta palabra profética por aquí y aquella palabra profética por allá. Y muchos de ellos ni se congregan, ni son miembros de congregaciones. No hay peor hipocresía que predicar o profetizar algo que dice quien no lo vive, ni lo practica. Para estos profetas yo les tengo también una palabra profética: "Vayan a la iglesia. Sean parte de una congregación. Pónganse bajo la autoridad de un pastor".

Se abusa del don de profecía con mentiras y difamaciones de supuestos profetas mediáticos que usan las redes sociales para hacerles daño a los siervos y siervas de Dios. ¡Son profetas del chisme y de la mentira!

Abusan de este don de profecía aquellos, mayormente mujeres, que son cupidos pentecostales y unieron con profecías falsas a parejas. Mi amigo el Rvdo. Ezequiel Molina, fundador del Ministerio de la Batalla de la Fe, uno de los predicadores oradores más sobresalientes de la República Dominicana, dice sobre el abuso del don de operación de milagros y del don de la profecía:

Hay gente que quiere ayudar a Dios. Dios le da un don y ellos toman dos. Dios les dice que oren por los sordos, para poner un ejemplo, y él llama hasta los muertos para que vengan. Pero Dios te dijo que oraras por los sordos. Hay veces que Dios utiliza a un hombre o una mujer, con un don de profecía y dice algo y sale, ya él o ella cree que todo lo que diga es profecía. Y los llaman a la iglesia y le dicen: "Ven, profetisa". Y empieza a profetizar todos los disparates que le pasen por la cabeza. Él o ella comienza a profetizar, y hay un grupo de gente creyendo todos los disparates que él o ella digan.

El Superintendente General de las Asambleas de Dios, Pbro. Abel Flores Acevedo, predicador y autor de varios libros, disertando una conferencia bajo la temática "Uso y abuso del don de profecía", en 2013 en Coahuila, México, declaró:

Nunca la profecía viene para dividir a la iglesia. Una iglesia puede crecer, multiplicarse, ser fuerte. Cuando se funda una nueva Iglesia, es porque se funda una Iglesia con gente que se convierte al evangelio. Son nuevos creyentes. No tiene sentido si nosotros fraccionamos a la iglesia, y decimos: "Estas doscientas personas se van allá", para decir que tenemos una nueva Iglesia. ¡No somos los mismos! Pero estamos ubicados en dos partes. Cuando se funda una nueva Iglesia, se ganan almas para Cristo. Es cuando nuevos creyentes se convierten. Es cuando personas del mundo pasan de las tinieblas a la luz.

La profecía nunca viene para dividir a una congregación. La profecía es para edificar, para exhortar y para consolar. La profecía nunca va a venir para denunciar públicamente el pecado de algún líder, de alguna persona o para exhibirlo públicamente. Tampoco para denunciar públicamente a los líderes o para exhibir pecados secretos y sacarlos a la luz. La profecía no es para eso. El que profetiza bendice a la iglesia y no le hace daño. Claro que Dios castiga

el pecado. Nadie que practica el pecado puede esperar ser bendecido
de parte de Dios.

Otra experiencia con una profecía equivocada fue cuando mi esposa
y yo nos iniciábamos en el pastorado. Un profeta llegó a nuestra congregación y profetizó que yo no llegaría a cumplir los cuarenta años; me
faltaban como siete años. Profetizó, además, que la congregación me
abandonaría. Durante esos años esa profecía preocupó a los hermanos,
aunque no a mí; muchos esperaban para ver si se cumpliría o no. Llegué
a los cuarenta años, y han pasado tres décadas. Aquel profeta luego cayó
de la gracia de nuestro Señor Jesucristo envuelto en falsas doctrinas. ¡Su
profecía fue falsa! Gracias a Jesucristo, estoy vivo; el Señor y el Espíritu
Santo tenían planes conmigo.

Muchos profetas y profetisas son desequilibrados y dominadores espirituales. Se transforman en tiranos espirituales y controlan a otros con su
juego profético. Utilizan el don para su provecho personal y para humi-
llación de otros. El don no es para hacer grande al poseedor, es para
engrandecer al Dador de ese don, que es del Espíritu Santo.

El profeta o quien funciona en el don de la profecía debe cuidarse en
lo que profetiza, a quién profetiza, cómo profetiza y cuándo profetiza. Es
responsable de lo que diga y haga con la manifestación del don. La falsa
profecía puede dañar a un profeta o a una profetisa.

Guardaos de los falsos profetas, que vienen a vosotros con vesti-
dos de ovejas, pero por dentro son lobos rapaces. Por sus frutos
los conoceréis. ¿Acaso se recogen uvas de los espinos, o higos de los
abrojos? Así, todo buen árbol da buenos frutos, pero el árbol malo
da frutos malos. No puede el buen árbol dar malos frutos, ni el
árbol malo dar frutos buenos. Todo árbol que no da buen fruto es
cortado y echado en el fuego. Así que, por sus frutos los conoceréis
(Mateo 7:15-20).

Jesús de Nazaret no dijo que "por sus dones los conoceréis"; Él
declaró: "Por sus frutos los conoceréis". Los dones manifiestan la unción,
pero los frutos manifiestan el carácter.

EL DON DE DISCERNIMIENTO DE ESPÍRITU

A otro, discernimiento de espíritu

— 1 Corintios 12:10c

De todos los dones espirituales, este don de discernimiento de espíritu es el don vigilante, el que juzga y evalúa a los demás dones. Es el don *detective*. Es un don que examina en qué espíritu operan otros, y distingue lo que es de Dios y lo que no es de Dios. Descubre las obras de la carne en un creyente. Identifica los temperamentos manifestados. Distingue entre la manifestación de un ángel santo y de un demonio, entre el espíritu humano y el Espíritu Santo.

La frase "discernimiento de espíritus" deriva del griego *diakríseis pneumáton (διακρίσεις πνευμάτων)*. La Nueva Biblia Española dice: "Distinguir inspiraciones". Es un don que capacita al receptor para distinguir en qué espíritu está operando una persona, o qué espíritu se le está manifestando. Ayuda a diferenciar los espíritus revelados. También distingue entre una falsa enseñanza de una que es verdadera. Con este don se puede saber cuándo alguien miente o dice la verdad, cuándo algo es verdadero o falso. Es un don de revelación sobrenatural.

Uso del don

La operación de este don de discernimiento de espíritus se asocia con los de palabra de sabiduría y de palabra de ciencia. Se complementa con estos. Es uno de los dones más importantes.

Mediante ese don, Pedro discernió el espíritu de engaño y mentira en Ananías y Safira:

> *Y dijo Pedro: Ananías, ¿por qué llenó Satanás tu corazón para que mintieses al Espíritu Santo y substrajeses del precio de la heredad? Reteniéndola, ¿no se te quedaba a ti? y vendida, ¿no estaba en tu poder? ¿Por qué pusiste esto en tu corazón? No has mentido a los hombres, sino a Dios* (Hechos 5:3-4).

Mediante este don, Pablo discernió el espíritu de adulación que tenía una joven adivina:

> *Aconteció que, mientras íbamos a la oración, nos salió al encuentro una muchacha que tenía espíritu de adivinación, la cual daba gran ganancia a sus amos, adivinando. Esta, siguiendo a Pablo y a nosotros, daba voces, diciendo: Estos hombres son siervos del Dios*

Altísimo, quienes os anuncian el camino de salvación. Y esto lo hacía por muchos días; mas, desagradando a Pablo, este se volvió y dijo al espíritu: Te mando, en el nombre de Jesucristo, que salgas de ella. Y salió en aquella misma hora (Hechos 16:16-18).

Por medio de este don de discernimiento de espíritus, Simón Pedro descubrió el espíritu de codicia que tenía Simón y la falta de rectitud espiritual en este al ofrecer dinero por el don del Espíritu Santo.

Entonces Pedro le dijo: Tu dinero perezca contigo, porque has pensado que el don de Dios se obtiene con dinero. No tienes tú parte ni suerte en este asunto, porque tu corazón no es recto delante de Dios. Arrepiéntete, pues, de esta tu maldad, y ruega a Dios si quizás te sea perdonado el pensamiento de tu corazón; porque en hiel de amargura y en prisión de maldad veo que estás (Hechos 8:20-23).

Notemos que Simón Pedro discernió el corazón de Simón diciéndole: "Porque tu corazón no es recto delante de Dios". Tuvo palabra de ciencia: "Si quizás te sea perdonado el pensamiento de tu corazón". También recibió palabra de sabiduría: "Porque en hiel de amargura y en prisión de maldad veo que estás".

Con el don de discernimiento de espíritus se puede diferenciar entre la emoción religiosa y la emoción espiritual. Es decir, se distingue una manifestación genuina del Espíritu Santo de un simple contagio emocional colectivo.

Este don parece manifestarse más entre los pastores. También es muy característico en los evangelistas. En estos últimos, la operación de este don los ayuda a discernir e identificar espíritus opresivos y posesivos en personas.

Es el don *policía*, el don *detective* o el don *investigador* que vigila las actividades de los otros dones. Este don discierne a la persona y discierne las operaciones de los otros dones. Como don o carisma, analiza, evalúa, discierne el espíritu en que opera quién habla o cómo actúa. También discierne los malos espíritus o los demonios.

Frank Bartleman, en su libro *Azusa* (una narración del avivamiento de la Calle Azusa en Los Ángeles), habló sobre la falta del don de discernimiento:

El discernimiento no era perfecto, y el enemigo obtuvo algún provecho de esto, y causó algunas críticas al trabajo, pero los hermanos aprendieron entonces a apartar lo precioso de lo vil.

Aparecieron entonces todos los descontentos religiosos y charlatanes procurando un lugar para trabajar. Esto es lo que nos causaba más temor, por cuanto siempre constituyen peligro para todos los trabajos que están siendo iniciados, y no encuentran guarida en otros lugares. Esta situación lanzó tal miedo sobre muchas personas que fue casi insuperable, e impidió mucho la acción del Espíritu. Varios temían buscar a Dios por pensar que el diablo podría oponérseles.

Abuso del don

Se abusa de este don cuando la persona que reclama tenerlo es impulsada por un espíritu de sospechas, chismes o cosas imaginarias.

Hay quienes han pretendido funcionar en este don, pero lo que los motiva es el celo, la envidia y la venganza. En el ejercicio de este don se deben separar los sentimientos y las emociones de la verdadera revelación del Espíritu Santo. Mal utilizado, el discernimiento de espíritus ha ridiculizado y ofendido injustamente a hombres y mujeres de Dios.

Tampoco es un don de cuarentena. Su propósito no es segregar, discriminar, marginar ni declarar más santos a unos creyentes que a otros.

Si hay un don que se debe pedir al Espíritu Santo es el de discernimiento de espíritus. Su manifestación pondrá al descubierto a individuos y ministerios que no andan debidamente con Dios. Ayudará a discernir cosas buenas y malas dentro del rebaño donde Dios ha puesto a cada pastor. Le permitirá a un líder tomar la más correcta decisión para con alguna persona en particular.

Pero el que tiene este don de discernimiento tiene que cuidarse de que, en el ejercicio de este don, no apague la manifestación del Espíritu Santo.

No apaguéis al Espíritu. No menospreciéis las profecías. Examinadlo todo; retened lo bueno. Absteneos de toda especie de mal (1 Tesalonicenses 5:19-22).

No alejen de ustedes al Espíritu Santo. Y, si él les da la capacidad de profetizar, no la desprecien. Pónganlo todo a prueba, pero quédense nada más con lo bueno, y rechacen todo lo malo (TLA).

El pastor José Guillermo De La Rosa Solorzano dice sobre este particular:

> *Mantente fiel en el lugar en que Dios te puso; el pentecostalismo es un movimiento con mucha vida. Hay excesos, pero eso es normal; se necesitan líderes preparados que sean capaces de corregir los excesos sin apagar el fuego.*

EL DON DE GÉNEROS DE LENGUAS
A otro, diversos géneros de lenguas

— 1 Corintios 12:10d

De todos los dones, el favorito parece ser el don de lenguas. Esta experiencia carismática dio lugar a una denominación con una hermenéutica y teología pentecostales. De allí surgieron movimientos en el siglo xix para aquellos que se identifican con la Iglesia de Dios de Cleveland, Tennessee; y, en el siglo xx, para aquellos que se identifican con las Asambleas de Dios de Springfield, Missouri. Pero esa experiencia de *glosolalia* se ha infiltrado en las denominaciones evangélicas, y en los años sesenta era una experiencia para las tradiciones católicas, anglicanas, luteranas, y aun otras.

La declaración "diversos géneros de lenguas" deriva del griego "géne glósson" (γενη γλωσσων). La Nueva Biblia Española se refiere a "hablar diversas lenguas".

Para los *pentecostales*, el bautismo en el Espíritu Santo es la tercera obra de gracia; las dos primeras son la justificación y la santificación. Para este grupo denominacional, el bautismo en el Espíritu Santo se evidencia con la señal de hablar en otras lenguas.

Por lo tanto, se debe distinguir entre las lenguas como señal y las lenguas como don. En 1 Corintios se hace referencia a las lenguas como don.

> *A otro, el hacer milagros; a otro, profecía; a otro, discernimiento de espíritus; a otro, diversos géneros de lenguas; y a otro, interpretación de lenguas* (1 Corintios 12:10).

El apóstol Pablo enfatizó en el concepto de diversos géneros de lenguas, dejándonos saber la pluralidad o variedad vocal de las expresiones de las lenguas.

El escritor Lucas, médico, misionero, cronista y evangelista, ayudante del apóstol Pablo, en su teología lucanina conectó la ascensión del Señor Jesucristo con el descenso del Espíritu Santo.

Y los sacó fuera hasta Betania, y alzando sus manos, los bendijo. Y aconteció que, bendiciéndolos, se separó de ellos, y fue llevado arriba al cielo. Ellos, después de haberle adorado, volvieron a Jerusalén con gran gozo; y estaban siempre en el templo, alabando y bendiciendo a Dios. Amén (Lucas 24:50-53).

El evangelista Lucas registró la promesa del bautismo con el Espíritu Santo con el poder del Espíritu Santo. En la teología paulina se hace referencia al bautismo con el Espíritu Santo. La expresión "Mas vosotros seréis bautizados con el Espíritu Santo dentro de no muchos días" da lugar a la hermenéutica pentecostal sobre esta experiencia de gracia.

Y, estando juntos, les mandó que no se fueran de Jerusalén, sino que esperasen la promesa del Padre, la cual, les dijo, oísteis de mí. Porque Juan ciertamente bautizó con agua, mas vosotros seréis bautizados con el Espíritu Santo dentro de no muchos días (Hechos 1:4-5).

Y les dijo: No os toca a vosotros saber los tiempos o las sazones que el Padre puso en su sola potestad; pero recibiréis poder, cuando haya venido sobre vosotros el Espíritu Santo, y me seréis testigos en Jerusalén, en toda Judea, en Samaria, y hasta lo último de la tierra. Y, habiendo dicho estas cosas, viéndolo ellos, fue alzado, y le recibió una nube que le ocultó de sus ojos. Y estando ellos con los ojos puestos en el cielo, entre tanto que él se iba, he aquí se pusieron junto a ellos dos varones con vestiduras blancas, los cuales también les dijeron: Varones galileos, ¿por qué estáis mirando al cielo? Este mismo Jesús, que ha sido tomado de vosotros al cielo, así vendrá como le habéis visto ir al cielo (Hechos 1:7-11).

Lucas conectó el ascenso del Señor Jesucristo en el monte de los Olivos con el descenso del Espíritu Santo en el monte de Sion el Día de Pentecostés:

Entonces volvieron a Jerusalén desde el monte que se llama del Olivar, el cual está cerca de Jerusalén, camino de un día de reposo. Y entrados, subieron al aposento alto, donde moraban Pedro y Jacobo, Juan, Andrés, Felipe, Tomás, Bartolomé, Mateo, Jacobo hijo de Alfeo, Simón el Zelote y Judas hermano de Jacobo. Todos estos perseveraban unánimes en oración y ruego, con las mujeres, y con María la madre de Jesús, y con sus hermanos (Hechos 1:12-14).

El primer derramamiento del Espíritu Santo fue el día de Pentecostés; se caracterizó por un estruendo comparado con un viento recio, con lenguas comparadas con el fuego y con una llenura del Espíritu Santo:

Cuando llegó el día de Pentecostés, estaban todos unánimes juntos. Y de repente vino del cielo un estruendo como de un viento recio que soplaba, el cual llenó toda la casa donde estaban sentados; y se les aparecieron lenguas repartidas, como de fuego, asentándose sobre cada uno de ellos. Y fueron todos llenos del Espíritu Santo, y comenzaron a hablar en otras lenguas, según el Espíritu les daba que hablasen (Hechos 2:1-4).

El segundo derramamiento del Espíritu Santo se caracterizó por un temblor y llenura del Espíritu Santo en Jerusalén, pero no se mencionan las lenguas:

Cuando hubieron orado, el lugar en que estaban congregados tembló; y todos fueron llenos del Espíritu Santo, y hablaban con denuedo la palabra de Dios (Hechos 4:31).

Ese temblor donde ellos estaban congregados, como el estruendo de Hechos 2:1, era para dejarles saber que el Espíritu Santo estaba presente y que a Dios se le tenía que temer con reverencia.

El tercer derramamiento del Espíritu Santo se caracterizó por una llenura del Espíritu Santo con la señal de hablar en lenguas:

Mientras aún hablaba Pedro estas palabras, el Espíritu Santo cayó sobre todos los que oían el discurso. Y los fieles de la circuncisión que habían venido con Pedro se quedaron atónitos de que también sobre los gentiles se derramase el don del Espíritu Santo. Porque los oían que hablaban en lenguas, y que magnificaban a Dios (Hechos 10:44-46).

En este tercer derramamiento no hubo estruendo, ni tembló el lugar, pero sí los gentiles hablaron en lenguas. Judíos y gentiles eran entonces parte de la Iglesia. El Espíritu Santo los había unido en un solo cuerpo.

Judíos y cristianos celebran el Día de Pentecostés. Tanto los católicos de Occidente como los ortodoxos griegos de Oriente celebran Pentecostés en diferentes días domingos de mayo.

Los de tradición pentecostal, en su gran mayoría, no celebramos el Día de Pentecostés (en griego, πεντηκοστή *pentēkostē* y, en latín, *quincuaxésimu*), porque es todos los días de culto. Los evangélicos y las iglesias históricas lo celebran cincuenta días después de la Pascua, porque ese día domingo recuerdan el derramamiento del Espíritu Santo en el Día de Pentecostés. Ellos celebran Pentecostés como festividad religiosa sin Pentecostés como experiencia espiritual.

Nosotros, como pentecostales, celebramos Pentecostés siempre; lo recordamos en cada culto. Celebramos Pentecostés con la experiencia de Pentecostés. Aun en nuestro nombre denominacional celebramos Pentecostés. Nuestra organización lleva el nombre de *Concilio Internacional de Iglesias Pentecostales de Jesucristo*; nuestras congregaciones se llaman *Iglesia Pentecostal de Jesucristo*. El Día de Pentecostés nos recuerda que la Iglesia nació ese día.

En la teología pentecostal, las lenguas como señal preceden a las lenguas como don. Es decir que, antes de que un creyente manifieste el don de lenguas, debe haber recibido el bautismo en el Espíritu Santo. Para los que han recibido el don de diversos géneros de lenguas, este es la continuación y desarrollo de las lenguas como señal, aunque uno y otro don tienen diferente función.

Es un don de *hablar sobrenaturalmente*. En la manifestación de este don, el Espíritu Santo capacita al receptor para hablar en muchos casos en forma ininteligible, y así orar y alabar a Dios.

Porque el que habla en lenguas no habla a los hombres, sino a Dios; pues nadie le entiende, aunque por el Espíritu habla misterios [...]. El que habla en lengua extraña, asimismo se edifica [...]. Porque, si yo oro en lengua desconocida, mi espíritu ora, pero mi entendimiento queda sin fruto. ¿Qué, pues? Oraré con el espíritu, pero oraré también con el entendimiento; cantaré con el espíritu, pero cantaré también con el entendimiento (1 Corintios 14:2,4, 14-15).

Uso del don
En el día de Pentecostés, las lenguas como señal y las lenguas como don fueron dos experiencias simultáneas:

Y fueron todos llenos del Espíritu Santo, y comenzaron a hablar en otras lenguas, según el Espíritu les daba que hablasen (Hechos 2:4).

Y estaban atónitos y maravillados, diciendo: Mirad, ¿no son galileos todos estos que hablan? ¿Cómo, pues, les oímos nosotros hablar cada uno en nuestra lengua en la que hemos nacido? Partos, medos, elamitas, y los que habitamos en Mesopotamia, en Judea, en Capadocia, en el Ponto y en Asia, en Frigia y Panfilia, en Egipto y en las regiones de África más allá de Cirene, y romanos aquí residentes, tanto judíos como prosélitos, cretenses y árabes, les oímos hablar en nuestras lenguas las maravillas de Dios (Hechos 2:7-11).

Notemos la interrogación: "Mirad, ¿no son galileos todos estos que hablan?...". Entre la población de Galilea y de Judea había muchas diferencias culturales, de costumbres, de educación, de clase social, de acento lingüístico. Los galileos fueron más abiertos a la manifestación mesiánica de Jesús de Nazaret, a quien se lo conoció como *El Profeta de Galilea* o *El Galileo*.

Y la gente decía: Este es Jesús el profeta, de Nazaret de Galilea (Mateo 21:11).

Pedro estaba sentado fuera en el patio; y se le acercó una criada, diciendo: Tú también estabas con Jesús el Galileo (Mateo 26: 69).

El fenómeno del día de Pentecostés es que todos, sin quedarse ninguno, fueron llenos del Espíritu Santo. Y es de notarse el fenómeno de que, en el Pentecostés del Aposento Alto en Jerusalén, siglo I, año 33 d. C., las lenguas habladas fueron unos 15 idiomas inteligibles. Esto constituye aquel primer derramamiento del Espíritu Santo con idiomas conocidos como algo irrepetible y único.

Tampoco se debe interpretar que las lenguas habladas por los creyentes pentecostales o carismáticos sean idiomas angelicales. Cuando el apóstol expresó esto, lo hizo como una referencia hiperbólica a la carencia de amor o de caridad en la manifestación de los dones espirituales.

Si yo hablase lenguas humanas y angélicas, y no tengo amor, vengo a ser como metal que resuena, o címbalo que retiñe (1 Corintios 13:1).

*Si pudiera hablar todos los idiomas del mundo y de los ángeles
pero no amara a los demás, yo solo sería un metal ruidoso o un
címbalo que resuena* (NTV).

El apóstol Pablo, en el gran poema del amor, así como vio superior el
fruto del amor al compararlo con idiomas o lenguas de ángeles, también
habló del amor como superior al don de la profecía.

*Y si tuviese profecía, y entendiese todos los misterios y toda ciencia,
y si tuviese toda la fe, de tal manera que trasladase los montes, y
no tengo amor, nada soy* (1 Corintios 13:2).

Y luego vio al amor por encima del don de dar y del don de mártir,
para demostrar la suficiencia y superioridad del fruto del amor en la
manifestación de los dones.

*Y si repartiese todos mis bienes para dar de comer a los pobres, y si
entregase mi cuerpo para ser quemado, y no tengo amor, de nada
me sirve* (1 Corintios 13:3).

En Pentecostés aquella manifestación de *xenoglosia* fue una señal de
la recepción del Espíritu Santo de índole doble, primero para los creyentes y, segundo, para los no creyentes.

Los discípulos de Jesucristo, en la segunda de sus apariciones resucitado,
en este mismo Aposento Alto, recibieron el anticipo del Espíritu Santo
cuando Él sopló sobre ellos para empoderarlos para la asignación de la
gran comisión y les dio autoridad para que, mediante la predicación, desa-
taran a los pecadores o ataran a los pecadores que la rechazaran.

*Entonces Jesús les dijo otra vez: Paz a vosotros. Como me envió el
Padre, así también yo os envío. Y habiendo dicho esto, sopló, y les
dijo: Recibid el Espíritu Santo. A quienes remitiereis los pecados,
les son remitidos; y a quienes se los retuviereis, les son retenidos*
(Juan 20:21-23).

Con anticipación a Pentecostés, el primer Domingo de Resurrección,
el Cristo Pascual sopló el Espíritu Santo sobre los Once Discípulos. Esto
nos recuerda a Dios soplando espíritu de vida sobre Adán.

Entonces Jehová Dios formó al hombre del polvo de la tierra, y soplo en su nariz aliento de vida, y fue el hombre un ser viviente (Génesis 2:7).

Pero en el Día de Pentecostés, esos mismos discípulos recibieron la llenura del Espíritu Santo, al igual que el resto de los presentes que eran "como ciento veinte", número de más o menos en asistencia. Para los pentecostales, en su teología del bautismo con el Espíritu Santo, aquellos primeros pentecostales judeocristianos recibieron el bautismo con el Espíritu Santo.

Lamentablemente, tenemos más y más pentecostales de tradición doctrinal que no han recibido el bautismo con el Espíritu Santo, aunque se identifican con este y con la manifestación de las lenguas, pero no las hablan. No obstante, aceptan las señales pentecostales.

En los concilios pentecostales se exige que se haya recibido el bautismo con el Espíritu Santo, para ser considerado candidato a la ordenación o pleno ministerios para sus candidatos, además del tiempo cumplido y de tomar un examen ministerial.

En la Constitución y Reglamentos del Concilio General de las Asambleas de Dios, en la sección 2, aparecen los requisitos básicos:

Los siguientes requisitos conciernen a todos los que solicitan reconocimiento ministerial:

a. Salvación. Testimonio de haber experimentado el nuevo nacimiento (Juan 3:5).

b. Bautismo en el Espíritu Santo. Testimonio de haber recibido el bautismo en el Espíritu Santo con la evidencia física inicial de hablar en otras lenguas según Hechos 2:4.

La vida llena del Espíritu capacitará al ministro para cumplir con la misión cuádruple de la Iglesia (Constitución, Artículo V, párrafo 10).

c. Evidencia del llamado. Una clara evidencia de un llamado divino al ministerio, patentizado por una convicción personal, confirmado por la obra del Espíritu y el testimonio de otros ministros de la Fraternidad (Págs. 65 y 66).

En la Constitución y Reglamentos del Concilio Internacional de Iglesias Pentecostales de Jesucristo (que he presidido más de 30 años), se presenta la doctrina del bautismo con el Espíritu Santo como uno de los requisitos para la ordenación al completo ministerio u ordenación en pleno.

Esta credencial será dada a aquellos que hayan recibido el bautismo con el Espíritu Santo, acompañado de la señal de hablar en otras lenguas según la teología pentecostal.

Las caídas en las ministraciones y los movimientos corporales en la música, que son manifestaciones, han suplantado el deseo de la búsqueda de esta gloriosa experiencia pentecostal. La pastoral pentecostal debe enfatizar esta búsqueda espiritual, enseñando sobre el bautismo con el Espíritu Santo y orando por este, por aquellos que no lo han recibido.

Sin restarles lo sobrenatural a las lenguas como don, me atrevería a resaltar que el don de lenguas también se puede aplicar a la capacitación que da el Espíritu Santo a hombres y mujeres que ejercen el oficio de misioneros, en el que aprender un idioma extranjero es un imperativo en la tarea de evangelizar. Un ejemplo de esto es Guillermo Carey, quien no solo aprendió el sánscrito de la India, sino que hizo una traducción de la Biblia a este dialecto. Los misioneros que Dios envió a la China oraron al Espíritu Santo para que los capacitara en el aprendizaje de ese idioma tan difícil, y lograron dominarlo.

En el don de lenguas, un creyente ora a Dios; da gracias a Dios y mantiene comunión con Dios:

Y de igual manera el Espíritu nos ayuda en nuestra debilidad; pues qué hemos de pedir como conviene, no lo sabemos, pero el Espíritu mismo intercede por nosotros con gemidos indecibles (Romanos 8:26).

Porque, si yo oro en lengua desconocida, mi espíritu ora, pero mi entendimiento queda sin fruto. ¿Qué, pues? Oraré con el espíritu, pero oraré también con el entendimiento; cantaré con el espíritu, pero cantaré también con el entendimiento (1 Corintios 14:14-15).

Si habla alguno en lengua extraña, sea esto por dos, o a lo más tres, y por turno; y uno interprete. Y si no hay intérprete, calle en la iglesia, y hable para sí mismo y para Dios (1 Corintios 14:27-28).

Fluyendo en este don de lenguas, muchos evangelistas han dado palabra de sanidad a los enfermos, y estos han sanado. Otros han echado fuera demonios. Muchos creyentes cantan y alaban a Dios en otras lenguas. El apóstol Pablo aconsejó que el que hable en lengua extraña ore a Dios para que le dé la interpretación de aquella. Y aconsejó que ore y cante con el razonamiento o entendimiento:

> *Por lo cual el que habla en lengua extraña pida en oración poder interpretarla. Porque, si yo oro en lengua desconocida, mi espíritu ora, pero mi entendimiento queda sin fruto. ¿Qué, pues? Oraré con el espíritu, pero oraré también con el entendimiento; cantaré con el espíritu, pero cantaré también con el entendimiento* (1 Corintios 14:13-15).

El escritor Lucas, en el Libro de Hechos, en ningún lugar nos habla de la experiencia de hablar en lenguas del apóstol Pablo, pero este afirmó que sí hablaba en lenguas.

> *Doy gracias a Dios por que hablo en lenguas más que todos vosotros; pero en la iglesia prefiero hablar cinco palabras con mi entendimiento, para enseñar también a otros, que diez mil palabras en lengua desconocida* (1 Corintios 14:18-19).

Abuso del don

De todos los dones espirituales, los dones más abusados son los dones de hablar sobrenaturalmente o dones orales o de vocalización, como el don de lenguas, el don de interpretaciones de lenguas y el don de profecía. Y, de esta triada, el don de lenguas se abusa más.

Se abusa de las lenguas como señal y también del don de lenguas. Por la falta de entendimiento y de autocontrol emocional, muchos creyentes interrumpen reuniones de adoración, obstaculizan predicaciones y estorban la comunión con Dios a los que están orando.

> *¿Qué, pues? Oraré con el espíritu, pero oraré también con el entendimiento; cantaré con el espíritu, pero cantaré también con el entendimiento* (1 Corintios 14:15).

Mediante el ejercicio de las lenguas como don, el Espíritu Santo comunica mensajes a la congregación que, mediante la manifestación del don de interpretación de lenguas, se hacen comprensibles a los oyentes.

Por lo cual el que habla en lengua extraña pida en oración poder interpretarla (1 Corintios 14:13).

El don de lenguas, sumado al don de interpretación de lenguas, equivale al don de profecía. La interpretación de lenguas no tiene que ser proporcional a las lenguas habladas. No olvidemos que, en 1 Corintios 14, el apóstol Pablo no está tratando específicamente con las lenguas como señal, sino con el don de lenguas. No obstante, en ambos casos es importante que se haga uso de entendimiento en la operación.

El apóstol Pablo contextualizó las lenguas extrañas y desconocidas habladas inspiradas por el Espíritu Santo con el contexto del Antiguo Testamento.

En la ley está escrito: En otras lenguas y con otros labios hablaré a este pueblo; y ni aun así me oirán, dice el Señor (1 Corintios 14:21).

Mediante el profeta Isaías, Dios reveló que hablaría a su pueblo por medio de lenguas de tartamudos. Este pueblo con lenguas extrañas sería el país opresor de Asiria:

Porque en lengua de tartamudos, y en extraña lengua hablará a este pueblo (Isaías 28:11, RVR1960). Así que, ahora, ¡Dios tendrá que hablar a su pueblo por medio de opresores extranjeros que hablan una lengua extraña! (NTV).

No verás a aquel pueblo orgulloso, pueblo de lengua difícil de entender, de lengua tartamuda que no comprendas (Isaías 33:19, RVR1960). *Ustedes ya no verán a esa gente feroz y violenta, con su idioma extraño y desconocido* (NTV).

El apóstol Pablo veía las lenguas extrañas habladas por los creyentes de Corinto como señal para los no creyentes, y la profecía era para los creyentes, y no para los no creyentes:

Así que las lenguas son por señal, no a los creyentes, sino a los incrédulos; pero la profecía, no a los incrédulos, sino a los creyentes (1 Corintios 14:22).

Se puede entender que, en la manifestación del don de lenguas, la presencia del Espíritu Santo se hace presente, y de esa manera se les da testimonio a los no creyentes de que Dios está presente.

Se puede abusar del don de lenguas hablándolas donde no se debe, hablándolas ante quien no se deben hablar y hablándolas cuando no se deben hablar. Muchos predicadores tienen sus sermones saturados de lenguas. Sin embargo, sería más edificante y provechoso para los oyentes que se les hablara con palabras comprensibles.

Se abusa de las lenguas, como es el caso de un ministro que reclamaba públicamente estar hablando en griego, y los que escuchaban sabían que no era griego lo que hablaba. Otro creyente reclamaba al hablar en lenguas extrañas que estaba hablando hebreo, y era lo que menos hablaba. Hoy día, con hacer una grabación y someterse a una aplicación de traducción de idiomas, se puede comprobar que esas lenguas son ininteligibles. Seguro que la transcripción leería: "!?(%#@&!?=&??". Aunque el Espíritu Santo puede inspirar a una persona para hablar en un idioma desconocido para esta, con el fin de comunicar un mensaje profético específico para otra persona que sí conoce ese idioma.

En Pentecostés no era el Espíritu Santo el que hablaba en esos idiomas extraños para los que se expresaban: eran ellos que, inspirados por el Espíritu Santo, los hablaban.

Y fueron todos llenos del Espíritu Santo, y comenzaron a hablar en otras lenguas, según el Espíritu les daba que hablasen (Hechos 2:4).

En el derramamiento del Espíritu Santo en Topeka, Kansas, Agnes Ozmán reclamó hablar en varios idiomas, pero no hay pruebas fehacientes de que alguien que hablara alguno de los idiomas lo hubiera confirmado.

Lingüistas que han grabado las lenguas habladas por pentecostales y por carismáticos han demostrado que estas no son idiomas. Debemos cuidarnos de hacer reclamos lingüísticos con las lenguas como señal o como don.

El Día de Pentecostés, los creyentes hablaron en lenguas o idiomas desconocidos por ellos, pero conocidos por los que los escuchaban.

Moraban entonces en Jerusalén judíos, varones piadosos, de todas las naciones bajo el cielo. Y, hecho este estruendo, se juntó la multitud; y estaban confusos, porque cada uno les oía hablar en su propia lengua (Hechos 2:5-6).

Y estaban atónitos y maravillados, diciendo: Mirad, ¿no son galileos todos estos que hablan? ¿Cómo, pues, les oímos nosotros hablar cada uno en nuestra lengua en la que hemos nacido? Partos, medos, elamitas, y los que habitamos en Mesopotamia, en Judea, en Capadocia, en el Ponto y en Asia, en Frigia y Panfilia, en Egipto y en las regiones de África más allá de Cirene, y romanos aquí residentes, tanto judíos como prosélitos, cretenses y árabes, les oímos hablar en nuestras lenguas las maravillas de Dios (Hechos 2:7-11).

En el referido pasaje bíblico se nota que ese derramamiento en el Día de Pentecostés en el Aposento Alto, aquellos galileos hablaron unos 15 idiomas desconocidos para ellos y conocidos para aquel auditorio público.

Se abusa de las lenguas cuando muchos las utilizan como estribillos muletas al expresarse, para llenar espacios cuando algo se les olvida o quizá en busca de nuevas ideas y pensamientos.

[...] pero en la iglesia prefiero hablar cinco palabras con mi entendimiento, para enseñar también a otros que diez mil palabras en lengua desconocida (1 Corintios 14:19).

La manifestación de lenguas es para edificación personal, y no para edificación de toda la congregación, a no ser que se interpreten. Lamentablemente, los creyentes de tradición pentecostal abusan mucho de este don en su ejercicio público.

Pablo de Tarso aconsejó que, en el culto, se hable lenguas en turno de dos o tres personas: *Si habla alguno en lengua extraña, sea esto por dos, o a lo más tres, y por turno; y uno interprete* (1 Corintios 14:27).

Pablo de Tarso aconsejó que, en el culto, si interpretan las lenguas, que se guarde silencio: *Y, si no hay intérprete, calle en la iglesia, y hable para sí mismo y para Dios* (1 Corintios 14:28).

Pablo de Tarso aconsejó que, en el culto, los profetas tomen turnos de dos o tres: *Asimismo, los profetas hablen dos o tres, y los demás juzguen. Y si algo le fuere revelado a otro que estuviere sentado, calle el primero* (1 Corintios 14:29-30).

Pablo de Tarso aconsejó que en el culto los profetas enseñen y exhorten, en sujeción y sin confusión: *Porque podéis profetizar todos uno por uno, para que todos aprendan, y todos sean exhortados. Y los espíritus de los profetas están sujetos a los profetas; pues Dios no es Dios de confusión, sino de paz. Como en todas las iglesias de los santos [...]* (1 Corintios 14:31-33).

Frank Bartleman, en su libro *Azusa* (1906-1909), escribió del abuso de las lenguas:

En Azusa, el Espíritu derramó el coro celestial dentro de mi alma. De repente me encontré uniéndome a los demás que ya habían recibido este don sobrenatural. Era una manifestación espontánea y de tal arrebatamiento que ninguna lengua humana podría describir. Al comienzo esta manifestación era maravillosamente pura y poderosa. Temíamos reproducirla, así como también con las lenguas extrañas. Hoy en día, muchos parecen no tener ningún constreñimiento de imitar todos esos dones. Es por eso que han perdido gran parte de su poder e influencia.

EL DON DE INTERPRETACIÓN DE LENGUAS
Y a otro, interpretación de lenguas
— 1 CORINTIOS 12:10E

La palabra "interpretación de lenguas" viene del griego *hèrmeneía glòsson (ερμηνεια γλωσσων)*. La Nueva Biblia Española habla de "traducir". Por medio de este don, el Espíritu Santo capacita al posesor para traducir cualquier mensaje divino que Dios quiera comunicar a través del don de lenguas. Este es un don de revelación sobrenatural.

Uso del don

Según 1 Corintios 14, este don funciona en combinación con el *género de lenguas*. En su función también se asocia con los dones de palabra de sabiduría y de palabra de ciencia.

En 1 Corintios 14, el apóstol Pablo dedicó cuarenta versículos a los

dones de hablar en lenguas, de interpretación de lenguas y de profecía.
No es de extrañar que en estos recaiga el mayor abuso carismático y que
el capítulo 14 no se mencione mucho en la teología ni en la hermenéutica pentecostal o carismática.

El apóstol Pablo nos enseña la importancia de la interpretación de las
lenguas para el don de lenguas. Pero lo ilustra con hablar de manera que
otros puedan comprender. También nos da la enseñanza tan pertinente
para aquellos que viven en EE.UU. o en Europa, donde las reuniones se
conducen en español. Pero debemos tomar en cuenta que, cuando llega
alguien que no entiende nuestro idioma, se debe tener a alguien que
interprete lo que se predica o se enseña.

Así también vosotros, si por la lengua no diereis palabra bien
comprensible, ¿cómo se entenderá lo que decís? Porque hablaréis
al aire. Tantas clases de idiomas hay, seguramente, en el mundo, y
ninguno de ellos carece de significado. Pero, si yo ignoro el valor
de las palabras, seré como extranjero para el que habla, y el que
habla será como extranjero para mí. Así también vosotros; pues
que anheláis dones espirituales, procurad abundar en ellos para
edificación de la iglesia (1 Corintios 14:9-12).

El que interpreta debe fluir en la misma unción del que predica o
ministra. Debe interpretar en primera persona. También debe imitar
los movimientos del que ministra.

Aquel que ha recibido el don de lenguas debe orar a Dios para que el
Espíritu Santo le dé el don de interpretación.

Por lo cual, el que habla en lengua extraña pida en oración poder
interpretarla (1 Corintios 14:13).

En cuanto al funcionamiento de los dones de géneros de lenguas
e interpretación de lenguas, se puede afirmar que la suma de estos se
constituye en profecía.

¿Qué hay, pues, hermanos? Cuando os reunís, cada uno de vosotros
tiene salmo, tiene doctrina, tiene lengua, tiene revelación, tiene
interpretación. Hágase todo para edificación (1 Corintios 14:26).

El don de lenguas puede funcionar simultáneamente con el de interpretación de lenguas. También puede la persona hablar en lenguas, y luego

ella misma interpretarlas. En otros casos uno habla lenguas y otro las interpreta. Es posible que una persona hable lenguas, y más de dos traigan la interpretación. El don de lenguas puede demandar más tiempo en la comunicación del mensaje y menos tiempo en la interpretación o viceversa. La combinación del género de lenguas, con interpretación de lenguas, da como resultado la manifestación del don de profecía.

En la manifestación del don de lenguas, se debe dar tiempo al don de interpretación. Si el Espíritu Santo ha inspirado a alguien para utilizar las lenguas como don, también inspirará a otro para que las interprete.

Abuso del don

En el ejercicio de este don, muchos creyentes tienen siempre la misma interpretación: "Ora, ora, siervo... alaba... alaba. Vengo pronto, prepárate Iglesia...". Han caído en un hábito de interpretación y no están buscando la revelación del Espíritu Santo.

Se abusa de este don cuando la interpretación es confusa, conflictiva y personal. Si la interpretación de las lenguas implica un mensaje para alguien, se le debe dar privadamente y no hacer alardes públicos. El que interpreta no necesita hablar un castellano del siglo xx para que se le acredite el mensaje como divino.

Se puede abusar de este don en reuniones clandestinas o ilegales, en que el pastor o los líderes no están presentes. Es decir, hay creyentes malintencionados que se aprovechan de la ausencia del liderato para reflejar sus diferencias y desacuerdos, por medio de interpretaciones difamatorias y antagónicas a la congregación y al pastor. En vez de unir, dividen la obra del Señor. En vez de fomentar la sujeción, fomentan la insubordinación.

Los mensajes de la interpretación de lenguas no deben ser negativos, de derrotas, de juicio y de condenación. Detrás de muchos profetas y profetisas se puede esconder una personalidad bipolar, esquizofrénica, traumatizada, con desajustes emocionales, con inestabilidad emocional y mental.

Muchos profetas y profetisas solo saben presentar a un Dios malo que castiga y amenaza. Dios es bueno. Dios bendice. Dios ayuda. Dios protege.

Capítulo 2

LOS DONES DE OFICIO

EL DON DE APÓSTOL

Y Él mismo constituyó a unos apóstoles.

— Efesios 4:11a

E L Señor Jesucristo llamó "apóstoles" al grupo original de doce discípulos, que se congregaron alrededor de Él:

Entonces, llamando a sus doce discípulos, les dio autoridad sobre los espíritus inmundos, para que los echasen fuera, y para sanar toda enfermedad y toda dolencia. Los nombres de los doce apóstoles son estos: primero Simón, llamado Pedro, y Andrés su hermano; Jacobo, hijo de Zebedeo, y Juan, su hermano; Felipe; Bartolomé; Tomás; Mateo el publicano; Jacobo, hijo de Alfeo; Lebeo, por sobrenombre Tadeo; Simón el cananista; y Judas Iscariote, el que también le entregó (Mateo 10:1-4).

Entonces los apóstoles se juntaron con Jesús, y le contaron todo lo que habían hecho y lo que habían enseñado (Marcos 6:30).

Y cuando era de día, llamó a sus discípulos, y escogió a doce de ellos, a los cuales también llamó apóstoles (Lucas 6:13).

Por eso la sabiduría de Dios también dijo: Les enviaré profetas y apóstoles; y de ellos, a unos matarán y a otros perseguirán [...] (Lucas 11:49).

Los Setenta Discípulos son señalados como *los Setenta Apóstoles* por la tradición de la Iglesia Ortodoxa Griega; fueron también llamados con las mismas asignaciones de los Doce:

Después de estas cosas, designó el Señor también a otros setenta, a quienes envió de dos en dos delante de él a toda ciudad y lugar adonde él había de ir. Y les decía: La mies a la verdad es mucha, mas los obreros, pocos; por tanto, rogad al Señor de la mies que envíe obreros a su mies. Id; he aquí yo os envío como corderos en medio de lobos. No llevéis bolsa, ni alforja, ni calzado; y a nadie saludéis por el camino.

En cualquier casa donde entréis, primeramente decid: Paz sea a esta casa. Y si hubiere allí algún hijo de paz, vuestra paz reposará sobre él; y si no, se volverá a vosotros. Y posad en aquella misma casa, comiendo y bebiendo lo que os den; porque el obrero es digno de su salario. No os paséis de casa en casa.

En cualquier ciudad donde entréis, y os reciban, comed lo que os pongan delante; y sanad a los enfermos que en ella haya, y decidles: Se ha acercado a vosotros el reino de Dios.

Mas en cualquier ciudad donde entréis, y no os reciban, saliendo por sus calles, decid: Aun el polvo de vuestra ciudad, que se ha pegado a nuestros pies, lo sacudimos contra vosotros. Pero esto sabed: que el reino de Dios se ha acercado a vosotros. Y os digo que en aquel día será más tolerable el castigo para Sodoma que para aquella ciudad (Lucas 10:1-12).

En el *Gran Diccionario Enciclopédico de la Biblia*, editado por Alfonso Ropero Berzosa, se presentan las similitudes entre Moisés y Jesús.

En los Evangelios, Jesús aparece como el Nuevo Moisés: sube al monte para dictar nuevos principios de vida (Mateo 5:1-16); reinterpreta la ley (cfr. su famosa expresión "Oísteis que he dicho... mas yo os digo" en Mateo 5:21-48); coloca todo el contenido central de la alianza en los dos mandamientos claves: amor a Dios y amor al prójimo (Marcos 12:28-34); y proclama un nuevo mandamiento (Juan 13:31-35; 15.12,17) (Editorial CLIE, Barcelona, España, 2010).

Eusebio de Cesarea recogió una tradición en su libro *Historia eclesiástica*, donde deja ver que el número de apóstoles sobrepasó los Doce:

La tradición cuenta que también compartieron el honor de la llamada de los setenta Matías (el que fue incluido en la lista de los apóstoles en lugar de Judas) y el otro que participó con él en la votación. También se incluye entre ellos a Tadeo, acerca del cual nos ha llegado cierta información que voy a exponer inmediatamente.

Pero, si te detienes a considerarlo, observarás que el número de los discípulos del Salvador era superior a los setenta pues, acudiendo al testimonio de Pablo, aconteció que, después de la resurrección de los muertos, se apareció primero a Cefas, luego a los doce y después a más de quinientos hermanos juntos, de los cuales precisaba que algunos ya habían muerto, pero que la mayoría todavía estaban en vida cuando él escribía acerca de todo esto.

Posteriormente se dice se apareció a Jacobo. Sin embargo, este era otro de los llamados hermanos del Salvador. Después, como además de estos los apóstoles a imagen de los doce fueron muchos más (como Pablo, por ejemplo), continúa diciendo: Después se apareció a todos los apóstoles.

Jesús, como el Mesías, era el nuevo Moisés del nuevo Israel. Y, así como Moisés tuvo los doce príncipes de las doce tribus, Él tuvo doce discípulos. Moisés tuvo setenta ancianos de Israel, y Jesús tuvo a los setenta discípulos. Reina Valera 1960 habla de "setenta" (LBLA, NBL), pero la Nueva Versión Internacional habla de "setenta y dos" (NBV, NTV).

Después de estas cosas, designó el Señor también a otros setenta, a quienes envió de dos en dos delante de él a toda ciudad y lugar adonde él había de ir (Lucas 10:1).

El término griego para "apóstol" es "apostólos". En su significado original, es "uno enviado". A la muerte de Judas, Pedro sugirió que se nombraran candidatos para "que tome otro su oficio" (Hechos 1:20).

El apóstol Simón Pedro mismo estableció los requisitos para llenar la silla apostólica vacía de Judas como apóstol. Estos incluían que el candidato hubiera participado del ministerio público del Señor Jesús y que fuera testigo de su resurrección:

Es necesario, pues, que de estos hombres que han estado juntos con nosotros todo el tiempo que el Señor Jesús entraba y salía entre

nosotros, comenzando desde el bautismo de Juan hasta el día en
que de entre nosotros fue recibido arriba, uno sea hecho testigo con
nosotros de su resurrección (Hechos 1:21-22).

Y señalaron a dos: a José, llamado Barsabás, que tenía por sobre-
nombre Justo, y a Matías. Y orando, dijeron: Tú, Señor, que
conoces los corazones de todos, muestra cuál de estos dos has esco-
gido, para que tome la parte de este ministerio y apostolado, de
que cayó Judas por transgresión, para irse a su propio lugar. Y les
echaron suertes, y la suerte cayó sobre Matías; y fue contado con los
once apóstoles (Hechos 1:23-26).

A los doce apóstoles o *dódeka* los llamó y ordenó directamente el
Señor Jesús. Al apóstol Matías lo seleccionó el colegio apostólico con la
voluntad soberana de Dios, y fue ordenado por los once apóstoles.

Myer Pearlman, en su libro *Teología bíblica y sistemática* (que se
utiliza ampliamente en los institutos bíblicos pentecostales), dice del
ministerio del apóstol:

Apóstoles. Eran hombres que habían recibido su comisión del mismo
Cristo vivo (Mateo 10:5; Gálatas 1:1), que habían visto a Cristo
después de su resurrección (Hechos 1:22; 1 Corintios 9:1), disfru-
tado de una inspiración especial (Gálatas 1:11, 12; 1 Tesalonicenses
2:13), ejercido la administración de las iglesias (1 Corintios 5:3-6;
2 Corintios 10:8; Juan 20:22, 23); que eran dueños de credencia-
les sobrenaturales (2 Corintios 12:12) y cuya labor principal fue el
establecimiento de iglesias en campos nuevos (2 Corintios 10:16).
Eran personas llamadas por Cristo, llenas del Espíritu Santo,
funcionarios ejecutivos y organizadores de la obra misionera. Los
Doce apóstoles de Jesús, y Pablo (que figura en una clase única)
fueron apóstoles por preeminencia, pero el título se les dio también
a otros que estuvieron empeñados en la obra misionera. El vocablo
"apóstol" significa en sí mismo "misionero" (Hechos 14:14; Romanos
16:7). ¿Ha habido desde entonces apóstoles? La relación de los doce
con Cristo era única, relación que no se ha repetido desde enton-
ces. No obstante esto, la obra de hombres como Juan Wesley se
puede describir con justicia de apostólica. (Editorial Vida. Miami,
Florida. Año 1992, página 425-416).

Según un comentarista, los dones de apóstoles y profetas fueron oficios dados para el inicio y desarrollo de la Iglesia primitiva o la Iglesia del siglo I:

> *Los apóstoles y profetas eran el fundamento de la Iglesia (Efesios: 2:20-21), así que cesaron en el siglo I, cuando murieron. Nadie más puede ser parte del fundamento. Aquellos dones han sido tratados anteriormente en este estudio. Los hombres dados a la Iglesia que cumplieron esta función fueron reemplazados por otros hombres que servían como evangelistas, pastores y maestros.*

Desde luego los apóstoles y profetas conectaron al Jesús histórico con la Iglesia. Fueron el fundamento de su asignación y misión para que la Iglesia fuera edificada:

> *Por eso la sabiduría de Dios también dijo: Les enviaré profetas y apóstoles; y de ellos, a unos matarán y a otros perseguirán* (Lucas 11:49).

> *[...] edificados sobre el fundamento de los apóstoles y profetas, siendo la principal piedra del ángulo Jesucristo mismo [...]* (Efesios 2:20).

> *[...] misterio que en otras generaciones no se dio a conocer a los hijos de los hombres, como ahora es revelado a sus santos apóstoles y profetas por el Espíritu [...]* (Efesios 3:5).

> *[...] Para que tengáis memoria de las palabras que antes han sido dichas por los santos profetas, y del mandamiento del Señor y Salvador dado por vuestros apóstoles [...]* (2 Pedro 3:2).

> *Alégrate sobre ella, cielo, y vosotros, santos, apóstoles y profetas; porque Dios os ha hecho justicia en ella* (Apocalipsis 18:20).

El autor Herman Ridderbos, en su libro *El pensamiento del apóstol Pablo*, dijo del don de apóstol:

> *En virtud de esta posición especial respecto a Cristo y a la iglesia, el apostolado es en su esencia irrepetible e intransferible. Como el primer don de Cristo a la iglesia, los apóstoles forman un grupo cerrado, cuyos límites no pueden determinarse con*

certeza en Pablo, aunque él mismo sabía que era el último de ellos
(1 Corintios 15:8 cf. 3:10).

Como apóstoles de Jesucristo, su palabra tiene autoridad absoluta en
la iglesia y reclama obediencia (Romanos 1:5; 2 Corintios 2:9; Fili-
penses 2:12). Ellos son los receptores y portadores de la tradición; es
decir, del evangelio fundacional (2 Corintios 15:3-7; 11:23; 1 Tesalo-
nicenses 2:13) son los garantes del depositum fidei *o la doctrina de*
la fe (1 Timoteo 6:20; 2 Timoteo 1:12, 15:4), son los que han puesto el
fundamento de la iglesia (1 Corintios 3:10; Efesios 2:20; 1 Corintios
9:1-2). Sus escritos están destinados a la lectura litúrgica en la igle-
sia (Colosenses 4:16; 1 Tesalonicenses 5:27), que es el canon para la
iglesia más adelante (Publicado por Libros Desafío. Grand Rapids,
Missouri, págs. 582-583. Año 2006).

Según William McDonald en su comentario bíblico, el ministerio
del apóstol tuvo ya su cumplimiento histórico:

En un sentido primario ya no tenemos apóstoles ni profetas. Su minis-
terio finalizó cuando quedó echado el fundamento de la iglesia y
cuando se completó el canon del NT (CBWM:ATNT). (Editorial
CLIE, Barcelona España, año 2004).

No obstante, una lectura a Efesios 4:8-11 sugiere para muchos, e implica
la continuación del ministerio apostólico y profético, no como los doce
originales, pero sí en su aplicación ministerial en cuanto a la función como
misioneros o plantadores de congregaciones, custodios de la sana doctrina.

El Señor Jesucristo constituyó apóstoles para plantar iglesias; profetas
para predicar a las iglesias; evangelistas para ganar a inconversos; pastores
para consolidar a las iglesias, y maestros para enseñar a las iglesias.

El Señor Jesucristo dio apóstoles para realizar las misiones en el mundo;
profetas para dirigir con la palabra de Dios a las congregaciones; evangelistas para ganar las ciudades con el evangelio; pastores para cuidar y
alimentar las ovejas y maestros para discipular a los creyentes.

En cierto sentido, los apóstoles fueron aquellos a los que Jesús llamó
también "discípulos" y que plantaron congregaciones en los albores
del cristianismo. A ellos se les sumaron los profetas o predicadores.
Seguidos por los evangelistas llevando las Buenas Nuevas. Otros fueron
los llamados "maestros" para cuidar del rebaño y enseñarles la doctrina
a los creyentes.

Por lo cual dice: Subiendo a lo alto, llevó cautiva la cautividad, y dio dones a los hombres. Y eso de que subió, ¿qué es, sino que también había descendido primero a las partes más bajas de la tierra? El que descendió es el mismo que también subió por encima de todos los cielos para llenarlo todo. Y Él mismo constituyó a unos, apóstoles; a otros, profetas; a otros, evangelistas; a otros, pastores y maestros [...] (Efesios 4:8-11).

El apóstol Pablo fue inspirado por el Salmo 68, de donde citó textualmente lo mismo en Efesios 4:8-11.

Los carros de Dios se cuentan por veintenas de millares de millares; el Señor viene del Sinaí a su santuario. Subiste a lo alto, cautivaste la cautividad, tomaste dones para los hombres, y también para los rebeldes, para que habite entre ellos JAH Dios. Bendito el Señor; cada día nos colma de beneficios El Dios de nuestra salvación. Selah (Salmos 68:17-19).

Rodeado de carros que se cuentan por millares, el Señor viene del monte Sinaí para entrar en su santo templo. Subiste a lo alto, llevando muchos cautivos contigo. Recibiste obsequios de los hombres, aun de los que una vez fueron rebeldes. Dios habitará aquí entre nosotros (NBV).

Este Salmo 68 debe ser leído en el contexto de la traída del arca de Dios a Jerusalén y la victoria obtenida por David y sus guerreros sobre la ciudad cananea de Jebus. Los jebuseos se sentían protegidos y defensivos en su ciudadela. Con sarcasmo se burlaban de David y sus hombres.

Entonces marchó el rey con sus hombres a Jerusalén contra los jebuseos que moraban en aquella tierra; los cuales hablaron a David, diciendo: Tú no entrarás acá, pues aun los ciegos y los cojos te echarán (queriendo decir: David no puede entrar acá) (2 Samuel 5:6).

Detrás del ejército de David estaba la ayuda espiritual de Dios representada con la ayuda espiritual invisible que eran los carros de Dios, que eran "veintenas de millares de millares". Los cojos y los ciegos jebuseos tenían que ser muertos como represalia del rey David ante las ofensivas y burlonas palabras de ellos. A la ciudad de Jebus le cambió el nombre por el de *ciudad de David*, conocida también como *la fortaleza de Sion*.

> *Pero David tomó la fortaleza de Sion, la cual es la ciudad de David.*
> *Y dijo David aquel día: Todo el que hiera a los jebuseos suba por*
> *el canal y hiera a los cojos y ciegos aborrecidos del alma de David.*
> *Por esto se dijo: Ciego ni cojo no entrará en la casa. Y David*
> *moró en la fortaleza, y le puso por nombre la Ciudad de David, y*
> *edificó alrededor desde Milo hacia adentro* (2 Samuel 5:7-9).

El Señor Jesucristo da hombres y mujeres como dones a su Iglesia. El propósito del Espíritu Santo es usar a esos dones oficios, dones humanos, dones de personas, para edificar a la Iglesia, equipar a los santos en la obra del ministerio, trabajando en su viña.

Todo este pasaje de Efesios 4:8-11 parece señalar la resurrección victoriosa y la *ascensión gloriosa de nuestro Señor Jesucristo. En el monte de los Olivos se conmemora la ascensión del Señor Jesucristo en Iglesia Eleona ("Ecclesia in Eleona") o en la Capilla de la Ascensión, que fue construida originalmente por la reina Elena, y otros dicen que fue por su hijo el Emperador Constantino para el año 333 d. C. Dentro de la construcción cilíndrica se una roca con una imagen que la tradición católica la señala como el pie derecho de Jesús en su ascensión.*

En el Monasterio Ortodoxo Griego de la Tentación (Μοναστήρι του Πειρασμού) en Jericó, en su capilla superior se tiene también una roca con la imagen que, según la tradición ortodoxa, es la pisada de Jesús impresa en bajo relieve.

Luego Pablo habló de cómo esos dones humanos tienen el propósito de perfeccionar a los santos y de ayudar en la edificación del cuerpo de Cristo, es decir, la Iglesia de Cristo.

> *[…] a fin de perfeccionar a los santos para la obra del ministerio,*
> *para la edificación del cuerpo de Cristo, hasta que todos lleguemos*
> *a la unidad de la fe y del conocimiento del Hijo de Dios, a un*
> *varón perfecto, a la medida de la estatura de la plenitud de Cristo;*
> *para que ya no seamos niños fluctuantes, llevados por doquiera*
> *de todo viento de doctrina, por estratagema de hombres que para*
> *engañar emplean con astucia las artimañas del error, sino que,*
> *siguiendo la verdad en amor, crezcamos en todo en aquel que es la*
> *cabeza, esto es, Cristo, de quien todo el cuerpo, bien concertado y*
> *unido entre sí por todas las coyunturas que se ayudan mutuamente,*

según la actividad propia de cada miembro, recibe su crecimiento para ir edificándose en amor (Efesios 4:12-16).

Hablando en la ciudad de New York con mi amigo, el Doctor José M. Saucedo Valenciano, Secretario General de las Asambleas de Dios en México, me compartió, como lo llama él, un "detonante de aplicación" sobre las coyunturas:

Kittim, muchos tienen el ministerio de ser coyunturas espirituales y ministeriales. Porque conectan a un ministerio con el otro. Conectan personas con otras personas. Conectan a creyentes que tienen dones y talentos con propósitos y misiones de Jesucristo y el Espíritu Santo. Debemos dar más atención a esos y a esas que son coyunturas en las congregaciones y en los concilios.

Muchos hablan de ministerios de "cordones umbilicales", pero la realidad es que, cuando nace un bebé, ya el cordón umbilical pierde su propósito.

Otros hablan de paternidad espiritual pero, cuando un hijo se casa, deja la paternidad para unirse a su esposa: Por tanto, dejará el hombre a su padre y a su madre, y se unirá a su mujer, y serán una sola carne (Génesis 2:24).

Lo que mantiene a los miembros del cuerpo unidos, juntos y operando como una orquesta son las coyunturas. El Diccionario de la Real Academia Española (RAE) define "coyuntura" como:

1. *Articulación o trabazón movible de un hueso con otro.*

2. *Oportunidad favorable para algo.*

3. *Combinación de factores y circunstancias que se presentan en un momento determinado.*

En Cristo debemos crecer, ya que en Él todo el cuerpo se concierta por la unión de las coyunturas, que se ayudan mutuamente y permiten que cada miembro esté activo en aquello que le corresponde.

Los ministerios, los dones y los talentos son coyunturas en el Cuerpo de Cristo, conectando los oficios y servicios de cada miembro local para el beneficio de todo el Cuerpo.

A la ascensión le siguió la constitución de "oficios" especiales para la Iglesia, donde se incluye el del apóstol. El término "apóstol" parece emplearse con más inclusividad en varios pasajes del Nuevo Testamento, indicándose un "oficio" más que una elección exclusiva.

Y la gente de la ciudad estaba dividida: unos estaban con los judíos, y otros con los apóstoles [Pablo y Bernabé] (Hechos 14:4)

Cuando lo oyeron los apóstoles Bernabé y Pablo, rasgaron sus ropas, y se lanzaron entre la multitud, dando voces [...] (Hechos 14:14).

¿No soy apóstol? ¿No soy libre? ¿No he visto a Jesús el Señor nuestro? ¿No sois vosotros mi obra en el Señor? Si para otros no soy apóstol, para vosotros ciertamente lo soy; porque el sello de mi apostolado sois vosotros en el Señor (1 Corintios 9:1-2).

En la *Historia eclesiástica* (escrita en el siglo IV) de Eusebio de Cesárea, uno de los padres de la Iglesia, no se habla de la continuación del título de apóstoles; se destaca el título de obispos.

Los padres de la Iglesia fueron esas figuras sobresalientes de la Iglesia que se conectaron con los apóstoles; generaciones conectadas inmediatamente con alguno de los apóstoles o conectadas con los que fueron discípulos de los discípulos de los apóstoles, que contribuyeron a la continuación de la tradición apostólica.

Algunos críticos históricos pueden argüir que lo que hizo Eusebio de Cesárea fue emplear el título de obispo para justificar el obispado en el desarrollo de la jerarquía eclesiástica. El título "papa" se introdujo en el siglo III para referirse a los obispos del Asia Menor. Posteriormente, en el siglo IV, la Iglesia Católica Romana Latina utilizó el título "papa". También lo utilizan la Iglesia Ortodoxa Copta y la Iglesia Ortodoxa de Alejandría. Ese título no fue utilizado por el historiador Eusebio en su *Historia eclesiástica*. El papa, como el obispo de Roma, es cabeza de la Iglesia de Roma y del Colegio de los Obispos.

La Iglesia Ortodoxa Griega no utilizó el título "papa", sino "patriarca" hasta el día de hoy. El patriarcado representativo de la Iglesia Ortodoxa, con sus 15 grupos, está localizado en Estambul, que era antes la ciudad de Constantinopla.

El título "pastor" para los dirigentes de las iglesias era usado en los siglos I, II y III, al igual que el título "obispo" para los que supervisaban a los pastores. Y así lo demuestra Eusebio de Cesarea en su *Historia eclesiástica*:

> *A todo esto cabe añadirle aquel areopagita llamado Dionisio, del cual Lucas escribió, en los Hechos, que fue el primer creyente después del discurso de Pablo a los atenienses en el Areópago. Además, otro antiguo Dionisio, pastor de la región de Corinto, dice que este areopagita fue el primer obispo de Atenas* (Libro 3, capítulo III-10).

> *Así, estando en Esmirna, donde se encontraba Policarpo, escribió una carta a la iglesia de Éfeso, mencionando a su pastor Onésimo. Otra carta la escribió a la iglesia de Magnesia, la que está por encima de Meandro, haciendo mención también del obispo Damas, y otra a la iglesia de Trales, diciendo que su dirigente era por entonces Polibio* (Libro 1, capítulo XXXVI-5).

> *Ellos solo establecían los fundamentos en algunos lugares extranjeros e instituían a otros como pastores, confiando en sus manos el cultivo de los recién aceptados. Luego marchaban de nuevo a otros pueblos con la gracia y la ayuda de Dios, ya que todavía entonces se llevaban a cabo muchos y prodigiosos poderes del Espíritu divino por medio de ellos, de modo que, desde el primer momento de escucharlos, multitudes de hombres a una aceptaban de buen grado en sus almas la piedad del hacedor del Universo* (Libro 1, capítulo XXXVII-3).

El título *evangelista* estaba también en uso durante los siglos I, II y III. Ese título de apóstol estuvo en desuso, pero se hizo referencia a este para señalar la sucesión de quienes siguieron en la misión apostólica:

> *Pero como que no nos es posible enumerar por su nombre a cuantos, en la primera sucesión de los apóstoles y en la iglesia de toda la tierra, fueron pastores, o también los evangelistas, es lógico hacer mención escrita por sus nombres únicamente de los que todavía hasta ahora se conserva su transmisión, por sus recuerdos de la enseñanza apostólica* (Libro 1, capítulo XXXVIII-4).

Según declara Pablo, los apóstoles estaban equipados con señales, prodigios y milagros, lo cual evidenciaba su apostolado:

Me he hecho un necio al gloriarme; vosotros me obligasteis a ello, pues yo debía ser alabado por vosotros; porque en nada he sido menos que aquellos grandes apóstoles, aunque nada soy. Con todo, las señales de apóstol han sido hechas entre vosotros en toda paciencia, por señales, prodigios y milagros (2 Corintios 12:11-12).

Estando entre ustedes, demostré ser apóstol de veras, pues hice constantemente las señales propias de un apóstol: milagros, maravillas y obras poderosas (2 Corintios 12:12, NBV).

Las marcas distintivas de un apóstol, tales como señales, prodigios y milagros, se dieron constantemente entre ustedes (NVI).

En el pasaje de Juan 13:16, el término "apóstol" sufre el cambio para que se lea "enviado":

De cierto, de cierto os digo: El siervo no es mayor que su señor, ni el enviado es mayor que el que le envió (Juan 13:16).

Los pasajes de 1 Corintios 15:5 y 1 Corintios 15:7 parecen señalar a dos clases de apóstoles:

Y que apareció a Cefas, y después a los doce (1 Corintios 15:5).

Después apareció a Jacobo; después a todos los apóstoles [...] (1 Corintios 15:7).

Pablo de Tarso es claro cuando afirma que él fue último en tener la experiencia literal de ver al Cristo resucitado, la cual era la señal más contundente como requisito para la posición de apóstol. Es decir que, después de Saulo Pablo, nadie podía reclamar esa silla apostólica. En ese sentido, él fue el último apóstol:

[...] y al último de todos, como a un abortivo, me apareció a mí (1 Corintios 15:8).

Y por último, como a uno que había nacido fuera de tiempo, se me apareció a mí (NBV).

Por último, como si hubiera nacido en un tiempo que no me correspondía, también lo vi yo (NTV).

La traducción de 2 Corintios 8:23 presenta a dos hermanos que "son mensajeros de las iglesias", pero en el original griego se leería: "Son apóstoles de las iglesias".

En cuanto a Tito, es mi compañero y colaborador para con vosotros; y, en cuanto a nuestros hermanos, son mensajeros de las iglesias, y gloria de Cristo (2 Corintios 8:23).

En la epístola a los Gálatas, el apóstol Pablo alude a Jacobo (Santiago) el hermano del Señor como un apóstol:

Después, pasados tres años, subí a Jerusalén para ver a Pedro, y permanecí con él quince días; pero no vi a ningún otro de los apóstoles, sino a Jacobo el hermano del Señor (Gálatas 1:18-19).

En Filipenses 2:25 nos encontramos con el mismo problema de traducción, donde la palabra "mensajero" corresponde al término griego "apostolon" o "apóstol".

Mas tuve por necesario enviaros a Epafrodito, mi hermano y colaborador y compañero de milicia, vuestro mensajero, y ministrador de mis necesidades [...] (Filipenses 2:25).

En 1 Tesalonicenses 2:6, Pablo usa el término "apóstoles de Cristo" para incluir a Silvano o Silas, a Timoteo y a él mismo:

Ni buscamos gloria de los hombres; ni de vosotros, ni de otros, aunque podíamos seros carga como apóstoles de Cristo.

Para muchos, el pasaje de Romanos 16:7 parece implicar que Andrónico y Junias eran reconocidos como apóstoles:

Saludad a Andrónico y Junias, mis parientes y compañeros de prisión, ilustres entre los apóstoles, que llegaron a Cristo antes que yo (BJ).

Saluden a Andrónico y a Junías, mis parientes y compañeros de cárcel, destacados entre los apóstoles y convertidos a Cristo antes que yo (NVI).

> *Saluden a Andrónico y a Junias, paisanos míos y compañeros de prisión; su labor apostólica es bien conocida, e incluso creyeron en Cristo antes que yo* (BHTI).

> *Saluden a Andrónico y a Junia, que son judíos como yo, y que estuvieron en la cárcel conmigo. Son apóstoles bien conocidos, y llegaron a creer en Cristo antes que yo* (TLA).

Mi amigo el Doctor José M. Saucedo Valenciano, en su *Comentario teológico y expositivo: Romanos*, comenta sobre Andrónico y Junias:

> *Sobresale el caso de Andrónico y Junias. Donde la Reina Valera dice: "Son muy estimados entre los apóstoles", no hace justicia al significado; es apabullante el número de las que vierten: "Son muy destacados entre los apóstoles", lo cual implicaría la designación de ellos como ministros reconocidos con el ministerio apostólico. No causaría tanto problema, pues algunos otros, aparte de los doce, reciben tal nombramiento en el Libro de los Hechos, si no fuera por cuanto parece indicar que el género de Junias era femenino. Luego hablaríamos de una mujer y una pareja apostólica. Algo sin duda extraordinario. Según Keener, algunos pretenden mostrar, sin éxito, que el nombre era una contracción del masculino "Juniano", pero se han topado con la dificultad de probarlo, pues la historia no atestigua nunca esta forma. Los lectores cristianos antiguos reconocieron a este personaje como una mujer. Anteceden a Pablo en la conversión y servicio a Cristo. De seguro tenían contacto con el círculo apostólico de Jerusalén, desde antes de la muerte de Esteban. Sin duda, no pocos se dejarán llevar por las tendencias religiosas y negarán tal interpretación. Pero una lectura del texto sin prejuicios y con actitud seria en el estudio arrojará resultados increíbles* (Publicado en el año 2007 en México. Págs. 205-206).

Eusebio de Cesarea, en su libro *Historia eclesiástica*, comenta sobre el Evangelio de Marcos. Señala a Marcos como apóstol:

> *Pero la luz de la religión de Pedro resplandeció de tal modo en la mente de sus oyentes que no se contentaban con escucharle una sola vez, ni con la enseñanza oral de la predicación divina, sino que suplicaban de todas maneras posibles a Marcos (de quien se cree que escribió el Evangelio y era compañero de Pedro), e insistían para que por escrito les dejara un recuerdo de la enseñanza que habían recibido*

de palabra, y no le dejaron tranquilo hasta que hubo terminado; por ello vinieron a ser los responsables del texto llamado "Evangelio según Marcos" (Libro II, capítulo xv, 1).

Se dice que también este apóstol, cuando por revelación del Espíritu, tuvo consciencia de lo que había llevado a cabo, comprendió el ardor de ellos y estableció el texto para el uso en las iglesias. Clemente, en el Libro VI de sus Hypotyposeis, refiere este hecho, y el obispo de Hierápolis, llamado "Papías", lo confirma con su testimonio. Pedro menciona a Marcos en la primera Epístola, de la cual dicen que fue escrita en Roma; y el mismo Pedro lo indica cuando la llama metafóricamente "Babilonia", como sigue: "La iglesia que está en Babilonia, elegida juntamente con vosotros, y Marcos mi hijo, os saludan" (Libro I, capítulo xv, 2).

Eusebio de Cesarea, en su *Historia eclesiástica*, nos habla de una aparente sucesión apostólica, no titular, sino misional:

Dentro de los ilustres de este tiempo, también se hallaba Cuadrato. Según una tradición de este, junto con las hijas de Felipe, era notable por el don de la profecía. Además de estos, también fueron famosos, por aquel tiempo, muchos más que ocuparon el puesto principal de la sucesión de los apóstoles. Estos, por ser maravillosos discípulos de tan grandes varones, edificaron sobre los fundamentos de las iglesias establecidas con anterioridad por los apóstoles, extendían cada vez más la predicación y la semilla salvadora del reino de los cielos y la sembraban por toda la superficie de la tierra habitada (Libro VII, capítulo xxxvii, 1).

Ante los argumentos bíblicos antes expuestos, no quedaría nada más que aceptar que hay un ministerio que evolucionó del "apóstol" en el contexto bíblico, el cual está manifestado dentro de la Iglesia. Pero no en el contexto del escritor Peter Wagner, promotor del movimiento apostólico moderno, quien en sus escritos enfatizó en que se volviera a utilizar el título "apóstol". Y él mismo dio ejemplo levantando una red apostólica.

Para los pentecostales clásicos, el don de apóstol se aplicaba en el sentido de ser enviado y de ser un mensajero. Después de la era apostólica, el apóstol era un oficio más bien de función que de título.

De tiempo en tiempo, el Espíritu Santo levanta dentro de la Iglesia personas con ministerios extraordinarios, que se pueden identificar como apóstoles, tanto en su función como en su influencia eclesiástica. Tienen ministerios que otros ministerios miran con respeto y sujeción.

El reformador Martín Lutero, en su comentario al libro de Romanos, declaró sobre el apóstol:

> *Esto significa, para expresarlo más claramente, "llamado para ser un apóstol" o "llamado al apostolado". Con estas palabras, Pablo describe de un modo aún más específico su servicio, o su ministerio. Muchos hay, en efecto, que son siervos y ministros de Jesucristo, mas no todos son apóstoles. Todos los apóstoles, empero, son también siervos, esto es, ministros, o sea, personas que hacen la obra de Dios, sobre otros y para otros, en el lugar de Dios y como representantes suyos* (Editorial CLIE. Barcelona, España. Año 1998, página 32).

Uso del don

Partiendo de la premisa de que sí ha habido, y hay, apóstoles (no como la *dódeka* o los doce, pero sí en autoridad y ministerio espiritual), debemos entonces señalar algunos usos o deberes de quienes fluyen en este don de apóstol.

Por lo tanto, el apóstol será una persona que fluirá en muchos de los dones espirituales, los dones de servicio y en los dones de oficio. En algunos dones se manifestará más que en otros. Pero desde luego hubo apóstoles de la *dódeka* que fueron de un bajo perfil escriturario.

Por ejemplo, en Simón Pedro se manifestaron más los dones de sanidades y operación de milagros. En Pablo de Tarso se revelaron más los dones de palabra de ciencia, de evangelista, de misionero y de maestro. Pero ambos fluyeron en todos los dones.

En cierto sentido, el apóstol tendrá y expondrá un ministerio de liderato nacional e internacional. Su oficio espiritual y ministerial se extiende más allá de su congregación y denominación. Ministra para toda la Iglesia. Los creyentes lo ven como propiedad de todos, y no de nadie en particular. Puede que sea institucional o no, pero trasciende su institución u organización con una visión y un compromiso de reino.

El apóstol es un defensor de la sana doctrina, y un custodio de las tradiciones de la Iglesia. Procurará que haya siempre un equilibrio sano entre las doctrinas y los dogmas, la tradición y la experiencia, el culto y la cultura.

*Y perseveraban en la doctrina de los apóstoles, en la comunión
unos con otros, en el partimiento del pan y en las oraciones*
(Hechos 2:42).

Los apóstoles rechazaban toda adoración y pleitesía que le quitara
la gloria al Señor Jesucristo. El apóstol funcional mostrará siempre su
humanidad. Eso nunca lo deben olvidar aquellos que están en posiciones de alta estima religiosa:

*Cuando Pedro entró, salió Cornelio a recibirle, y postrándose a sus
pies, adoró. Mas Pedro le levantó, diciendo: Levántate, pues yo
mismo también soy hombre* (Hechos 10:25-26).

*Entonces la gente, visto lo que Pablo había hecho, alzó la voz,
diciendo en lengua licaónica: Dioses bajo la semejanza de hombres
han descendido a nosotros. Y a Bernabé llamaban Júpiter, y a
Pablo, Mercurio, porque este era el que llevaba la palabra. Y el
sacerdote de Júpiter, cuyo templo estaba frente a la ciudad, trajo
toros y guirnaldas delante de las puertas, y juntamente con la
muchedumbre quería ofrecer sacrificios. Cuando lo oyeron los
apóstoles Bernabé y Pablo, rasgaron sus ropas, y se lanzaron entre
la multitud, dando voces y diciendo: Varones, ¿por qué hacéis
esto? Nosotros también somos hombres semejantes a vosotros, que
os anunciamos que de estas vanidades os convirtáis al Dios vivo,
que hizo el cielo y la tierra, el mar, y todo lo que en ellos hay*
(Hechos 14:11-15).

Los ángeles también rechazaron toda adoración porque sabían que
esta correspondía solamente a Dios:

*Yo me postré a sus pies para adorarle. Y él me dijo: Mira, no lo
hagas; yo soy consiervo tuyo, y de tus hermanos que retienen el
testimonio de Jesús. Adora a Dios; porque el testimonio de Jesús es
el espíritu de la profecía* (Apocalipsis 19:10).

*Yo Juan soy el que oyó y vio estas cosas. Y después que las hube
oído y visto, me postré para adorar a los pies del ángel que me
mostraba estas cosas. Pero él me dijo: Mira, no lo hagas; porque yo
soy consiervo tuyo, de tus hermanos los profetas, y de los que guardan las palabras de este libro. Adora a Dios* (Apocalipsis 22:8-9).

El misionero y pastor Mario E. Fumero escribió sobre el título y función del apóstol:

> La palabra usada para "apóstol" (procedente del griego) es en sí una expresión que indica: "Alguien enviado en una misión especial". Por lo tanto, es una asignación. No es una posición. De ahí se desprende un término muy usado en varias áreas del diario quehacer como es "apostolado". El apostolado envuelve el sentido de una entrega total y absoluta a una causa, ya sea como médico, maestro o ministro del evangelio. Aquel que se da en cuerpo, alma y corazón a una labor humanitaria, sea cual sea, está ejerciendo un apostolado que significa una entrega total a una misión.

La apostolicidad (estar en conformidad con las enseñanzas de Jesús transmitidas por sus apóstoles) nunca debe ser sustituida por reclamos apostólicos personales. Necesitamos más apóstoles funcionales que titulares; para servir, más que para ser servidos. El título no es más importante que el trabajo para el cual hemos sido llamados a realizar. Un apóstol es uno que ha sido llamado y ha sido enviado.

Ante el verdadero ministerio del apóstol, otros ministerios u oficios reconocen su autoridad espiritual; se le someten voluntariamente y respetan su opinión, además de buscar su consejo espiritual. En proyectos grandes para la Iglesia, siempre se requiere la presencia de estos. Son hombres y mujeres llave (en inglés, *key persons*) buscados por otros ministerios, para eventos masivos, marchas, demostraciones públicas, reuniones con figuras públicas. Su compromiso con la Iglesia es mayor que sus responsabilidades inmediatas. Su visión mira más allá de los intereses propios y locales; trasciende naciones y culturas.

Es interesante que el autor Alfred Kuen, en su libro *Dones de servicio*, nos enseñe cómo el término *apóstol* se aplicaba a un oficial de una flota griega:

> Además, en el mundo griego, el apostolos era el comandante supremo de una flota, colocado directamente bajo la autoridad del General en Jefe. Este rol de mando presuponía cualidades de autoridad, de organización y de estrategia. (Editorial CLIE. Pág. 56).

Dietrich Bonhoeffer, hablando sobre el compromiso de los apóstoles con la Palabra, dijo:

Pero el apóstol nunca debe iniciar por "prudencia" un camino que no puede ser aprobado por la palabra de Jesús. Nunca puede justificar con "prudencia espiritual" un camino que no corresponde a la palabra. Solo la verdad de la palabra le enseñará a conocer lo que es prudente. Pero nunca puede ser "prudente" corromper la verdad incluso en lo más mínimo, por miras o esperanzas humanas. No es nuestro juicio de la situación el que puede mostrarnos lo que es prudente, sino solo la verdad de la palabra de Dios. Lo único realmente prudente es permanecer junto a la verdad de Dios. Solo aquí se encuentra la promesa basada en la fidelidad y ayuda de Dios. En todo tiempo será cierto que lo "más prudente" para el discípulo es permanecer con sencillez junto a la palabra de Dios. (El precio de la gracia. Ediciones Sígueme, Salamanca, 2004, págs. 151-152).

Abuso del don

En los últimos años ha habido un resurgimiento de apóstoles. Pero, al examinar su cartelera de servicio a la Iglesia y su influencia nacional como internacional, tenemos que concluir que muchos no son verdaderos apóstoles.

Ese título de apóstol ha comido o devorado todos los demás títulos. El uso de este título confunde a muchos que no son creyentes pentecostales. Políticos, jueces, magistrados no conocen a otros apóstoles aparte de la tradición de los doce apóstoles.

Muchos de esta corriente apostólica moderna buscan coberturas de apóstoles mayores (reconocidos o famosos) para apóstoles menores (menos reconocidos o menos famosos). Pero muchos de esos apóstoles mayores no tienen coberturas apostólicas. Y, si las tienen, son postizas, de nombre, sin injerencia sobre el ministerio representativo de ellos. No dan cuentas financieras a su supuesta cobertura apostólica y no se sujetan a la corrección doctrinal, ni a la corrección disciplinaria cuando fallan en pecado moral.

A muchos apóstoles mayores que dan coberturas, así como a apóstoles menores que reciben cobertura, no se les pueden corregir sus errores para mantenerlos verdaderamente alineados con las enseñanzas correctas de la Biblia. Desde luego hay apóstoles que pertenecen a instituciones, son híbridos, o han creado estructuras de gobierno de supervisión para rendir cuentas.

Algunos apóstoles se la pasan dando coberturas, ungiendo ministerios sin criterios y exámenes de los candidatos, promoviendo enseñanzas erráticas y repartiendo dones. La mayoría se autoproclama apóstol, así como hay quien se autoproclama pastor.

Se puede abusar de este don de apóstol cuando el que reclama tenerlo llega a asumir prerrogativas y derechos que, evidentemente, Dios no le ha delegado. Como tener revelaciones que a nadie más le ha dado el Espíritu Santo. Muchos dejan de ser predicadores serios del evangelio de Jesucristo, para estar dando palabras proféticas, que es una nueva manera de motivar espiritualmente. Sus predicaciones dejan de ser expositivas, bíblicas y doctrinales. Su énfasis mayor está en promover las finanzas, bajo garantías espirituales de prosperidad.

El misionero y escritor Mario E. Fumero, muy preocupado por el abuso del título de apóstol, ha dicho:

Una característica de estos hombres es la importancia que les dan al título y a la posición, demandando que se los llame "apóstoles". Este apostolado lo obtuvo comprándolo de otro apóstol reconocido y famoso. El precio de tal nombramiento depende de la fama del que ejecuta el acto de reconocimiento. No se hacen apóstoles según el patrón bíblico, sino como "título", que indica poder y autoridad para traer una nueva revelación a la iglesia, y restaurarla para su reinado terrenal, lo que choca frontalmente con los principios doctrinales de la escatología bíblica.

Algunos no se conforman con ser apóstoles, sino que se hacen doctores falsos, comprando títulos. Si un miembro de la Iglesia lo llama "hermano" o "pastor", se enojan, porque para ellos el título es más importante que la humildad y la sencillez.

El Presbiterio General de las Asambleas de Dios el 11 de agosto del 2000 se pronunció en esta Declaración Oficial: Avivamiento en los últimos días: guiado y controlado por el Espíritu. Un documento en respuesta a la Resolución 16.

La enseñanza problemática de hoy dice que los oficios de apóstoles y profetas deben gobernar el ministerio de la iglesia a todos los niveles. Es una tentación, para las personas con un espíritu independiente y con una opinión exagerada de su importancia en el reino de Dios, declarar que las organizaciones y la estructura administrativa son de origen humano. Cuando leen en la Biblia que había apóstoles y profetas que tenían gran influencia de liderazgo e interpretan erróneamente 1 Corintios 12:28 3 y Efesios 2:20 y 4:11, proceden a declararse ellos mismos, o a personas alineadas con sus opiniones, como profetas y apóstoles. La nueva estructura fue comenzada para evitar que la estructura previa pronto pudiera llegar a ser dictatorial, atrevida, y carnal, mientras afirma que es más bíblica que la vieja respecto del nuevo orden u organización. Los que defienden el liderazgo de los apóstoles y profetas no están leyendo el pasaje completo de Efesios 4, y subestiman o desdeñan el alto llamado de cada oficio y ministro de la iglesia.

Se ha visto cómo algunos apóstoles que reclaman ser también profetas quieren ocupar ambas posiciones u oficios. Han dado profecías de posicionamiento a candidatos políticos cristianos, mayormente pentecostales, para ocupar la posición presidencial de su país y han fracasado con sus profecías. Tenemos que dejar este relajo profético.

Otros apóstoles/profetas han profetizado la caída inmediata de presidentes como la de Hugo Chávez y la de Nicolás Maduro, y sus profecías han sido erradas. Sus profecías son falacias y juegos proféticos.

Los verdaderos profetas y profetisas de Dios interpretan y aplican las Sagradas Escrituras. Profetizan lo ya escrito y profetizan lo revelado sin presunciones y sin sensacionalismos. Profetas y profetisas, profeticen la Palabra de Dios.

Las esposas de estos apóstoles/profetas son también pastoras/profetas (no quieren ser llamadas "profetisas"). Muchas, sin conocimiento de la Biblia, profetizan aberraciones.

Un verdadero apóstol nunca andará haciendo alardes y reclamos de que es un apóstol. La pastoral lo reconocerá como tal, aunque no lleve el título ni lo reclame. Los líderes eclesiales lo señalarán. Su contribución a la Iglesia será única y fundamental. Los verdaderos apóstoles son más funcionales que titulares.

Muchos que se han sumado al movimiento apostólico han abandonado sus concilios e instituciones. Se han separado de organizaciones prestigiosas y de mucha reputación, tildando a estas de ser legalistas, que no tienen vino nuevo y que no han entrado en el mover del Espíritu Santo. De esa manera, no rinden cuentas a nadie, sino a ellos mismos. Aun sus salarios no son regulados.

Los concilios regulan las credenciales de ministros exhortadores, ministros licenciados y ministros ordenados o en pleno. A los concilios se les tiene que pagar por credenciales, y se tiene que diezmar. El ser apóstol implica librarse de ese compromiso financiero. Aunque hay apóstoles que diezman a su apóstol de cobertura.

Los concilios supervisan las iglesias locales y las afiliaciones. La corriente apostólica da luz verde a los pastores para plantar congregaciones sujetas a la iglesia principal. Les permite crear redes apostólicas. Siendo apóstoles, generan ingresos a los que no pueden acceder como pastores institucionales.

Pero en ese proceso y con esas razones para trabajar independientes o sin afiliación, se pierden muchas cosas como una cobertura conciliar, supervisión, protección de las propiedades y el respeto institucional.

Otros continúan dentro de las instituciones conciliares con sus redes apostólicas, teniendo a algún apóstol de renombre como su cobertura espiritual y a un obispo (superintendente, presidente) como su cobertura institucional. También se han llenado de padres espirituales de esto y de aquello. A esto se le suman los mentores y *coaches* espirituales. Pero al final hacen lo que ellos quieren.

El título de apóstol está tan viciado en su uso que hombres y mujeres sin un llamado genuino, sin una investidura legítima, sin la debida formación ministerial y teológica, se llaman a sí mismos "apóstoles". Ya no quieren ser llamados "pastores", un título de tanta nobleza en su uso y práctica. Ese título de apóstoles es deshonrado por muchos.

En estos días nos encontramos con el "apóstol de la ciudad", el "apóstol de la nación", el "apóstol de la unidad". Alguien me llamó a mí "apóstol de la literatura" y tuve que refrenarlo. Los apóstoles pululan por dondequiera. Es la fiebre de las últimas décadas. A muchos ese título de apóstol les da identidad, y a otros, definitivamente, les queda demasiado grande.

Políticamente se habla del "apóstol de la paz". Pero abundan en los círculos pentecostales *el apóstol de esto, el apóstol de aquello, el apóstol de lo otro* y *el apóstol de eso*.

Pablo de Tarso se designó a sí mismo como *el apóstol de los gentiles*:

Porque a vosotros hablo, gentiles. Por cuanto yo soy apóstol de los gentiles, honro mi ministerio [. . .] (Romanos 11:13).

[. . .] del cual yo fui constituido predicador, apóstol y maestro de los gentiles (2 Timoteo 1:11).

Pablo, apóstol (no de hombres ni por hombre, sino por Jesucristo y por Dios el Padre, que lo resucitó de los muertos) [...] (Gálatas 1:1).

Uno de los llamados apóstoles modernos, un día ya cansado de cómo se abusaba del título de apóstol, públicamente renunció a este, diciendo a su congregación: "Ya no me llamen más 'apóstol', llámenme 'pastor'. Estoy cansado del relajo que se tiene con este título". Los títulos religiosos están de moda; los apóstoles, profetas, obispos, doctores... se nombran por dondequiera. La fiebre de los últimos días es la del título de capellán. Los capellanes aparecen por aquí y desaparecen por allá. Los ministerios de capellanía deben cuidarse de estar ordenando ministros. Las ordenaciones sin ser filtradas o reguladas pueden dañar a aquellos que no han sido verdaderamente llamados al ministerio en pleno.

Se crean los títulos como representación social; los títulos hacen a muchas personas, pero deben ser las personas que hagan los títulos. La falta de identidad ministerial se echa de ver en la búsqueda de títulos. Por otro lado, el título de apóstol para los pastores y congregaciones no afiliadas a un concilio es una manera de rechazar las credenciales dadas por estos.

Un título de abogado no hace a un abogado: un abogado hace a un título de abogado. Tenemos muchos apóstoles sin apostolado; profetas sin profecías de Dios; doctores sin doctorados; obispos sin obispados; pastores sin pastorados. Los títulos son una enfermedad en muchos círculos ministeriales.

Se cuenta de un joven egresado del Colegio de Abogados que, al regresar a su pueblo para ejercer Derecho, se encontraba todos los días con un anciano que era solicitado por muchos cuando tenían algún pleito o necesitaban algún árbitro en sus disputas, para lo cual el anciano se manejaba muy bien.

Un día, ya cansado de que el anciano le quitara los clientes, el joven, al pasar cerca de él, exclamó: "¡He ahí un abogado sin título!". El anciano, mirándolo fríamente, le contestó: "He ahí un título sin abogado".

En la vida muchos creen ser algo cuando en realidad no lo son; solo son títulos. A otros los títulos les quedan muy grandes. Tienen una adicción a los títulos. Los títulos no son para llenar a las personas: las personas deben llenar los títulos. Un título no hace a uno: uno hace el título.

Abimelec hijo de Jerobaal o Gedeón tuvo pretensiones de poder al reclamar ser rey (Jueces 9:1-6). Cuando el profeta Jotam hermano de Abimelec se enteró, se dirigió a todo el clan tribal en confrontación con la alegoría de los árboles:

> Cuando se lo dijeron a Jotam, fue y se puso en la cumbre del monte de Gerizim y, alzando su voz, clamó y les dijo: Oídme, varones de Siquem, y así os oiga Dios. Fueron una vez los árboles a elegir rey sobre sí, y dijeron al olivo: Reina sobre nosotros. Mas el olivo respondió: ¿He de dejar mi aceite, con el cual en mí se honra a Dios y a los hombres, para ir a ser grande sobre los árboles? (Jueces 9:7-9).

> Y dijeron los árboles a la higuera: Anda tú, reina sobre nosotros. Y respondió la higuera: ¿He de dejar mi dulzura y mi buen fruto, para ir a ser grande sobre los árboles? (Jueces 9:10-11).

> Dijeron luego los árboles a la vid: Pues ven tú, reina sobre nosotros. Y la vid les respondió: ¿He de dejar mi mosto, que alegra a Dios y a los hombres, para ir a ser grande sobre los árboles? (Jueces 9:12-13).

> Dijeron entonces todos los árboles a la zarza: Anda tú, reina sobre nosotros. Y la zarza respondió a los árboles: Si en verdad me elegís por rey sobre vosotros, venid, abrigaos bajo de mi sombra; y si no, salga fuego de la zarza y devore a los cedros del Líbano (Jueces 9:14-15).

Tres de estos árboles tenían sentido de identidad y de misión; conocían su naturaleza y sabían lo que podían ofrecer: el olivo quería honrar a Dios con su aceite y unción. Para el olivo, el aceite y la unción eran más importantes que la posición de ser grande entre los árboles. La higuera no quería dejar de dar fruto y su dulzura para ser grande entre los árboles. Para la higuera, el fruto y la dulzura eran más importantes que la posición. La vid solo quería alegrar primero a Dios y luego a los hombres. Para la vid, alegrar a otros era más importante que la posición de ser grande entre los árboles.

Estos tres árboles buscaban función: no buscaban posición. No buscaban grandeza humana, ni títulos de poder o de dominio; tenían su identidad en su llamado y en su asignación. Sabían lo que podían dar y lo que tenían que cumplir. La zarza sin fruto y sin sombra no tenía identidad propia; no conocía su capacidad natural. Ofreció sombra que no podía dar porque no la tenía. Pero, con la intimidación y el miedo, quería ejercer una posición ilegítima que no le correspondía. Dentro de sí misma ofrecía más destrucción que construcción.

Luego Jotam aplicó lo de la zarza a su hermano Abimelec y tuvo que huir de este por haber dicho la verdad:

Ahora, pues, si con verdad y con integridad habéis procedido en hacer rey a Abimelec, y si habéis actuado bien con Jerobaal y con su casa, y si le habéis pagado conforme a la obra de sus manos (porque mi padre peleó por vosotros y expuso su vida al peligro para libraros de mano de Madián, y vosotros os habéis levantado hoy contra la casa de mi padre, y habéis matado a sus hijos, setenta varones sobre una misma piedra; y habéis puesto por rey sobre los de Siquem a Abimelec hijo de su criada, por cuanto es vuestro hermano); si con verdad y con integridad habéis procedido hoy con Jerobaal y con su casa, que gocéis de Abimelec, y él goce de vosotros (Jueces 9:16-19).

Y si no, fuego, salga de Abimelec, que consuma a los de Siquem y a la casa de Milo, y fuego salga de los de Siquem y de la casa de Milo, que consuma a Abimelec. Y escapó Jotam y huyó, y se fue a Beer, y allí se estuvo por miedo de Abimelec, su hermano (Jueces 9:20-21).

Todo lo anterior nos enseña que las pretensiones humanas, los reconocimientos públicos, los títulos sociales son nada sin un verdadero compromiso de servicio y con una genuina actitud de humildad. Tener carisma sin carácter es ser una zarza que arde en fuego.

Tanto el apóstol Pablo como el apóstol Juan reaccionaron contra los falsos apóstoles:

Porque estos son falsos apóstoles, obreros fraudulentos, que se disfrazan como apóstoles de Cristo. Y no es maravilla, porque el mismo Satanás se disfraza como ángel de luz. Así que no es extraño si también sus ministros se disfrazan como ministros de justicia, cuyo fin será conforme a sus obras (2 Corintios 11:13-15).

Yo conozco tus obras, y tu arduo trabajo y paciencia; y que no puedes soportar a los malos, y has probado a los que se dicen ser apóstoles, y no lo son, y los has hallado mentirosos (Apocalipsis 2:2).

El autor y líder nacional de la Iglesia de Dios, el Dr. Miguel Álvarez, ha dicho:

Tengo muchos años de servir en el ministerio y a lo largo de mi vida ministerial he sido testigo del llamamiento legítimo y confirmación de verdaderos apóstoles y profetas por parte del Espíritu Santo para la edificación de la iglesia. Algunos de ellos, aunque lo sabían, escogieron ser humildes e intencionalmente renunciaron a los privilegios que el ejercicio de esos dones ministeriales les podría acarrear. En esto el lector estará de acuerdo conmigo en que hay algunos que son apóstoles o profetas y no están interesados en la publicidad. Sin embargo, hay otros que no son apóstoles ni profetas, pero que están tan sedientos de poder y de notoriedad que hacen todo lo que sea necesario para llamar la atención y el "respeto" de los demás, especialmente el de las multitudes; aunque para ello tengan que "pagar o invertir" todo lo que sea necesario.

Los apóstoles nos son soberanos; ellos tienen que estar bajo sujeción a autoridad. El significado etimológico de la palabra "apóstol" así lo declara. Un apóstol es alguien que fue enviado y, como tal, tiene que rendir cuentas y estar sometido a la autoridad que lo envía. Aquella idea de que el apóstol es absoluto y de que está por encima de todos los demás ministerios es contraria al espíritu y diseño del don y del llamamiento. Un apóstol que no se somete a nadie no es ningún apóstol y se engaña a sí mismo y a los que lo siguen.

Poco a poco nos hemos ido acostumbrando al uso del término "apóstol", que ya es cosa rutinaria en su pronunciación. Tengo a muchos amigos y conocidos que son llamados "apóstoles", pero su humildad y servicio los hace ennoblecer este título. Para otros pastores y líderes, conlleva mucho peso utilizar el título de apóstol. Pero se debe respetar a quien lo utiliza o no. No es asunto de superioridad el título: es asunto de servicio.

Por mi parte, a mí nunca me ha atraído el uso del título de apóstol. Sé que lo soy en funciones. Me siento muy cómodo con ser llamado *pastor* por la congregación que pastoreo junto a mi esposa Rosa desde hace 40 años, de los cuales 4 años fui copastor y pastor asociado, y 36 años he sido pastor general. Ser llamado *obispo* por el concilio que presido por sobre 30 años es un título que honro. Conozco a muchísimos ministros que son apóstoles en funciones, pero que solo les interesa servir a la Iglesia y al mundo. El título para ellos es lo de menos: servir es lo más importante.

Honro y respeto a muchos llamados *apóstoles* que son hombres y mujeres humildes y serviciales, apóstoles de unidad, apóstoles de santidad, apóstoles de las misiones.

Entiendo que, para muchos, una vez que tienen el título de apóstol y públicamente se han acostumbrado a este o han acostumbrado a otros a su uso, dejarse de llamar *apóstol* les quita identidad. Pero más importante que el título es lo que hagas, y no cómo te llamen.

Pero recordemos sobre el uso del título de apóstol; el resumen final del apóstol Pablo sobre el uso o no uso del velo para las hermanas creyentes de Corinto:

> *Si alguien insiste en discutir este asunto, tenga en cuenta que nosotros no tenemos otra costumbre, ni tampoco las iglesias de Dios*
> (1 Corintios 11:16, NVI).

EL DON DE PROFETA
Y Él mismo constituyó a unos [...] a otros profetas
— EFESIOS 4:11B

El profeta se proyecta en la Biblia como un comunicador de los oráculos divinos. Es un vidente, alguien que predice. Cuando el pueblo de Dios va en bajada, Dios envía al profeta para que lo exhorte a subir espiritualmente.

Aunque se complementan, el don de la profecía y el don de profeta se diferencian. El don de profecía señala la acción intermitente, contrariamente al don de profeta, que señala el oficio permanente.

En la tradición del Antiguo Testamento, los profetas estaban muy interesados en la justicia social. El profeta, en la tradición del Antiguo Testamentario, era una voz de protesta social ante la injusticia, la opresión, el maltrato de los pobres, el abuso de poder político, la corrupción en el Gobierno, el abandono de la fe y el sincretismo religioso. Los profetas eran denunciadores del pecado y de lo inmoral.

Así ha dicho Jehová: Por tres pecados de Israel, y por el cuarto, no revocaré su castigo; porque vendieron por dinero al justo, y al pobre por un par de zapatos. Pisotean en el polvo de la tierra las cabezas de los desvalidos, y tuercen el camino de los humildes; y el hijo y su padre se llegan a la misma joven, profanando mi santo nombre. Sobre las ropas empeñadas se acuestan junto a cualquier altar; y el vino de los multados beben en la casa de sus dioses (Amos 2:6-8).

Proclamad, en los palacios de Asdod, y en los palacios de la tierra de Egipto, y decid: "Reuníos sobre los montes de Samaria, y ved las muchas opresiones en medio de ella, y las violencias cometidas en su medio". "No saben hacer lo recto", dice Jehová, atesorando rapiña y despojo en sus palacios (Amós 3:9-10).

Oíd esto los que explotáis a los menesterosos, y arruináis a los pobres de la tierra, diciendo: ¿Cuándo pasará el mes, y venderemos el trigo; y la semana, y abriremos los graneros del pan, y achicaremos la medida, y subiremos el precio, y falsearemos con engaño la balanza, para comprar los pobres por dinero, y los necesitados por un par de zapatos, y venderemos los desechos del trigo? Jehová juró por la gloria de Jacob: No me olvidaré jamás de todas sus obras (Amós 8:4-7).

En las profecías de Miqueas se ve un fuerte pronunciamiento contra la injusticia de los líderes políticos:

¡Ay de los que en sus camas piensan iniquidad y maquinan el mal, y cuando llega la mañana lo ejecutan, porque tienen en su mano el poder! Codician las heredades, y las roban; y casas, y las toman; oprimen al hombre y a su casa, al hombre y a su heredad (Miqueas 2:1-2).

Dije: Oíd ahora, príncipes de Jacob, y jefes de la casa de Israel: ¿No concierne a vosotros saber lo que es justo? Vosotros que aborrecéis lo bueno y amáis lo malo, que les quitáis su piel y su carne de sobre los huesos; que coméis asimismo la carne de mi pueblo, y les desolláis su piel de sobre ellos, y les quebrantáis los huesos y los rompéis como para el caldero, y como carnes en olla (Miqueas 3:1-3).

También los profetas verdaderos aparecían para confrontar y denunciar a los falsos profetas:

Así ha dicho Jehová acerca de los profetas que hacen errar a mi pueblo, y claman paz cuando tienen algo que comer, y al que no les da de comer, proclaman guerra contra él: por tanto, de la profecía se os hará noche, y oscuridad del adivinar; y sobre los profetas se pondrá el sol, y el día se entenebrecerá sobre ellos. Y serán avergonzados los profetas, y se confundirán los adivinos; y ellos todos cerrarán sus labios, porque no hay respuesta de Dios. Mas yo estoy lleno de poder del Espíritu de Jehová, y de juicio y de fuerza, para denunciar a Jacob su rebelión, y a Israel su pecado (Miqueas 3:5-8).

Los profetas ponían la justicia social por encima de las prácticas y rituales religiosos:

He aquí que para contiendas y debates ayunáis, y para herir con el puño inicuamente; no ayunéis como hoy, para que vuestra voz sea oída en lo alto. ¿Es tal el ayuno que yo escogí, que de día aflija el hombre su alma, que incline su cabeza como junco, y haga cama de cilicio y de ceniza? ¿Llamaréis esto ayuno, y día agradable a Jehová? ¿No es más bien el ayuno que yo escogí, desatar las ligaduras de impiedad, soltar las cargas de opresión, y dejar ir libres a los quebrantados, y que rompáis todo yugo? ¿No es que partas tu pan con el hambriento, y a los pobres errantes albergues en casa; que cuando veas al desnudo, lo cubras, y no te escondas de tu hermano? (Isaías 58:4-7).

El pastor John Wright, de la Central Christian Church (una congregación en ese entonces de 2220 miembros), en 1996 fue llamado para hacer la oración de inicio en la Casa de Representantes en Wichita, Kansas. Pronunció la oración de un profeta:

Padre celestial, estamos ante ti hoy para pedirte perdón y buscar tu dirección y guía. Sabemos que tu Palabra dice: "¡Ay de los que llaman a lo malo bueno!", pero eso es exactamente lo que hemos hecho. Hemos perdido nuestro equilibrio espiritual y hemos invertido nuestros valores. Hemos ridiculizado la verdad absoluta de tu Palabra y la hemos llamado "pluralismo". Hemos adorado a otros dioses y lo hemos llamado "multiculturalismo". Hemos respaldado la perversión y lo llamamos "estilo de vida alternativo".

Hemos explotado a los pobres y lo llamamos "lotería". Hemos recompensado la pereza y la hemos llamado "bienestar".

Hemos matado a nuestros no nacidos y lo llamamos "opción". Hemos disparado a los abortistas y lo hemos calificado de justificable. Nos hemos olvidado de disciplinar a nuestros hijos y lo llamamos "construir autoestima". Hemos abusado del poder y lo llamamos "política". Hemos malversado fondos públicos y lo hemos llamado "gastos esenciales". Hemos institucionalizado el soborno y lo llamamos "dulces de oficina".

Hemos codiciado las posesiones de nuestro vecino y lo llamamos "ambición". Hemos contaminado el aire con blasfemia y pornografía, y lo hemos llamado "libertad de expresión". Hemos ridiculizado los valores honrados por el tiempo de nuestros antepasados y lo llamamos "iluminación". Búscanos, oh, Dios, y conoce nuestros corazones hoy; límpianos de cada pecado y libéranos. ¡Amén!

Saúl estuvo entre la compañía de los profetas y profetizó, aunque su asignación no era la de profeta. Dos veces ocurrió una experiencia similar con Saúl, lo cual dio lugar a un proverbio: "¿Qué le ha sucedido al hijo de Cis? ¿Saúl también entre los profetas? ¿También Saúl entre los profetas?".

Aconteció luego, que al volver él la espalda para apartarse de Samuel, le mudó Dios su corazón; y todas estas señales acontecieron en aquel día. Y, cuando llegaron allá al collado, he aquí la compañía de los profetas que venía a encontrarse con él; y el Espíritu de Dios vino sobre él con poder, y profetizó entre ellos. Y aconteció que, cuando todos los que le conocían antes vieron que profetizaba con los profetas, el pueblo decía el uno al otro: ¿Qué le ha sucedido al hijo de Cis? ¿Saúl también entre los profetas? Y alguno de allí respondió diciendo: ¿Y quién es el padre de ellos? Por esta causa se hizo proverbio: ¿También Saúl entre los profetas? (1 Samuel 10:9-12).

Entonces Saúl envió mensajeros para que trajeran a David, los cuales vieron una compañía de profetas que profetizaban, y a Samuel que estaba allí y los presidía. Y vino el Espíritu de Dios sobre los mensajeros de Saúl, y ellos también profetizaron. Cuando lo supo Saúl, envió otros mensajeros, los cuales también profetizaron. Y Saúl volvió a enviar mensajeros por tercera vez, y ellos también profetizaron. Entonces él mismo fue a Ramá; y, llegando al gran pozo que está en Secú, preguntó diciendo: ¿Dónde están Samuel y David? Y uno respondió: He aquí están en Naiot en Ramá. Y fue a Naiot en Ramá; y también vino sobre él el Espíritu de Dios, y siguió andando y profetizando hasta que llegó a Naiot en Ramá. Y él también se despojó de sus vestidos, y profetizó igualmente delante de Samuel, y estuvo desnudo todo aquel día y toda aquella noche. De aquí se dijo: ¿También Saúl entre los profetas? (1 Samuel 19:20-24).

Uso del don

Myer Pearlman, en su libro *Teología bíblica y sistemática*, dijo del ministerio del profeta:

Profetas eran los que estaban dotados de la expresión inspirada. Desde la época más antigua hasta las postrimerías del siglo segundo, una corriente no interrumpida de profetas y profetisas apareció en la iglesia cristiana. Mientras que el apóstol y el evangelista llevaba el mensaje a los incrédulos (Gálatas 2:7,8), el ministerio del profeta se dirigía particularmente a los creyentes. Los profetas viajaron de iglesia en iglesia de la misma manera en que lo hacen los evangelistas en la actualidad, aunque toda iglesia tenía profetas que eran miembros regulares de la iglesia.

El profeta más destacado del libro de los Hechos es uno de nombre Agabo:

Y levantándose uno de ellos, llamado Agabo, daba a entender por el Espíritu que vendría una gran hambre en toda la tierra habitada; la cual sucedió en tiempo de Claudio (Hechos 11:28).

Y permaneciendo nosotros allí algunos días, descendió de Judea un profeta llamado Agabo quien, viniendo a vernos, tomó el cinto de Pablo, y atándose los pies y las manos, dijo: Esto dice el Espíritu Santo: Así atarán los judíos en Jerusalén al varón de quien es este cinto, y le entregarán en manos de los gentiles (Hechos 21:10-11).

En la Iglesia de Antioquía los oficios de profetas y de maestros operaban en armonía:

Había entonces en la iglesia que estaba en Antioquía, profetas
y maestros; Bernabé; Simón, el que se llamaba Niger; Lucio de
Cirene; Manaén, el que se había criado junto con Herodes el
tetrarca; y Saulo (Hechos 13.1).

Saulo (Pablo) y Bernabé fueron llamados al ministerio misionero por
intermedio de la profecía:

Ministrando estos al Señor, y ayunando, dijo el Espíritu Santo:
Apartadme a Bernabé y a Saulo para la obra a que los he llamado.
Entonces, habiendo ayunado y orado, les impusieron las manos y
los despidieron (Hechos 13:2-3).

El apóstol Juan fluyó en el ministerio de profeta con las revelaciones
y visiones que recibió en la isla de Patmos, y que preservó en el libro
del Apocalipsis.

Y Él me dijo: Es necesario que profetices otra vez sobre muchos
pueblos, naciones, lenguas y reyes (Apocalipsis 10:11).

El libro de Apocalipsis está contextualizado en las preocupaciones
políticas de la época juanina. El libro, en su estilo apocalíptico con
imágenes tomadas prestadas del Antiguo Testamento, símbolos, números, colores, cánticos, juicios de sellos, trompetas, copas, presenta un
mensaje de esperanza para una iglesia perseguida.

Juan mismo era un preso político. Por eso denuncia el sistema
romano, donde la política y la religión eran elementos inseparables. En
Apocalipsis 13, se asocia el poder político (Apocalipsis 13:1-8) y religioso (Apocalipsis 13:11-18). Luego, en el capítulo 17, vuelve a señalar
ese poder religioso (Apocalipsis 17:1-6) y político (Apocalipsis 17:7-18).

El apóstol Pablo amonesta a los profetas llamándolos a ministrar con
orden, entendimiento y autocontrol:

Asimismo, los profetas hablen dos o tres, y los demás juzguen. Y si
algo le fuere revelado a otro que estuviere sentado, calle el primero.
Porque podéis profetizar todos uno por uno, para que todos apren-
dan, y todos sean exhortados. Y los espíritus de los profetas están
sujetos a los profetas; pues Dios no es Dios de confusión, sino de paz.
Como en todas las iglesias de los santos [...] (1 Corintios 14:29-33).

Desde el principio el apóstol Pablo estableció el orden litúrgico en contra del desorden, el culto congregacional con la ministración de los profetas predicadores o exhortadores. Deberían ministrar esperando su turno.

Si alguno se cree profeta, o espiritual, reconozca que lo que os escribo son mandamientos del Señor. Mas el que ignora, ignore. Así que, hermanos, procurad profetizar, y no impidáis el hablar lenguas; pero hágase todo decentemente y con orden (1 Corintios 14:37-40).

Los verdaderamente espirituales aceptarían como mandamientos del Señor las correcciones dadas por el apóstol. Pero Pablo también previó que alguno que otro no haría caso de sus palabras: "Mas el que ignora ignore". El desorden en la congregación era algo que no tenía que ocurrir: "... pero hágase todo decentemente y con orden".

En el Antiguo Testamento había escuelas de profetas. En Naiot, Ramá, el profeta Samuel tenía una escuela de profetas:

Y fue dado aviso a Saúl, diciendo: He aquí que David está en Naiot en Ramá. Entonces Saúl envió mensajeros para que trajeran a David, los cuales vieron una compañía de profetas que profetizaban, y a Samuel, que estaba allí y los presidía. Y vino el Espíritu de Dios sobre los mensajeros de Saúl, y ellos también profetizaron (1 Samuel 19:19-20).

El profeta Elías tenía escuelas de profetas en varias localidades como Gilgal, Betel, Jericó y el Jordán:

Aconteció que, cuando quiso Jehová alzar a Elías en un torbellino al cielo, Elías venía con Eliseo de Gilgal. Y dijo Elías a Eliseo: Quédate ahora aquí, porque Jehová me ha enviado a Bet-el. Y Eliseo dijo: Vive Jehová, y vive tu alma, que no te dejaré". Descendieron, pues, a Bet-el (2 Reyes 2:1-2).

Y saliendo a Eliseo los hijos de los profetas que estaban en Bet-el, le dijeron: ¿Sabes que Jehová te quitará hoy a tu señor de sobre ti? Y él dijo: Sí, yo lo sé; callad (2 Reyes 2:3).

Y Elías le volvió a decir: Eliseo, quédate aquí ahora, porque Jehová me ha enviado a Jericó. Y él dijo: Vive Jehová, y vive tu alma, que

no te dejaré. Vinieron, pues, a Jericó. Y se acercaron a Eliseo los
hijos de los profetas que estaban en Jericó, y le dijeron: ¿Sabes que
Jehová te quitará hoy a tu Señor de sobre ti? Él respondió: Sí, yo lo
sé; callad (2 Reyes 2:4-5).

Los hijos de los profetas dijeron a Eliseo: He aquí el lugar en
que moramos contigo nos es estrecho. Vamos ahora al Jordán, y
tomemos de allí cada uno una viga, y hagamos allí lugar en que
habitemos. Y él dijo: Andad (2 Reyes 6:1-2).

Lo anterior demuestra que había escuelas o lugares de instrucción
para los profetas. Ellos vivían en comunidades cerradas. Aquellos que
ejercen el ministerio de profetas o cualquier otro ministerio deben estar
dispuestos a aprender cómo funcionar en su ministerio profético. El
profeta debe conocer la Biblia; debe ser un estudiante de las tradiciones
y liturgia de la Iglesia.

Por lo tanto, puede ser que la escuela de los profetas esté en la iglesia
local a la cual asiste y que su pastor sea su supervisor o mentor espiritual. La escuela de profetas deben ser los Institutos Bíblicos o seminarios
o universidades cristianas donde se preparan alumnos para la obra del
ministerio.

El profeta debe estar sujeto a una autoridad mayor, en este caso la del
pastor, como el pastor debe estar sujeto a la autoridad del obispo (presidente o superintendente). Esa debe ser una autoridad espiritual legítima.
Quien no responde a una cabeza espiritual no debe ser cabeza espiritual.

Si es un profeta de justicia social, se cuidará de no corromper su ministerio por puestos u ofertas políticas. Aparecerá donde haya injusticia. En
todo lo que haga o diga honrará al Señor Jesucristo.

El profeta Isaías nos habló del ayuno social. Es responder proféticamente y ser una voz profética a favor de liberar a los oprimidos, en
contra de la injusticia, es preocuparse por aquellos que en la sociedad
carecen de alimentos, vivienda, seguridad.

¡Eso no es ayuno! El ayuno que a mí me agrada es que dejen
de oprimir a quienes trabajan para ustedes y liberen a los que
están esclavizados y que ¡acaben con toda injusticia! Ayuno es que
compartan su alimento con los hambrientos y que alberguen en sus
hogares a los indefensos y menesterosos, que vistan a los que pade-
cen frío y ayuden a todo aquel que necesite de su auxilio. Los que
practican esta clase de ayuno brillarán como la luz de la aurora, y

el Señor sanará todas sus heridas. Además, la justicia será su guía,
y la gloria del Señor será su protección a sus espaldas.

Cuando me invoquen, yo les responderé. Si gritan pidiendo ayuda,
yo les diré: ¡Sí, aquí estoy! Si ustedes hacen desaparecer la opresión,
si dejan de acusar a los demás y de levantar calumnias, si dan de
comer al hambriento y ayudan a los que sufren, entonces su luz
brillará entre las tinieblas, y su noche será como luminoso día.

Yo, el Señor, los guiaré de continuo, y les daré de comer en el desierto
y siempre tendrán fuerzas. Serán como huerto bien regado, como
manantial que fluye sin cesar. Sus hijos reedificarán las ruinas de sus
ciudades, por tanto tiempo convertidas en desiertas ruinas, y a ustedes
se los conocerá como reparadores de muros caídos, reconstructores de
casas en ruinas (Isaías 58:6-12, NBV).

Jesús de Nazaret inauguró su asignación mesiánica como un profeta
de justicia social, siendo la presentación y aplicación del mensaje profético de Isaías 61:1-2. Veamos el contexto y pronunciación de la ocasión:

Después volvió a Nazaret, el pueblo donde había crecido. Un sábado,
como era su costumbre, fue a la sinagoga. Cuando se levantó a leer,
le dieron el libro del profeta Isaías. Jesús lo abrió y leyó: El Espíritu
de Dios está sobre mí, porque me eligió y me envió para dar buenas
noticias a los pobres, para anunciar libertad a los prisioneros, para
devolverles la vista a los ciegos, para rescatar a los que son maltra-
tados y para anunciar a todos que: ¡Este es el tiempo que Dios eligió
para darnos salvación!

Jesús cerró el libro, lo devolvió al encargado y se sentó. Todos
los que estaban en la sinagoga se quedaron mirándolo. Entonces
Jesús les dijo: Hoy se ha cumplido ante ustedes esto que he leído
(Lucas 4:16-21, TLA).

Jesús de Nazaret, al final de su ministerio, recalcó el compromiso de
justicia social:

Porque cuando tuve hambre, ustedes me dieron de comer; cuando
tuve sed, me dieron de beber; cuando tuve que salir de mi país,
ustedes me recibieron en su casa; cuando no tuve ropa, ustedes me

la dieron; cuando estuve enfermo, me visitaron; cuando estuve en
la cárcel, ustedes fueron a verme.

Y los buenos me preguntarán: Señor, ¿cuándo te vimos con hambre
y te dimos de comer? ¿Cuándo tuviste sed y te dimos de beber?
¿Alguna vez tuviste que salir de tu país y te recibimos en nuestra
casa, o te vimos sin ropa y te dimos qué ponerte? No recordamos
que hayas estado enfermo, o en la cárcel, y que te hayamos visitado
(Mateo 25:35-39, TLA).

Si es un profeta espiritual, se cuidará en todo de no crear disensiones, o de promover un espíritu de rebelión o de falta de sujeción a las autoridades espirituales.

Abuso del don

El rey Acab, a solicitud del rey Josafat, consultó a cuatrocientos profetas para ver si tenía que ir a la guerra o no:

Entonces el rey de Israel reunió a cuatrocientos profetas, y les
preguntó: ¿Iremos a la guerra contra Ramot de Galaad, o me
estaré quieto? Y ellos dijeron: Sube, porque Dios los entregará en
mano del rey (2 Crónicas 18:5).

El rey Acab ya tenía esa costumbre de reunir aquel séquito de cuatrocientos profetas. Se debe tener mucho cuidado con esos ministerios que viven rodeados de un muro de profetas. Los profetas de Baal que estuvieron con el rey Acab fueron un número parecido:

Y Elías volvió a decir al pueblo: Solo yo he quedado profeta de
Jehová; mas de los profetas de Baal hay cuatrocientos cincuenta
hombres (1 Reyes 18:22).

El rey Josafat envió a buscar a Micaías, hijo de Imla. Ambos reyes, sentados reciamente en sus tronos, en la plaza de Samaria, escucharon a los profetas que profetizaban delante de ellos.

Entonces el rey de Israel llamó a un oficial, y le dijo: Haz venir luego
a Micaías hijo de Imla. Y el rey de Israel y Josafat rey de Judá estaban
sentados cada uno en su trono, vestidos con sus ropas reales, en la plaza
junto a la entrada de la puerta de Samaria, y todos los profetas profe-
tizaban delante de ellos (2 Crónicas 18:8-9).

El falso profeta Sedequías hijo de Quenaana, con cuernos de hierro, le profetizaba a Acab que él acornearía a los sirios sin cuartel:

Y Sedequías hijo de Quenaana se había hecho cuernos de hierro, y decía: Así ha dicho Jehová: Con estos acornearás a los sirios hasta destruirlos por completo (2 Crónicas 18:10).

¡Era todo un espectáculo de profetismo! Y cuánta escenografía de profetismo se ve hoy en muchos altares pentecostales... La falta de la Palabra proclamada se ha sustituido por entretenimientos proféticos en los altares.

Los otros profetas animaban a Acab a subir contra Ramot de Galaad, dejándole saber que saldría airoso y que Dios le daría la victoria:

De esta manera profetizaban también todos los profetas, diciendo: Sube contra Ramot de Galaad, y serás prosperado; porque Jehová la entregará en mano del rey (2 Crónicas 18:11).

Esos eran profetas sin revelación y sin transformación. Aquellos falsos profetas de antaño nos ayudarán a identificar los falsos profetas de hoy día. Ellos presentaron varias cosas en común:

Profetizaron victoria. *Y Sedequías hijo de Quenaana se había hecho cuernos de hierro, y decía: Así ha dicho Jehová: Con estos acornearás a los sirios hasta destruirlos por completo* (2 Crónicas 18:10).

Muchos de estos profetas modernos profetizan siempre cosas buenas, victorias, alimentan el ego de sus receptores. Anestesian con sus profecías a los creyentes.

Profetizaron prosperidad. *De esta manera profetizaban también todos los profetas, diciendo: Sube contra Ramot de Galaad, y serás prosperado; porque Jehová la entregará en mano del rey* (2 Cr. 18:11).

Cuando escuchamos a los profetas modernos alimentar el ego con profecías de prosperidad, Jesucristo se transforma en uno que suple demandas materiales.

Y el rey le dijo: Micaías, ¿iremos a pelear contra Ramot de Galaad, o me estaré quieto? Él respondió: Subid, y seréis prosperados, pues serán entregados en vuestras manos (2 Crónicas 18:14).

Profetizaron cosas buenas. *Y el mensajero que había ido a llamar a Micaías, le habló diciendo: He aquí las palabras de los profetas a una voz anuncian al rey cosas buenas; yo, pues, te ruego que tu palabra sea como la de uno de ellos, que hables bien* (2 Crónicas 18:12).

Estos profetas modernos son suavizadores de la doctrina, anestesiólogos de la realidad frente a la ilusión y la imaginación de que todo está bien. Tenemos que cuidarnos de esas profecías de "Yes, man" (¡Claro que sí!). "Go ahead!" (¡Sigue hacia adelante!). Profetas y profetisas que siempre afirman victorias y logros. Profetas y profetisas de palacio que solo adulan orejas y dicen a uno lo que uno desea escuchar.

A Micaías hijo de Imla, el mensajero lo orientó para que diera una buena profecía:

Y el mensajero que había ido a llamar a Micaías le habló diciendo: He aquí las palabras de los profetas; a una voz anuncian al rey cosas buenas; yo, pues, te ruego que tu palabra sea como la de uno de ellos, que hables bien (2 Crónicas 18:12).

Muchos buscan a profetas que se dejen manipular para que profeticen lo que otros quieren escuchar, y no lo que el Espíritu Santo les quiere decir. Estamos en un tiempo de mucho abuso del don de la profecía. Ese síndrome de "Dios me dijo que te dijera" está muy relajado.

Dijo Micaías: Vive Jehová, que lo que mi Dios me dijere, eso hablaré. Y vino al rey (2 Crónicas 18:13).

Micaías era un profeta verdadero de Jehová. Trabajaba para el Cielo, y no para la Tierra. Profetizaba lo que Dios le decía. ¡Lo que el Espíritu Santo revela es lo que se debe declarar!

Cuando el rey Acab le preguntó a Micaías si deberían ir o no a la guerra, Micaías le respondió:

[…] Subid, y seréis prosperados, pues serán entregados en vuestras manos (2 Crónicas 18:14).

El profeta le estaba haciendo cosquillas al oído del rey Acab. Como quien dice: "Acab, acaba". Aparentemente, le estaba diciendo lo que a él le gustaba oír. Micaías estaba jugando con Acab.

Muchos quieren que el predicador diga lo que ellos quieren oír; que el maestro enseñe lo que a ellos les conviene aprender; que el pastor les aconseje lo que ellos quieren escuchar; que el líder haga lo que ellos quieren que se haga.

El rey Acab reaccionó a lo dicho por Micaías: El rey le dijo: ¿Hasta cuántas veces te conjuraré por el nombre de Jehová que no me hables sino la verdad? (2 Crónicas 18:15).

Acab no aceptó de Micaía aquella profecía *lite*: él quería la verdadera profecía, y le insistió al profeta de Jehová. El rey de Israel, a pesar de ser carnal, discernió que había algo más.

Entonces Micaías dijo: He visto a todo Israel derramado por los montes como ovejas sin pastor; y dijo Jehová: Estos no tienen señor; vuélvase cada uno en paz a su casa (2 Crónicas 18:16).

Micaías le declaró al rey de Israel la derrota militar y le profetizó que Israel quedaría "como oveja sin pastor". Es decir que Acab moriría en batalla. Cuando el pastor es herido, las ovejas son dispersadas.

Muchos se comportan "como ovejas sin pastor". Son aquellos que no dan cuenta de su vida a ninguna autoridad espiritual. Son ovejas libres para hacer las cosas a su antojo. Faltan al redil cuando quieren y van a otros rediles cuando ellos lo deciden. No tienen la cobertura de un pastor.

Entonces Jesús les dijo: Todos os escandalizaréis de mí esta noche; porque escrito está: heriré al pastor, y las ovejas serán dispersadas (Marcos 14:27).

Acab conocía a Micaías, y sabía que le estaba tomando el pelo, y por eso le rogó que le dijera la profecía verdadera. Micaías le dio al rey Acab una profecía y una visión que había tenido:

Entonces él dijo: Oíd, pues, palabra de Jehová: Yo he visto a Jehová sentado en su trono, y todo el ejército de los cielos estaba a su mano derecha y a su izquierda (2 Crónicas 18:18).

*Y Jehová preguntó: ¿Quién inducirá a Acab rey de Israel, para que
suba y caiga en Ramot de Galaad? Y uno decía así, y otro decía de
otra manera* (2 Crónicas 18:19).

Micaía le está dejando saber a Acab que hay una fuerza espiritual
que lo está induciendo a subir y a liberar a Ramot de Galaad:

*Entonces salió un espíritu que se puso delante de Jehová y dijo: Yo
le induciré. Y Jehová le dijo: ¿De qué modo?* (2 Crónicas 18:20).

En la visión recibida por Micaías, un espíritu que se puso ante Dios
declaró que él induciría a Acab para subir en guerra para intentar liberar a Ramot de Galaad de Siria.

*Y él dijo: Saldré y seré espíritu de mentira en la boca de todos sus
profetas. Y Jehová dijo: Tú le inducirás, y lo lograrás; anda y hazlo
así* (2 Crónicas 18:21).

En esa visión recibida por Micaías, aquel espíritu pondría mentira en
la boca de los profetas. A aquel Dios le dio permiso para que actuara y
lo hiciera.

Cuando un creyente no quiere hacer la voluntad de Dios, conocién-
dola, Dios le permite un espíritu de mentira para que haga aquello que
quiere hacer, creyéndose que Dios lo aprueba. ¡Cuidado con aquello a
lo cual nos induce el espíritu de la mentira!

*Y ahora, he aquí Jehová ha puesto espíritu de mentira en la boca
de estos tus profetas; pues Jehová ha hablado el mal contra ti*
(2 Crónicas 18:22).

Al rey, Micaías le dejó saber que todos aquellos profetas habían
hablado mentira a él, y que la palabra de Jehová por medio de sus labios
era verdadera.

El profeta se cuidará de no andar por ahí pronunciando profecías
de juicio y condenación a todo el que no le agrade. Antes de profetizar
algo, tiene que estar seguro de que lo que va a decir es de parte de Dios,
y no producto de su propia curiosidad o sentimientos. Se alejará de toda
apariencia religiosa y de lo que es falso.

Los profetas deben cuidarse de no caer en extremos espirituales. Es
muy fácil caer víctimas del poder que representa su don para manipular

y controlar a otros. Y han sido muchos los que mediante la profecía han manipulado la voluntad de otros creyentes.

Pero tengo unas pocas cosas contra ti: que toleras que esa mujer Jezabel, que se dice profetisa, enseñe y seduzca a mis siervos a fornicar y a comer cosas sacrificadas a los ídolos (Apocalipsis 2:20).

En el ejercicio de su don de profeta reconocerá las autoridades espirituales que Dios ha puesto sobre él. Nunca les faltará al respeto. Tampoco las pondrá en situaciones embarazosas. No se meterá en asuntos que no le corresponden. Será siempre un embajador de paz y un diplomático de unidad. Será responsable por lo que profetiza ante Dios y ante la Iglesia. Aceptará sus equivocaciones y pedirá perdón cuando sepa que se ha equivocado.

El hecho de que un creyente en el ejercicio del don de la profecía o del don del oficio de profeta falle en algo liviano no lo constituye en falso profeta. Todos nos podemos equivocar: el pastor se equivoca, el evangelista se equivoca, el maestro se equivoca.

Cuando sienta profetizar en su congregación local o llegue a una congregación, honrará al hombre o mujer responsable de esa congregación. Nunca excederá la autoridad que le da el don de profecía o el oficio del don de profeta.

El Presbiterio General de las Asambleas de Dios, el 11 de agosto del 2000, se pronunció en esta Declaración Oficial: Avivamiento en los últimos días: guiado y controlado por el Espíritu. Un documento en respuesta a la Resolución 16.

Los profetas en el Nuevo Testamento nunca son descritos como alguien con una posición oficialmente reconocida como en el caso de los pastores y evangelistas. Hablaban proféticamente al cuerpo para la edificación y amonestación. Cuando profetizaban con la inspiración del Espíritu, se notaba su ministerio. En realidad, podrían haber sido llamados "profetas" sin designarlos a ocupar un puesto. Un autoproclamado profeta que empezaba a visitar una iglesia local ciertamente habría sido sospechoso hasta que lo conocieran mejor. Y, para protegerse contra tales abusos, Pablo enseñó que cada profecía debía ser probada por el Cuerpo (1 Corintios 14:29). La humildad que Pablo enseñaba y modelaba debe ser una característica principal de todo líder espiritual. Afirmamos que hay, y

debe haber, ministerios apostólicos y profético en la iglesia, sin que
los individuos sean identificados como los que ocupan tales puestos.

Juan el Bautista fue un profeta de confrontación. Esta clase de profetas no son populares. Cuando el pueblo va con la corriente, ellos van en contra de la corriente.

Porque Herodes había prendido a Juan, y le había encadenado y metido en la cárcel, por causa de Herodías, mujer de Felipe su hermano; porque Juan le decía: No te es lícito tenerla (Mateo 14:3-4).

Pero, cuando se celebraba el cumpleaños de Herodes, la hija de Herodías danzó en medio, y agradó a Herodes, por lo cual este le prometió con juramento darle todo lo que pidiese. Ella, instruida primero por su madre, dijo: Dame aquí en un plato la cabeza de Juan el Bautista. Entonces el rey se entristeció; pero, a causa del juramento y de los que estaban con él a la mesa, mandó que se la diesen, y ordenó decapitar a Juan en la cárcel. Y fue traída su cabeza en un plato, y dada a la muchacha; y ella la presentó a su madre. Entonces llegaron sus discípulos, y tomaron el cuerpo y lo enterraron; y fueron y dieron las nuevas a Jesús (Mateo 14:6-12).

Muchos profetas contemporáneos solo dan mensajes agradables a los oídos. Profetizan victorias, prosperidad, logros humanos, negocios prosperados, dan asignaciones exitosas, declaran multiplicaciones, cielos abiertos, atmósferas cambiadas, territorios marcados. En esos profetas no hay correcciones, amonestaciones, confrontaciones de pecado. Drogan con sus profecías. Adormecen con sus visiones. Hacen sentirse bien a las personas.

El pastor y predicador, Dr. Henry Báez Albino, dice sobre los profetas:

¿Así dice el Señor? Hay una línea muy fina entre lo que Dios y el profeta dicen. El profeta es un mensajero y profetiza siendo usado por Dios. El mensajero no tiene autoridad ni permiso para revertir palabras proféticas. Dios no se debe al mensajero: el mensajero se debe a Dios.

El don u oficio profético fue diseñado para la edificación del cuerpo de Cristo, no para beneficio personal. El ser usado por Dios no da permiso para emitir juicio sobre la conducta de una persona. Eso es prerrogativa exclusivamente de Dios.

Si cargas este don, ¡cuidado! No olvides que este manto está sobre ti, no porque lo merezcas, sino por pura gracia y favor de Dios, que te usa.

El pastor y profesor en ministerio, el Rvdo. Reynaldo Negrón, da el siguiente consejo para cuidarnos del abuso del don de la profecía:

Como pastores estamos llamados a ayudar a los creyentes a identificar sus dones y darles la oportunidad de utilizarlos para la gloria de Dios y edificación de la Iglesia. Pero el hecho de que creamos en la vigencia de los dones sobrenaturales también nos expone a ciertos riesgos. Por ejemplo, el de lidiar con personas que pretenden ejercer ciertos dones cuando, en realidad, están siendo guiadas por su propio corazón. O lo que es peor, influenciadas o controladas por fuerzas espirituales opuestas a Dios.

Si usted lleva mucho tiempo en el pastorado, seguramente alguna vez se ha topado con uno de estos autoproclamados "profetas". Sí, me refiero a esos que no obedecen ni respetan a los pastores a los cuales el "Señor" les habla cada cinco minutos. Por lo general, han estado en muchas iglesias de las cuales siempre salen corriendo, dejando caos y confusión tras de sí. A estas personas les es muy difícil llamarles la atención, porque a ellos el "Espíritu" siempre les dice otra cosa. De todo corazón, oro al Señor para que Él le dé discernimiento y valor para poner en su sitio a estos palabreros que usan en vano el nombre de Dios y causan tanto daño a su obra.

El Gran Maestro de la Galilea amonestó en contra de los falsos profetas que se presentan como ovejas, pero son como lobos depredadores con las mentiras:

¡Cuídense de los profetas mentirosos, que dicen que hablan de parte de Dios! Se presentan ante ustedes tan inofensivos como una oveja, pero en realidad son tan peligrosos como un lobo feroz. Ustedes los podrán reconocer, pues no hacen nada bueno. Son como las espinas, que solo te hieren. El árbol bueno solo produce frutos buenos y el árbol malo solo produce frutos malos. El árbol que no da

buenos frutos se corta y se quema. Así que ustedes reconocerán a
esos mentirosos por el mal que hacen (Mateo 7:15-20, TLA).

Leonard Ravenhill, autor y evangelista inglés, cuyos escritos se enfo-
caron en la oración y en el avivamiento, se refirió a aquellos que abusan
del don de profeta para engañar a mucha gente:

Los grandes predicadores hacen famosos los púlpitos, los profetas
hacen famosas las prisiones.

David Wilkerson, fundador del Teen Challenge, World Challenge y
Times Square Church, fue un profeta de Dios. En su sermón "Pillow
Prophets" (Profetas de Almohadillas), nos declara lo siguiente:

¡Los profetas de almohadilla están todavía entre nosotros! Ellos hablan
acerca de la Palabra de Dios, acerca de profecía y sazonan sus suaves
mensajes con mucha Escritura. Pero hay una falsedad en lo que ellos
predican. No están predicando la cruz o la santidad y la separación.
No hacen demandas a los que los escuchan. Muy pocas veces hablan
de pecado y juicio. Aborrecen el solo mencionar sufrimiento y dolor.
Para ellos, los héroes del libro de los Hebreos fueron cobardes sin fe y
perdedores sin dinero, quienes tenían miedo a reclamar sus derechos.

Tal como los profetas de almohadilla de Israel, su único deseo supremo
es promover estilos de vida lujosas y hacer a las personas sentirse cómo-
das en su búsqueda de la buena vida. Ellos no están hablando de
parte de Dios. Todo lo que ellos están haciendo es pasando almoha-
das. Una para cada codo de cada seguidor. Con razón las multitudes
se congregan para sentarse a escuchar sus mensajes sin ninguna
demanda. Estos mensajes no son el llamado de Cristo para negarse a
sí mismo y tomar la cruz.

¿Cuál es la diferencia ente los profetas de almohadilla y los verda-
deros profetas de Jehová? El predicador o creyente que no conoce la
diferencia está en un terreno peligroso. Con tantos que andan por
ahí reuniendo enormes congregaciones, es imperativo tener discer-
nimiento del Espíritu Santo. Los profetas que están confundiendo
a la gente deberán ser confrontados y expuestos por la verdad. La
mayoría de ellos se ven y se oyen sinceros, hombres de Dios amantes
de la Biblia. Pero el Señor ha dado a su pueblo pruebas infalibles
para probar lo que es verdadero y lo que es falso. Debemos probar

cada hombre y cada mensaje a través de toda la Palabra de Dios.
*(*Derecho de autor © 2005 por World Challenge, Lindale, Texas,
USA)(http://www.tscpulpitseries.org/spanish/tspillow.htm).*

Estos autoproclamados apóstoles nombran a sus esposas como las
profetas. En la escuela pentecostal antigua se llamaba a la esposa del
pastor "la misionera de la congregación". Estos apóstoles promueven
a sus esposas como las profetas de la congregación. Muchas de estas
profetisas carecen de preparación ministerial y entrenamiento ministerial, pero son las que truenan con sus profecías en las congregaciones,
repitiendo lo mismo o profetizando sin contenido doctrinal y teológico. La mayoría de sus profecías son motivacionales; rara vez señalan
el pecado o llaman al arrepentimiento. Es común escuchar: "¡Pero lo
dijo la profeta!".

Otra manera de abusar el don de profeta es el uso que se está
dando actualmente al título de profeta. Tenemos apóstoles-profetas,
pastores-profetas, salmistas-profetas, cantantes-profetas y predica-
dores-profetas. Muchos quieren ser profetas. Andan siempre dando
palabra profética, declarando proféticamente y ministrando proférica-
mente. El peligro de esto es que muchos caen en juegos proféticos y en
"predicciones proféticas". Y eso puede incurrir en decir algo a alguien
que no se llegue a cumplir. Muchas de estas profecías no pasan de ser
entretenimiento profético para hacer sentir bien a la gente.

Se abusa de este don de profeta con las dictaduras espirituales. Falsos
apóstoles, falsos profetas y falsos pastores pueden promover con sus
ideologías heréticas a un Cristo dictador.

Eso me recuerda al rey Saúl que, al encontrarse con dos compañías
de profetas, se puso también a profetizar con ellos, en este caso correctamente, y dio lugar a un proverbio en Israel:

*Cuando Saúl y su ayudante llegaron a Guibeá, se encontraron con
el grupo de profetas. Entonces el espíritu de Dios vino sobre Saúl,
y Saúl comenzó a profetizar junto con ellos. La gente que lo conocía y lo veía profetizar en compañía de aquellos profetas, empezó a
decir: ¿Qué le pasa al hijo de Quis? ¿Y esos profetas de dónde salieron? ¡Hasta Saúl es profeta? Así fue cómo nació el dicho: ¡Hasta
Saúl es profeta!* (1 Samuel 10:10-12, TLA).

*Finalmente, Saúl mismo fue a Ramá. Cuando llegó al gran pozo
que está en Secú, preguntó:
—¿Dónde están Samuel y David?
—En Naiot, cerca de Ramá —le contestaron.*

*Saúl se puso en camino hacia Naiot. Pero el espíritu de Dios vino
sobre él, y en todo el camino a Naiot iba profetizando. Cuando llegó
a donde estaba Samuel, se quitó toda la ropa, y todo el día y toda
la noche se los pasó dando mensajes de parte de Dios. De allí viene
el refrán que dice: ¡Hasta Saúl es profeta!* (1 Samuel 19:22-24, TLA)

EL DON DE EVANGELISTA

Y Él mismo constituyó [...] a otros evangelistas
— EFESIOS 4:11c

Un evangelista es un hombre o una mujer a quien el Espíritu Santo usa
en la proclamación del evangelio de Jesucristo. Posee el don especial de
comunicar la Palabra de Dios y de hablar acerca de Jesucristo de manera
atractiva e influyente a aquellos que no conocen nada o mucho acerca de
Dios, y que andan de espaldas a los propósitos divinos.

En un sentido, todo aquel que presenta el evangelio de Jesucristo es un
evangelista. Andrés evangelizó a su hermano Simón Pedro.

*Andrés, hermano de Simón Pedro, era uno de los dos que habían
oído a Juan, y habían seguido a Jesús. Este halló primero a su
hermano Simón, y le dijo: Hemos hallado al Mesías (que, traducido, es el Cristo). Y le trajo a Jesús. Y mirándole Jesús, dijo: Tú
eres Simón, hijo de Jonás; tú serás llamado Cefas (que quiere decir
Pedro)* (Juan 1:40-42).

Felipe de Betsaida evangelizó a su amigo Natanael también de
Betsaida:

*El siguiente día quiso Jesús ir a Galilea, y halló a Felipe, y le dijo:
Sígueme. Y Felipe era de Betsaida, la ciudad de Andrés y Pedro.
Felipe halló a Natanael, y le dijo: Hemos hallado a aquel de quien
escribió Moisés en la ley, así como los profetas a Jesús, el hijo de
José, de Nazaret. Natanael le dijo: ¿De Nazaret puede salir algo
de bueno? Le dijo Felipe: Ven y ve* (Juan 1:43-46).

La mujer samaritana, después de dialogar y de tener un encuentro transformador con Jesús de Nazaret, se fue y evangelizó a su gente:

Entonces la mujer dejó su cántaro, y fue a la ciudad, y dijo a los hombres: "Venid, ved a un hombre que me ha dicho todo cuanto he hecho. ¿No será este el Cristo? Entonces salieron de la ciudad, y vinieron a Él (Juan 4:28-30).

Felipe el Diácono evangelizó al etíope eunuco (Hechos 8:26-40). Las mujeres, en la mañana de la resurrección, se convirtieron en evangelistas de ese acontecimiento ante los discípulos (Lucas 24:9-12).

En otro sentido, un evangelista es alguien que comparte el *kerygma* de la revelación de Cristo ante las masas perdidas de la humanidad. Jesucristo es siempre el tema de la predicación evangelística. El corazón del evangelista gime por las almas perdidas y palpita de alegría por aquellos que hacen pública confesión de fe. Ganar almas para Cristo es su negocio. Profesiones de fe sin genuina conversión son pura emoción.

Uso del don

De la junta de siete diáconos electos para servir a las mesas de las viudas griegas y hebreas (Hechos 6:1-6), dos de ellos llamados *Esteban* y *Felipe* se asocian con el ministerio evangelístico. Sus ministerios se presentan con señales y prodigios.

Y Esteban, lleno de gracia y de poder, hacía grandes prodigios y señales entre el pueblo (Hechos 6:8).

Entonces Felipe, descendiendo a la ciudad de Samaria, les predicaba a Cristo. Y la gente, unánime, escuchaba atentamente las cosas que decía Felipe, oyendo y viendo las señales que hacía. Porque, de muchos que tenían espíritus inmundos, salían estos dando grandes voces; y muchos paralíticos y cojos eran sanados; así que había gran gozo en aquella ciudad (Hechos 8:5-8).

En el libro de los Hechos se presenta a Felipe con el oficio de evangelista, aunque primero fue diácono. A nadie más en todo el Nuevo Testamento se lo llama así. No olvidemos que Felipe fue uno de los siete diáconos electos para servir a las viudas.

Agradó la propuesta a toda la multitud; y eligieron a Esteban, varón lleno de fe y del Espíritu Santo, a Felipe, a Prócoro, a Nicanor, a Timón, a Parmenas, y a Nicolás prosélito de Antioquía [...] (Hechos 6:5).

Al otro día, saliendo Pablo y los que con él estábamos, fuimos a Cesárea; y entrando en casa de Felipe el Evangelista, que era uno de los siete, posamos con él. Este tenía cuatro hijas doncellas que profetizaban (Hechos 21:8-9).

De Felipe se pueden hacer varias aplicaciones en relación con el ministerio del evangelista:

Primero, el mensaje del evangelista: "Les predicaba a Cristo" (Hechos 8:5). Cristo es el tema de la predicación evangelística. La misión del evangelista es promover y levantar a Jesucristo.

Porque los judíos piden señales, y los griegos buscan sabiduría; pero nosotros predicamos a Cristo crucificado, para los judíos ciertamente tropezadero, y para los gentiles locura; mas para los llamados, así judíos como griegos, Cristo poder de Dios, y sabiduría de Dios (1 Corintios 1:22-24).

Enseguida predicaba a Cristo en las sinagogas, diciendo que este era el Hijo de Dios (Hechos 9:20).

Segundo, la atención al evangelista: "Y la gente, unánime, escuchaba atentamente las cosas que decía Felipe" (Hechos 8:6). El evangelista tiene carisma entre la gente. Es alguien que atrae multitudes.

Cuando predica, capta la atención de la audiencia. La gente escucha con ahínco y expectación lo que él tiene que decir. La audiencia de Felipe estaba "unánime", o sea en un solo sentir o de un solo ánimo.

Tercero, las señales del evangelista: "Oyendo y viendo las señales que hacía" (Hechos 8:6). El equipo del evangelista son los milagros y las señales, y por lo general su ministerio está seguido de ellos. Aunque no en todos los evangelistas se manifiestan los dones de operación de milagros, dones de sanidades y liberaciones. Esto lo podemos ver en evangelistas como Dwight D. Moody, Billy Sunday, Billy Graham, Jimmy Swaggart, Luis Palau, Alberto Mottesi. Pero todos los evangelistas son usados en la salvación de las almas, que es la principal señal y el mayor milagro.

Aquellos que se identifican con las corrientes de avivamiento manifiestan los dones espirituales, y en algunos sus ministerios se acompañan de señales sobrenaturales.

En los encargos de la Gran Comisión, Jesús de Nazaret equipó a los creyentes con señales:

Y les dijo: Id por todo el mundo y predicad el evangelio a toda criatura. El que creyere y fuere bautizado será salvo; mas el que no creyere será condenado. Y estas señales seguirán a los que creen.

En mi nombre echarán fuera demonios; hablarán nuevas lenguas; tomarán en las manos serpientes, y si bebieren cosa mortífera, no les hará daño; sobre los enfermos pondrán sus manos, y sanarán (Marcos 16:15-18).

Con señales y prodigios Jesús había equipado como apóstoles a los doce:

Y yendo, predicad, diciendo: El reino de los cielos se ha acercado. Sanad enfermos, limpiad leprosos, resucitad muertos, echad fuera demonios; de gracia recibisteis, dad de gracia (Mateo 10:7-8).

Cuarto, el poder del evangelista: "Porque muchos que tenían espíritus inmundos, salían estos dando grandes voces; y muchos paralíticos y cojos eran sanados" (Hechos 8:7). Felipe era un evangelista "pentecostal". Estaba lleno del poder del Espíritu Santo cuando ministraba.

[...] pero recibiréis poder, cuando haya venido sobre vosotros el Espíritu Santo, y me seréis testigos en Jerusalén, en toda Judea, en Samaria, y hasta lo último de la tierra (Hechos 1:8).

[...] cómo Dios ungió con el Espíritu Santo y con poder a Jesús de Nazaret, y cómo este anduvo haciendo bienes y sanando a todos los oprimidos por el diablo, porque Dios estaba con Él (Hechos 10:38).

Porque no me avergüenzo del evangelio, porque es poder de Dios para salvación a todo aquel que cree; al judío primeramente, y también al griego (Romanos 1:16).

Mediante el poder del Espíritu Santo, y con una unción poderosa, Felipe ministraba liberación, milagros y sanidades. El que evangeliza tiene que estar lleno del poder del Espíritu Santo. El poder que estuvo en Cristo Jesús debe estar con él. Quinto, el efecto del evangelista: "Así que había gran gozo en aquella ciudad" (Hechos 8:8). Los evangelistas son ministros avivados. Su ministerio produce gozo espiritual dondequiera que ministran. Su unción se transfiere a otros. La unción del Espíritu Santo habla también de alegría, de gozo, de felicidad… de entusiasmo.

Has amado la justicia, y aborrecido la maldad, por lo cual te ungió Dios, el Dios tuyo, con óleo de alegría más que a tus compañeros (Hebreos 1:9).

Todo pastor es llamado para realizar la tarea evangelística, la de predicar el evangelio y ganar almas para el Reino de los Cielos. En este sentido, un pastor hace la obra de los cinco dones ministeriales:

Pero tú sé sobrio en todo, soporta las aflicciones, haz obra de evangelista, cumple tu ministerio (2 Timoteo 4:5).

Por eso, tú mantente vigilante en todas las circunstancias, no temas sufrir, dedícate a la evangelización, cumple con los deberes de tu ministerio (NBV).

El pastor Oswald J. Smith fue un apasionado de la evangelización, y se refirió a esta del siguiente modo:

La tarea suprema de la Iglesia es la evangelización del mundo. Tú y yo no tenemos el derecho de escuchar el evangelio dos veces, cuando hay personas que no lo han oído por primera vez. La iglesia que no evangeliza se fosiliza. Si no estás interesado en evangelismo, existe una gran probabilidad de que nunca haya nacido de nuevo. Dios quiere la evangelización del mundo; si te niegas a evangelizar, entonces te opones a la voluntad de Dios.

Abuso del don

Los que evangelizan deben cuidarse mucho de la "aureola" de fama que muchas veces acompañan a estos ministerios. Mientras más alto lo ponga el Señor Jesucristo, más humilde debe presentarse ante los demás. La fama y el orgullo corrompen ministerios.

El evangelista no debe creerse esa idea de que es "el hombre de la hora", "el evangelista extraordinario de los últimos tiempos", "el siervo de todos los dones"… El diablo infla muchas veces el orgullo ministerial, para hacernos creer que somos más de lo que Dios nos ha hecho ser. La tentación de la exageración y la inflamación de números es algo por lo que se debe estar velando siempre. No son números que pasen al altar, sino corazones que realmente se conviertan a Jesucristo. No personas que sean atraídas al altar, sino almas que sean arrastradas por el Espíritu Santo para que lloren y giman por sus pecados y maldades. Muchos evangelistas hacen cuentos de fe para estimular la fe de otros. Pero sus historias son incompletas: solo narran lo que a ellos les conviene. Y en ese afán de testimonio incurren en lo hiperbólico y sensacional.

Se puede abusar del don de evangelista cuando el evangelista o la evangelista esperan que siempre tengan que ocurrir milagros, sanidades, caídas al suelo, liberación de demonios. Y buscan provocar que esto ocurra aunque no sea genuino.

Los evangelistas deben rendir cuentas de su ministerio a alguna junta pastoral, conciliar o denominacional. El hecho de incorporar o sacar personería jurídica para sus respectivos ministerios muchas veces los lleva a rendirse cuentas a sí mismos. Eso es peligroso. Hay que ser responsables de los ingresos y egresos ministeriales ante Dios, la Iglesia, el pueblo y la ley.

Los evangelistas deben hacer vida de redil. Muchos evangelistas, por estar supuestamente ocupados en predicar y evangelizar (aunque mayormente esta tarea se realiza los fines de semana), usan su ministerio como excusa para no reunirse regularmente en una congregación para dar cuentas a un pastor. Se hacen de amigos pastores y los declaran sus pastores, pero no se congregan con estos, ni diezman a esas congregaciones.

Los pastores deben ser muy cuidadosos en no permitir en sus púlpitos a predicadores, profetas, conferencistas, cantantes y músicos que no están bajo una cobertura pastoral. Al ellos no mantener membresía en una congregación, tampoco lo hace la familia.

No se deben diezmar a ellos mismos. Esto ocurre cuando diezman a su propio ministerio. Ellos y ellas deben diezmar al alfolí de su iglesia local.

Aunque el evangelista sea una persona muy ocupada, debe mantener membresía en alguna congregación, y así sentirse responsable ante algún pastor. El fracaso de muchos evangelistas estriba en que han sido su propia autoridad y, cuando han fallado o necesitado un consejo, no han tenido a quién recurrir.

Huyó, pues, David, y escapó, y vino a Samuel en Ramá, y le dijo todo lo que Saúl había hecho con él. Y él y Samuel se fueron y moraron en Naiot (1 Samuel 19:18).

Cuando por algún pecado escandaloso un evangelista cae de la gracia, debe ser humilde y reconocer que no está exento de la disciplina. Ante la disciplina, muchos se rebelan contra las autoridades espirituales y rechazan toda corrección.

El ser un evangelista no lo convierte en el niño favorito de Dios. Si se tiene que sentar para su restauración espiritual, lo debe hacer. Tampoco debe entrar en "juegos" de ayunos u oraciones para eludir la disciplina. Dios no necesita que nadie haga penitencias para purgarle sus pecados. Los ayunos y las oraciones no son penitencias. Lo que pide Dios es arrepentimiento sincero y disciplina ministerial.

Muchos evangelistas dan más importancia al ejercicio de los dones que a la proclamación de la Palabra. ¡Hermanos evangelistas, prediquen con autoridad la Palabra de Dios! Los dones se manifestarán solos; serán el complemento a la ministración del evangelio de gracia.

EL DON DE PASTOR
Y Él mismo constituyó [...] a otros pastores
— EFESIOS 4:11D

El trabajo de pastor se presenta desde temprano en la historia humana. En el libro de Génesis se contrasta por medio de sus labores los caracteres de Abel y de Caín.

Después dio a luz a su hermano Abel. Y Abel fue pastor de ovejas, y Caín fue labrador de la tierra. Y aconteció, andando el tiempo, que Caín trajo del fruto de la tierra una ofrenda a Jehová. Y Abel trajo también de los primogénitos de sus ovejas, de lo más gordo de ellas. Y miró Jehová con agrado a Abel y a su ofrenda [...] (Génesis 4:2-4).

La imagen del pastor se constituyó en una figura que representaba la dirección del pueblo hebreo:

Entonces respondió Moisés a Jehová, diciendo: Ponga Jehová, Dios de los espíritus de toda carne, un varón sobre la congregación, que salga delante de ellos y que entre delante de ellos, que los saque y los introduzca, para que la congregación de Jehová no sea como ovejas sin pastor. Y Jehová dijo a Moisés: Toma a Josué hijo de Nun, varón en el cual hay espíritu, y pondrás tu mano sobre él; y lo pondrás delante del sacerdote Eleazar, y delante de toda la congregación; y le darás el cargo en presencia de ellos. Y pondrás de tu dignidad sobre él, para que toda la congregación de los hijos de Israel obedezca!... y puso sobre él sus manos, y le dio el cargo, como Jehová había mandado por mano de Moisés (Números 27:15-23).

Cuando el rey Acab le insistió al profeta Micaías que le profetizara la verdad, este le profetizó su derrota:

Entonces él dijo: Yo vi a todo Israel esparcido por los montes, como ovejas que no tienen pastor; y Jehová dijo: Estos no tienen señor; vuélvase cada uno a su casa en paz (1 Reyes 22:17).

La figura del pastor también es apropiada para referirse al cuidado, dirección y protección divinos.

Jehová es mi pastor; nada me faltará (Salmos 23:1).

Oh Pastor de Israel, escucha; Tú, que pastoreas como a ovejas a José, que estás entre querubines, resplandece (Salmos 80:1).

El propio Señor Jesucristo se vio a sí mismo como un pastor con un rebaño espiritual.

Yo soy el buen pastor; el buen pastor su vida da por las ovejas. Mas el asalariado, y que no es el pastor, de quien no son propias las ovejas, ve venir al lobo y deja las ovejas, y huye, y el lobo arrebata las ovejas y las dispersa [...]. Yo soy el buen pastor; y conozco mis ovejas, y las mías me conocen [...]. También tengo otras ovejas que no son de este redil; aquellas también debo traer, y oirán mi voz; y habrá un rebaño, y un pastor (Juan 10:11-16).

Al Señor Jesucristo se lo describe como "el Buen Pastor" (Juan 10:11); "Apóstol y Sumo Sacerdote" (Hebreos 13:20); "el Gran Pastor" (Hebreos 13:20) y "el Príncipe de los pastores"(1 Pedro 5:4).

Yo soy el buen pastor; el buen pastor su vida da por las ovejas (Juan 10:11).

Por tanto, hermanos santos, participantes del llamamiento celestial, considerad al apóstol y sumo sacerdote de nuestra profesión, Cristo Jesús, el cual es fiel al que le constituyó, como también lo fue Moisés en toda la casa de Dios (Hebreos 3:1-2).

Y el Dios de paz que resucitó de los muertos a nuestro Señor Jesucristo, el gran pastor de las ovejas, por la sangre del pacto eterno [...] (Hebreos 13:20).

Y cuando aparezca el Príncipe de los Pastores, vosotros recibiréis la corona incorruptible de gloria (1 Pedro 5:4).

El oficio de los pastores en las congregaciones emerge de las filas del ancianato como dirigente principal. En el libro de los Hechos se nos presenta que las comunidades cristianas primitivas eran dirigidas y gobernadas por una junta o concejo de ancianos (Hechos 11:30; 14:23; 15:23; 20:17).

Entonces los discípulos, cada uno conforme a lo que tenía, determinaron enviar socorro a los hermanos que habitaban en Judea, lo cual en efecto hicieron, enviándolo a los ancianos por mano de Bernabé y de Saulo (Hechos 11:29-30).

Y constituyeron ancianos en cada iglesia, y habiendo orado con ayunos, los encomendaron al Señor en quien habían creído (Hechos 14:23).

Entonces pareció bien a los apóstoles y a los ancianos, con toda la iglesia, elegir de entre ellos varones y enviarlos a Antioquía con Pablo y Bernabé: a Judas que tenía por sobrenombre Barsabás, y a Silas, varones principales entre los hermanos; y escribir por conducto de ellos los apóstoles y los ancianos y los hermanos a los hermanos de entre los gentiles que están en Antioquía, en Siria y en Cilicia, salud (Hechos 15:22-23).

En el libro de Hebreos se exhorta a los creyentes a tener en alta estima y respeto el ministerio de los pastores:

Acordaos de vuestros pastores, que os hablaron la palabra de Dios; considerad cuál haya sido el resultado de su conducta, e imitad su fe (Hebreos 13:7).

Obedeced a vuestros pastores, y sujetaos a ellos; porque ellos velan por vuestras almas, como quienes han de dar cuenta; para que lo hagan con alegría, y no quejándose, porque esto no os es provechoso (Hebreos 13:17).

Las epístolas de la prisión, conocidas también como "epístolas pastorales" (Tito 1 y 2 de Timoteo), están saturadas de consejos pastorales.

En el libro del Apocalipsis vemos el cuidado y protección que el Señor Jesucristo tiene para con los pastores:

Tenía en su diestra siete estrellas [...]. El misterio de las siete estrellas que has visto en mi diestra, y de los siete candeleros de oro: las siete estrellas son los ángeles de las siete iglesias, y los siete candeleros que has visto son las siete iglesias (Apocalipsis 1:16-20).

Uso del don

Primero, el pastor es un dirigente: "Y cuando ha sacado fuera todas las propias, va delante de ellas; y las ovejas le siguen, porque conocen su voz" (Juan 10:4). El pastor es investido espiritualmente con los dones y capacidades para ministrar y administrar el rebaño del Señor Jesucristo.

Su voz se respeta y es autoritaria. Las ovejas lo reconocen como consejero espiritual y predicador. Con sus palabras anima, consuela, motiva y estimula.

Las ovejas se mueven bajo su visión. A donde él llega, las ovejas deben llegar. En donde el pastor se para, las ovejas se paran. Su trabajo no puede sustituirse por ninguna junta o comité.

Segundo, el pastor es un protector: "El buen pastor su vida da por las ovejas" (Juan 10:11). Su misión es proteger doctrinalmente al rebaño. Lo cuida y lo protege con su ministerio. Vela por que el lobo no le arrebate ni una sola oveja. No descansa hasta encontrar la oveja descarriada y extraviada (Lucas 15:4-6). En su ministerio no busca perder ovejas, sino ganar ovejas y retener las que ya tiene.

Tercero, el pastor es un sanador: "No fortalecisteis las débiles, ni curasteis la enferma; no vendasteis la perniquebrada, ni volvisteis al redil la descarriada, ni buscasteis la perdida" (Ezequiel 34:4). El pastor será paciente con el rebaño, compasivo, y restaurará a la oveja caída. Con amor en su corazón vendará la oveja herida y la curará. Reconocerá que Dios no lo ha colocado en ese puesto para golpear y herir al rebaño del Señor Jesucristo. Un día tendrá que rendir cuentas a Dios por su trato hacia cada una de las ovejas.

> *Obedeced a vuestros pastores, y sujetaos a ellos; porque ellos velan por vuestras almas, como quienes han de dar cuenta; para que lo hagan con alegría, y no quejándose, porque esto no os es provechoso* (Hebreos 13:17).

En el libro *Cristianismo y posmodernidad: la rebelión de los santos* de Lucas Magnin, este autor nos ofrece un comentario muy interesante sobre el pastor:

> *Creo que no vamos a poder volver a una visión bíblica y sana del pastorado si no logramos disociar la función del puesto: pastores son los que cuidan y acompañan, no necesariamente los que dirigen. Incluso, en más de una ocasión, los carismas de los que pastorean y de los que conducen son incompatibles. Los pastores acompañan, esperan, aconsejan, están interesados en procesos y personas; los que guían son motivadores, van un paso más adelante, no tienen mucha paciencia para los procesos, sino que se concentran en visiones y proyectos. Para que tengamos pastores y conductores que hagan lo que tienen que hacer, es fundamental separar las funciones de la pastoral de las de la conducción.*

> *En las figuras de autoridad proyectamos nuestra propia vida, les pedimos que sean lo que nosotros quisiéramos ser y esperamos que realicen lo que nosotros no sabemos o no podemos realizar.*

> *En los responsables de la Iglesia depositamos, a veces inconscientemente, la responsabilidad de vivir la fe con una perfección a la que nosotros, en medio de nuestras vidas y dilemas personales, no podemos (o no queremos) aspirar. Un daño colateral del modelo pastorcéntrico repercute directamente en las autoridades. La centralidad de la figura pastoral no solamente pone en riesgo la salud de todos los miembros y el desarrollo de sus dones y ministerios; también afecta negativamente a los mismos responsables. Ser un superhombre cuesta caro y generalmente arrastra una serie de consecuencias: desgaste espiritual, estrés y dudas, enfermedades y depresión, desencanto del ministerio, soledad. Son el tipo de*

consecuencias de las que nadie habla, los vestigios que se esconden como una vergüenza y un fracaso.

A un obrero, un ministro, un pastor, líder o misionero no se le permiten el agotamiento, la frustración ni el desencanto. En el esfuerzo por convertirnos en superhombres, terminamos asociando el cansancio con la falta de fe; confundimos una actitud apacible o risueña con el gozo del Señor y llamamos "tibieza espiritual" a todo lo que no tenga un halo místico de victoria.

El pastorcentrismo es un pecado que convierte a la Iglesia en una empresa y a sus autoridades en instrumentos con fecha de vencimiento que se desechan cuando no sirven más o cuando muestran su debilidad (Magnin, Lucas. *Cristianismo y posmodernidad: la rebelión de los santos.* Editorial CLIE, Barcelona, España. Páginas 239-240).

Abuso del don

Se abusa del don de pastor o pastora cuando personas sin llamados genuinos se posicionan a sí mismos como pastores. No se han preparado ni han sido formados para la pastoral, pero se hacen pastores.

Abusan del don de pastor o pastora aquellos que ejercen la pastoral, pero ya han perdido la visión y pasión de esta, con congregaciones que languidecen, agonizan, pierden demasiados miembros y no crecen.

Abusan del don de pastor o pastora aquellos que no son realmente pastores, pero se hacen llamar pastores o se dejan llamar pastores. Caen en lo que se conoce legalmente como *falsa representación.*

Abusan del don de pastor o pastora aquellos que son llamados por el Señor Jesucristo para ser un buen número dos o números tres, u otro número, pero quieren ser número uno, sin don, sin talentos, sin carisma, sin llamado y sin ministerio.

El príncipe Jonatán, sucesor legal al trono del reinado de su padre Saúl, abdicó voluntariamente a su derecho, porque tuvo en su corazón una revelación que el ungido David tenía que ser el número uno, y él aceptó ser el número dos:

Y le dijo: No temas, pues no te hallará la mano de Saúl mi padre, y tú reinarás sobre Israel, y yo seré segundo después de ti; y aun Saúl mi padre así lo sabe (1 Samuel 23:17).

El obispo René Peñalba, en su libro *Un pastor efectivo*, nos deja ver cómo un pastor abusa de su don al tener una mala mayordomía de sus finanzas:

> *Un pastor que no reporta finanzas, que no diezma, que tiene un caos en su economía personal y maneja desastrosamente la administración de una Iglesia no solamente se desprestigia él, sino que le quita al ministerio grandes posibilidades de alcanzar sus metas.*
>
> *Hay personas que nunca aprendieron a manejar el dinero, al contrario, el dinero los manejó todo el tiempo; estas personas están condenadas a ser pobres y sus iglesias, a no crecer jamás.*
>
> *Para que una iglesia crezca, para que un pastor legítimamente prospere en su vocación de vida, debe aprender a manejar las finanzas a dos niveles: las finanzas personales y las finanzas del ministerio.*

Ezequiel 34 presenta en profecías las quejas de Dios contra los pastores de Israel, en este caso contra los líderes políticos. Esas quejas de Dios todavía están vigentes contra aquellos que hoy día, ejerciendo el pastorado, abusan de su ministerio.

Pastores que solo están preocupados por sí mismos: "Hijo de hombre, profetiza contra los pastores de Israel; profetiza, y di a los pastores: Así ha dicho Jehová el Señor: ¡Ay de los pastores de Israel, que se apacientan a sí mismos! ¿No apacientan los pastores a los rebaños?" (Ezequiel 34:2).

Pastor, cuida de tu rebaño. No te aproveches de ellos. Sírveles a ellos; no estés buscando que ellos te sirvan a ti. Debes buscar la oveja perdida, pero también debes tener bien aseguradas las noventa y nueve que están en el redil.

Pastores que se benefician de las ovejas, pero no las ministran como es debido: "Coméis la grosura, y os vestís de la lana; la engordada degolláis, mas no apacentáis a las ovejas" (Ezequiel 34:3).

Pastor, esas ovejas no son para que te aproveches de ellas. No manipules a las ovejas con pactos financieros o con sermones para quitarles la lana.

Pastores en cuyo ministerio no hay fortaleza, ni cura, ni búsqueda por las ovejas: "No fortalecisteis las débiles, ni curasteis la enferma; no vendasteis la perniquebrada, no volvisteis al redil la descarriada, ni buscasteis la perdida [...]" (Ezequiel 34:4).

Pastor, muchas de las ovejas bajo tu pastorado necesitan ser curadas. Minístralas con la predicación y con la enseñanza para su sanidad interior o emocional. Busca las ovejas perdidas y las ovejas descarriadas. **Pastores que se han vuelto dictadores espirituales.** "[...] sino que os habéis enseñoreado de ellas con dureza y con violencia" (Ezequiel 34:4). Pastor, tú no eres el señor del rebaño. Jesucristo es el Señor del rebaño. No te adueñes de la voluntad de las ovejas. No seas un dictador espiritual, sino un guía espiritual. No seas un acosador espiritual. **Pastores que son responsables por el descarrío de las ovejas.** "Y andan errantes por falta de pastor, y son presa de todas las fieras del campo, y se han dispersado" (Ezequiel 34:5). **Pastor, vigila a ese rebaño que muchas veces se extravía, se enfría porque les falta cuidado y protección pastoral.** Vigila de cerca a las ovejas para que los depredadores de la falsa doctrina no les hagan daño.

Pastores por cuya culpa las ovejas están esparcidas: "Anduvieron perdidas mis ovejas por todos los montes, y en todo collado alto; y en toda la faz de la tierra fueron esparcidas mis ovejas, y no hubo quien las buscase, ni quien preguntase por ellas" (Ezequiel 34:6).

Pastor, son muchas las ovejas que andan perdidas. Búscalas y pregunta por ellas; llámalas, visítalas. Ama tus ovejas. Acaricia tus ovejas. Abraza tus ovejas.

Por medio del profeta Zacarías, Dios también se queja de los pastores inútiles, posiblemente líderes, que abusaban y maltrataban al rebaño de Dios.

Y me dijo Jehová: Toma aun los aperos de un pastor insensato; porque he aquí, yo levanto en la tierra a un pastor que no visitará las pérdidas, ni buscará la pequeña, ni curará la perniquebrada, ni llevará la cansada a cuestas, sino que comerá la carne de la gorda, y romperá sus pezuñas. ¡Ay del pastor inútil que abandona el ganado! Hiera la espada su brazo, y su ojo derecho; del todo se secará su brazo, y su ojo derecho será enteramente oscurecido (Zacarías 11:15-17).

El pastor debe visitar a las ovejas que se ausentan de las reuniones o que no desean asistir más (Zacarías 11:16). Tendrá un ministerio especial hacia la oveja pequeña, es decir para con los niños y para con los jóvenes (Zacarías 11:16). Como pastor cargará a esas ovejas que se cansan en el camino, que se frustran y que todavía no han madurado espiritualmente (Zacarías 11:16). Se cuidará de no tomar ventajas lucrativas sobre el rebaño del Señor (Zacarías 11:16). Un pastor que abusa, como declara Zacarías, es un pastor inútil. No sirve para nada. Espiritualmente, tiene tuerto "su ojo derecho" (Zacarías 11:17). Ha perdido la visión completa. No ve bien en su ministerio. Está limitado en lo que percibe y en lo que aspira. No llegará demasiado lejos. Espiritualmente, tiene su "brazo" seco. Ha perdido su fuerza y autoridad. No puede hacer mucho. Necesita usar la fuerza de otro. Está incapacitado. Su brazo ha sido herido con la "espada" (Zacarías 11:17) de las consecuencias y del descuido propio.

Pero a veces hay un descuido casi imperdonable en algunos pastores que ponen a su familia en un segundo plano después de la congregación. Un joven que asistió al funeral de su padre que era pastor, sentado, escuchaba las palabras de muchos feligreses. Una joven dama decía: "Recuerdo a mi pastor; cuando más lo necesité en mi juventud, allí estuvo él para ayudarme".

Un caballero decía: "Cuando parecía que mi matrimonio se destruía, llegó nuestro pastor y nos aconsejó. Hasta este día somos una pareja muy feliz". Un adolescente decía: "Nadie me comprendía, pero mi pastor supo entender mis problemas de desarrollo juvenil. Me hablaba como un padre".

Al escuchar todos estos testimonios, el joven lloraba y se decía a sí mismo:

Ahora entiendo, padre, por qué cuando fui adolescente y te necesité, tú no estuviste a mi lado. Estabas ayudando a este adolescente. Cuando te necesité en mi juventud, no llegaste a mi lado porque estabas ayudando a esta joven dama. Cuando me enamoré, no pudiste darme todo el consejo que necesitaba porque estuviste ayudando a este matrimonio. Le quitaste a tu familia para dar a otras familias. Gracias, padre; antes que todo, fuiste pastor.

Muchos que están hoy en la tarea pastoral son más ovejas que pastores. Rumian más como ovejas que como pastores que alimentan a un rebaño. Algunos son mitad oveja y mitad pastor. Pudieran ser más efectivos siendo un número dos como copastores o pastores asociados, y no como pastores.

En el primer encuentro del príncipe Jonatán con David, a quien amaba como un hermano, al igual que David lo amaba a él, simbólicamente se despojó a sí mismo de su investidura para transferirla sobre David. Aquí Jonatán y David hicieron el segundo pacto.

E hicieron pacto Jonatán y David, porque él le amaba como a sí mismo. Y Jonatán se quitó el manto que llevaba, y se lo dio a David, y otras ropas suyas, hasta su espada, su arco y su talabarte (1 Samuel 18:3 4).

[...] David conoció a Jonatán, hijo del rey, e inmediatamente se estableció entre ellos un fuerte lazo de amistad. Jonatán lo amó como a un hermano, e hizo un pacto con él, y selló el pacto dándole su túnica, su espada, su arco y su cinto [...] (Samuel 18:2-4, NBV).

El príncipe Jonatán se despojó de su manto, símbolo de su posición. Se despojó de otras ropas, símbolo de entrega a David. Se despojó de su espada, arco y cinto, símbolo de su propia protección y defensa para reconocer la protección y seguridad de David como aquel que divinamente había sido elegido y predestinado como rey.

En el segundo encuentro del príncipe Jonatán con David, él voluntariamente renunció a su posición de ser el primero, para aceptar ser segundo. Entendió el diseño de Dios para su vida y el propósito divino de Dios para la vida de David. Aquí el príncipe Jonatán hizo el primer pacto con el ungido David.

Y le dijo: No temas, pues no te hallará la mano de Saúl mi padre, y tú reinarás sobre Israel, y yo seré segundo después de ti; y aun Saúl mi padre así lo sabe. Y ambos hicieron pacto delante de Jehová; y David se quedó en Hores, y Jonatán se volvió a su casa (1 Samuel 23:17-18).

Se abusa el don de pastor cuando este denigra a la oveja que, por tal o cual motivo, salió de su redil para integrarse a otro redil, o porque se siente llamado a iniciar un ministerio. Las ovejas no son nuestras: las ovejas son del Señor Jesucristo.

El pastor José Lachapell, del Bronx, New York (un ministro que ama las almas) lo expresa de esta manera:

Interesantemente, para muchos pastores egoístas y de corta visión, las ovejas solo son buenas y obedientes mientras se mantengan trabajando y aportando dentro de las iglesias que ellos pastorean.

Si la oveja sale de la congregación después de Dios, tratar con ella para comenzar a desarrollar el ministerio que Dios le ha encomendado, muchos pastores, en vez de bendecir la oveja y ponerse a disposición para ayudar, mejor utilizan sus púlpitos para atacar, denigrar, descalificar y tildar de rebeldes y desobedientes a todo aquel que sale de sus iglesias. Esta es una actitud carnal, egoísta y caudillista.

Mientras la oveja trabajó fielmente en el ministerio local, ofrendó y diezmó fielmente, era de bendición pero, el día que su tiempo expiró en dicho lugar y salió, entonces ya no era más de bendición, sino un desobediente, rebelde y divisor.

Se abusa de este don de pastor cuando no se reconoce o se acepta que el tiempo de la asignación dada por el Señor Jesucristo o por el Espíritu Santo ha terminado en una persona. Y este o esta se mantiene funcionando sin el respaldo de Dios, solo por intereses personales o por bienes materiales. Por eso vemos tantas congregaciones con tan poca membresía. Pastores que aman más los templos que las ovejas. ¡Se han vuelto templarios!

¡Cuánto sufre la obra del Señor Jesucristo por pastores sin pastorado que se niegan a servir a las ovejas! A ellos les interesan las bancas, el edificio, lo que ellos hicieron, pero poco les importan ya las ovejas.

Ven a la congregación ponerse flaca, anémica, enclenque, ciega, sorda, y ellos siguen cuidando de una congregación en agonía. La membresía ha mermado; hay fuga de feligreses, pero ellos no quieren ceder a su pastorado. Se ponen viejos y ponen vieja a la congregación. Se vuelven rutinarios y hacen rutinaria a la congregación.

¡Terminan matando la congregación que tanto han amado!, pastoreando bancas y sillas vacías. En ellos hace tiempo se desvaneció la pasión del pastorado. Se entretienen con las congregaciones, no atienden a las congregaciones. Mueren en sus pastorados, y el templo se convierte en su panteón. ¡Pastor, ama más las ovejas que al templo!

Otros hacen la transición, dejando el pastorado y las propiedades como un legado para los hijos. Están más preocupados por cuidar un patrimonio familiar que por la obra del Señor Jesucristo. Sé que un hijo o una hija con un llamado genuino, que se ha preparado tres años en el Instituto Bíblico, que se ha credenciado institucionalmente, que ha recibido el llamado y tiene los dones puede recibir ese legado. Pero el pastorado y los templos no son herencia familiar.

Sé sincero contigo mismo. Escucha al Señor Jesucristo cuando te hable al corazón. Si tu tiempo ha terminado en ese pastorado, no prolongues tu estadía; deja que la organización, si está afiliada, ponga otro pastor y sé lo suficiente humilde para aceptar la voluntad de Jesucristo. ¡No seas un matador de congregación!

EL DON DE MAESTRO

Y Él mismo constituyó [...] a otros maestros
— EFESIOS 4:11D

Uno de los ministerios que más ha bendecido la Iglesia de Jesucristo a través de los siglos ha sido el de maestro. Es el don de impartir conocimientos a otros. El don de la enseñanza se complementa con el don de maestro. Nuestro propio Señor Jesucristo puso en práctica este maravilloso don.

Vosotros me llamáis Maestro, y Señor; y decís bien, porque lo soy. Pues si yo, el Señor y el Maestro, he lavado vuestros pies, vosotros también debéis lavaros los pies los unos a los otros. Porque ejemplo os he dado, para que, como yo os he hecho, vosotros también hagáis. De cierto, de cierto os digo: El siervo no es mayor que su señor, ni el enviado es mayor que el que le envió (Juan 13:13-16).

Además, Jesucristo operó en otros dones de oficio; se manifestó en Él la suma de todas estas capacidades:

Por tanto, hermanos santos, participantes del llamamiento celestial, considerad al apóstol y sumo sacerdote de nuestra profesión, Cristo Jesús [...] (Hebreos 3:1).

Y la gente decía: Este es Jesús el profeta, de Nazaret de Galilea (Mateo 21:11).

Después que Juan fue encarcelado, Jesús vino a Galilea predicando el evangelio del reino de Dios (Marcos 1:14).

Pero vosotros no queráis que os llamen Rabí; porque uno es vuestro Maestro, el Cristo, y todos vosotros sois hermanos (Mateo 23:8).

Y el Dios de paz que resucitó de los muertos a nuestro Señor Jesucristo, el gran pastor de las ovejas, por la sangre del pacto eterno (Hebreos 13:20).

Porque vosotros erais como ovejas descarriadas, pero ahora habéis vuelto al Pastor y Obispo de vuestras almas (1 Pedro 2:25).

Uso del don

El don de maestro confiere un título y una posición, pero el don de enseñanza habla de su capacidad espiritual para ministrar en ese oficio.

[...] el que enseña en la enseñanza (Romanos 12:7).

Los maestros deben ser personas diligentes en el desempeño de su ministerio. En ellos debe haber el deseo de superación, tanto académica como teológicamente. Antes de ser maestros de la Palabra, son estudiantes de la Palabra. Su dedicación al estudio bíblico es digno de admiración.

Entre tanto que voy, ocúpate en la lectura, la exhortación y la enseñanza (1 Timoteo 4:13).

Si alguno enseña otra cosa, y no se conforma con las sanas palabras de nuestro Señor Jesucristo, y a la doctrina que es conforme a la piedad, está envanecido, nada sabe y delira acerca de cuestiones y contiendas de palabras, de las cuales nacen envidias, pleitos, blasfemias, malas sospechas, disputas necias de hombres corruptos de entendimiento y privados de la verdad [...] (1 Timoteo 6:3-5).

Procura con diligencia presentarte a Dios aprobado, como obrero que no tiene de qué avergonzarse, que usa bien la palabra de verdad (2 Timoteo 2:15).

Pero persiste tú en lo que has aprendido y te persuadiste, sabiendo de quién has aprendido; y que desde la niñez has sabido las Sagradas Escrituras, las cuales te pueden hacer sabio para la salvación por la fe que es en Cristo Jesús. Toda la Escritura es inspirada por Dios, y útil para enseñar, para redargüir, para corregir, para instruir en justicia, a fin de que el hombre de Dios sea perfecto, enteramente preparado para toda buena obra (2 Timoteo 3:14-17).

[...] retenedor de la palabra fiel tal como ha sido enseñada, para que también pueda exhortar con sana enseñanza y convencer a los que contradicen (Tito 1:9).

En un día de batalla, Israel estaba desarmado: solo tenía dos soldados con espadas y lanzas, que eran Saúl y Jonatán. Así están muchas congregaciones que no estudian la Biblia ni oran habitualmente. Solo los líderes están armados con la Palabra y con la oración, ¡Creyentes desarmados sin espada ni lanza! ¡Soldados con uniformes, pero sin armas! Aquella batalla entre Israel y los filisteos era despareja, desigual, desventajosa. El enemigo disfruta esas batallas con los soldados cristianos que no llevan espada ni lanza.

Así aconteció que, en el día de la batalla, no se halló espada ni lanza en mano de ninguno del pueblo que estaba con Saúl y con Jonatán, excepto Saúl y Jonatán, su hijo, que las tenían (1 Samuel 13:22).

El que tiene el don de maestro es muy equilibrado. No es sensacionalista, ni emocionalista. Las modalidades religiosas raras veces lo contagian. Pasa esas nuevas teologías raras por el filtro de la Palabra.

Porque vendrá tiempo cuando no sufrirán la sana doctrina, sino que, teniendo comezón de oír, se amontonarán maestros conforme a sus propias concupiscencias, y apartarán de la verdad el oído y se volverán a las fábulas [...]. Cumple tu ministerio (2 Timoteo 4:3-5).

Esto habla, y exhorta y reprende con toda autoridad. Nadie te menosprecie (Tito 2:15).

Ten cuidado de ti mismo y de la doctrina; persiste en ello pues, haciendo esto, te salvarás a ti mismo y a los que te oyeren (1 Timoteo 4:16).

No es de extrañar que muchas veces surjan desavenencias, conflictos y severos desacuerdos entre los maestros y los evangelistas. Por lo general, los evangelistas son más sensacionalistas, más emocionales, más exagerados; se preocupan más por el número de conversiones. Las conversiones no se determinan por el número de profesiones de fe, sino por los verdaderamente convertidos.

Las experiencias místicas sobresalen más en las predicaciones de los evangelistas, y recurren a muchas experiencias de su ministerio. Con los testimonios tratan de ayudar a Dios, cuando el Eterno no necesita que se lo ayude con testimonios.

Por su parte, los maestros tienden a ser más disciplinados, más dados al estudio serio; analizan más las cosas, enseñan con referencias y se esfuerzan por probar lo que declaran. El maestro es más tranquilo, más analítico, más calculador, más pensador y más bíblico en lo que expone.

En 2017 llevé a un grupo de peregrinos hasta la ciudad de Veria (o Berea) en Macedonia, Grecia. Frente a la Iglesia hay una plaza con las iconografías en mosaico del apóstol Pablo con la visión del varón macedónico y del apóstol Pablo hablándoles a los nobles de Berea que escudriñaban las Escrituras. Pero lo más llamativo fue una estatua de gran tamaño del gigante del cristianismo, Pablo de Tarso. Se presenta con piernas curvadas, calvo y con un físico sin atractivo. El relato bíblico nos habla sobre los de Berea:

> *Inmediatamente, los hermanos enviaron de noche a Pablo y a Silas hasta Berea. Y ellos, habiendo llegado, entraron en la sinagoga de los judíos. Y estos eran más nobles que los que estaban en Tesalónica, pues recibieron la palabra con toda solicitud, escudriñando cada día las Escrituras para ver si estas cosas eran así. Así que creyeron muchos de ellos, y mujeres griegas de distinción, y no pocos hombres* (Hechos 17:10-12).

Los nobles de Berea representan a todos esos creyentes que escudriñan las Sagradas Escrituras. Que comparan lo que se les predica o se les enseña con la Biblia.

Una señal de que alguien tiene el don de maestro y el llamado para enseñar es que le gusta leer y le gusta estudiar. Para ser un buen maestro, debe ser un buen estudiante. No se puede enseñar eficazmente sin estudiar debidamente.

El evangelista puede acusar o criticar al maestro de tener muy poca fe, de la falta de grandes resultados, de la ausencia de unción en su ministerio, de tener teoría, y no práctica.

El maestro respondería que el evangelista está en "superfé", que tiene "fe en la fe", que es muy impresionista, que tiene práctica, pero que carece de conocimientos. La realidad es que, ante Dios, ambos ministerios son importantes. El evangelista gana almas, el maestro discipula almas; uno atrae, el otro agarra; uno informa, el otro forma, uno apela, el otro convence, uno recluta, el otro da seguimiento... los dos ministerios se complementan en la Iglesia de Jesucristo.

Abuso del don

El maestro debe procurar interpretar la Palabra escrita lo más correctamente posible. La Biblia es un libro sagrado, inspirado por el Espíritu Santo y, en el quehacer de su interpretación, el intérprete dependerá de todo auxilio que le pueda dar el Espíritu Santo.

Además, conocerá acerca de las reglas de interpretación hermenéutica:

> *Procura con diligencia presentarte a Dios aprobado, como obrero que no tiene de qué avergonzarse, que usa bien la palabra de verdad* (2 Timoteo 2:15).

> *[...] porque nunca la profecía fue traída por voluntad humana, sino que los santos hombres de Dios hablaron siendo inspirados por el Espíritu Santo* (2 Pedro 1:21).

Las Sagradas Escrituras hablan en dos lenguajes: el literal y el figurativo. El intérprete debe determinar qué lenguaje se está empleando en el determinado texto a considerar.

Por el contexto se puede saber si el lenguaje es literal o figurativo. El lenguaje literal exige que se interprete tal y como se lee. El figurativo presenta figuras de retórica: metáforas, alegorías, sinécdoques, símiles, parábolas, prosopopeyas, hipérboles, símbolos, tipos, antitipos, gradaciones, imágenes, etc.

El contexto escritural es muy importante para la correcta interpretación. Pero se debe recordar que este no se limita exclusivamente a la geografía textual; bien puede ser el tiempo de composición literaria, las costumbres de la época, la situación política o religiosa, los destinatarios del escrito, las circunstancias en que se escribió, la proyección apocalíptica, etc. Por otra parte, el intérprete tiene su propio contexto, es decir, la educación, la formación teológica, la dogmática personal, las tradiciones de su denominación o grupo religioso, la edad, el sexo, los líderes que lo han discipulado, la cultura, las capacidades analíticas.

Lo anterior tiene el propósito de poner en guardia a los maestros acerca de qué leen en el texto bíblico y cómo lo hacen. En otras palabras, qué dice la Biblia y cómo lo dice la Biblia; qué dijo Dios y qué dice Dios. En los últimos años se ha amenazado a la interpretación bíblica con una hermenéutica simplista, improvisada, y no académica. Es la llamada *hermenéutica del logos y del rhema*, sin negar que esta tiene su lugar para aplicar, pero no para interpretar correctamente. Según sus exponentes, el *logos* es la Palabra tal y como está escrita o como se lee; el *rhema* es la Palabra revelada.

El *logos* es lo que Dios dice en la Palabra escrita; el *rhema* es lo que Dios me dice a mí y nos dice a nosotros. El peligro que esto implica es que muchos maestros del *logos* y del *rhema* enseñan revelaciones propias, muy elásticas, que entran en conflictos con la sana doctrina y con los principios correctos de hermenéutica bíblica. Exponen como una palabra de *rhema* todo lo que parezca profundo, nuevo y llamativo. Se hacen expertos descubriendo el *rhema*, pero son indoctos en la interpretación contextual.

Las Sagradas Escrituras dan consejos a aquellos que quieren o ejercen el magisterio cristiano:

> *Hermanos míos, no os hagáis maestros muchos de vosotros, sabiendo que recibiremos mayor condenación. Porque todos ofendemos muchas veces. Si alguno no ofende en palabra, este es varón perfecto, capaz también de refrenar todo el cuerpo* (Santiago 3:1-2).

> *Porque vendrá tiempo cuando no sufrirán la sana doctrina, sino que, teniendo comezón de oír, se amontonarán maestros conforme a sus propias concupiscencias* (2 Timoteo 4:3).

> *Porque, debiendo ser ya maestros, después de tanto tiempo, tenéis necesidad de que se os vuelva a enseñar cuáles son los primeros rudimentos de las palabras de Dios; y habéis llegado a ser tales que tenéis necesidad de leche, y no de alimento sólido* (Hebreos 5:12).

Las congregaciones deben vigilar con cautela a aquellos y a aquellas que, bajo la pretensión de ser maestros de la Biblia, introducen malas enseñanzas. Hablan muy bien, con un carisma convincente, pero su doctrina es errada:

> *Pero hubo también falsos profetas entre el pueblo, como habrá entre vosotros falsos maestros, que introducirán encubiertamente herejías destructoras, y aun negarán al Señor que los rescató, atrayendo sobre sí mismos destrucción repentina. Y muchos seguirán sus disoluciones, por causa de los cuales el camino de la verdad será blasfemado, y por avaricia harán mercadería de vosotros con palabras fingidas. Sobre los tales ya de largo tiempo la condenación no se tarda, y su perdición no se duerme* (2 Pedro 2:1-3).

EL DON DE MISIONERO

Ministrando estos al Señor, y ayunando, dijo el Espíritu Santo: Apartadme a Bernabé y a Saulo para la obra a que los he llamado. Entonces, habiendo ayunado y orado, les impusieron las manos y los despidieron.

— HECHOS 13:2-3

Este pasaje nos habla del llamamiento misionero de Bernabé y Saulo. El Espíritu Santo los separó por medio de la voz profética, y fueron ordenados por la Iglesia de Antioquía como misioneros foráneos.

Por tanto, no podríamos pasar por alto que aquellos que ejercen como *misioneros* han recibido el don para este oficio. Los que niegan una continuación del don de apóstol lo han aplicado por muchos años como referencia al ministerio de los misioneros. Literalmente, "apóstol" significa "enviado" y, en este sentido, un misionero es un apóstol.

Se describe a los apóstoles con características misioneras y, en funciones de oficio, se ven como tales:

> *Y yendo, predicad, diciendo: El reino de los cielos se ha acercado. Sanad enfermos, limpiad leprosos, resucitad muertos, echad fuera demonios; de gracia recibisteis, dad de gracia. No os proveáis de oro, ni plata, ni cobre en vuestros cintos; ni de alforja para el camino, ni de dos túnicas, ni de calzado, ni de bordón; porque el obrero es digno de su alimento. Mas en cualquier ciudad o aldea donde entréis, informaos quién en ella sea digno, y posad allí hasta que salgáis* (Mateo 10:7-11).

Pero hay que afirmar que un apóstol puede ser un misionero, pero un misionero necesariamente no será un apóstol. Las descripciones del apostolado son múltiples en relación con los misioneros.

Uso del don

Pablo y Bernabé son ejemplos completos del llamado misionero, y en ellos se descubre la definición de este oficio. De igual manera, otros discípulos de Pablo, tales como Priscila, Aquila, Lucas, Timoteo, Tito y Epafrodito, fueron misioneros.

A lo largo del libro de Hechos, descubrimos una agenda misional para la Iglesia. Desde el principio, la intención del Espíritu Santo fue que la salvación pasara de los judíos a los no judíos, es decir, a los gentiles.

[...] y me seréis testigos en Jerusalén, en toda Judea, en Samaria, y hasta lo último de la tierra (Hechos 1:8).

El misionero no solo cumple con la gran comisión de llegar con el evangelio transformador de Jesús de Nazaret a los no alcanzados, sino que en su vida experimenta una transformación y se llena de un deseo por cruzar su propia frontera cultural y lingüística, llegando hasta otros pueblos y otras lenguas.

Como misionero, Pablo respetaba la cultura y costumbres de aquellos a los cuales ministraba. El misionero no impone su cultura y costumbres sobre otros. Desde luego sabrá diferenciar entre cultura, costumbres y pecados.

Porque no me avergüenzo del evangelio, porque es poder de Dios para salvación a todo aquel que cree; al judío primeramente, y también al griego (Romanos 1:16).

Me he hecho a los judíos como judío, para ganar a los judíos; a los que están sujetos a la ley (aunque yo no esté sujeto a la ley) como sujeto a la ley, para ganar a los que están sujetos a la ley; a los que están sin ley, como si yo estuviera sin ley (no estando yo sin ley de Dios, sino bajo la ley de Cristo), para ganar a los que están sin ley. Me he hecho débil a los débiles, para ganar a los débiles; a todos me he hecho de todo, para que de todos modos salve a algunos. Y esto hago por causa del evangelio, para hacerme copartícipe de él (1 Corintios 9:20-23).

Cuando el apóstol Pablo escribió la primera epístola a los Corintios, uno de los asuntos que trató fue el de índole cultural. Este asunto tenía que ver con que las mujeres se cubrieran la cabeza con un velo. Ante este conflicto de cultura versus dogmática cristiana, Pablo respondió:

Con todo eso, si alguno quiere ser contencioso, nosotros no tenemos tal costumbre, ni las iglesias de Dios (1 Corintios 11:16).

Si alguien insiste en discutir este asunto, tenga en cuenta que nosotros no tenemos otra costumbre, ni tampoco las iglesias de Dios (NVI).

El concilio de Jerusalén surgió a raíz de la contienda suscitada de que los gentiles tenían que circuncidarse para poder ser salvos. Entonces algunos que venían de Judea enseñaban a los hermanos: "Si no os circuncidáis conforme al rito de Moisés, no podéis ser salvos".

Como Pablo y Bernabé tuviesen una discusión y contienda no pequeña con ellos, se dispuso que subiesen Pablo y Bernabé a Jerusalén, y algunos otros de ellos, a los apóstoles y a los ancianos, para tratar esta cuestión. Ellos, pues, habiendo sido encaminados por la Iglesia, pasaron por Fenicia y Samaria, contando la conversión de los gentiles; y causaban gran gozo a todos los hermanos. Y llegados a Jerusalén, fueron recibidos por la Iglesia y los apóstoles y los ancianos, y refirieron todas las cosas que Dios había hecho con ellos (Hechos 15:2-4).

Pablo y Bernabé subieron a Jerusalén acompañados de otros creyentes de Antioquía, para tratar esta situación dogmática en asamblea convocada. En la discusión, Pedro habló a favor de los gentiles y sostuvo que eran salvos por gracia.

Y se reunieron los apóstoles y los ancianos para conocer de este asunto. Y, después de mucha discusión, Pedro se levantó y les dijo: Varones hermanos, vosotros sabéis cómo ya hace algún tiempo que Dios escogió que los gentiles oyesen por mi boca la palabra del evangelio y creyesen. Y Dios, que conoce los corazones, les dio testimonio, dándoles el Espíritu Santo lo mismo que a nosotros; y ninguna diferencia hizo entre nosotros y ellos, purificando por la fe sus corazones. Ahora, pues, ¿por qué tentáis a Dios, poniendo sobre la cerviz de los discípulos un yugo que ni nuestros padres ni nosotros hemos podido llevar? Antes creemos que por la gracia del Señor Jesús seremos salvos, de igual modo que ellos (Hechos 15:6-11).

Luego Pablo y Bernabé tomaron su lugar e hicieron una exposición de lo que había ocurrido entre los gentiles. Jacobo, el hermano del Señor Jesucristo, puso fin a todo hablando en defensa de los gentiles:

Entonces toda la multitud calló, y oyeron a Bernabé y a Pablo, que contaban cuán grandes señales y maravillas había hecho Dios por medio de ellos entre los gentiles. Y, cuando ellos callaron, Jacobo respondió diciendo: Varones hermanos, oídme. Simón ha contado cómo Dios visitó por primera vez a los gentiles, para tomar de ellos pueblo para su nombre. Y con esto concuerdan las palabras de los profetas, como está escrito (Hechos 15:12-15).

Como resultado de este concilio y después de discutirse parlamentariamente, se aprobó la siguiente resolución:

Por lo cual yo juzgo que no se inquiete a los gentiles que se convierten a Dios, sino que se les escriba que se aparten de las contaminaciones de los ídolos, de fornicación, de ahogado y de sangre (Hechos 15:19-20).

Una característica de los misioneros es su capacidad para adaptarse a los lugares y experimentar necesidades, especialmente al principio de su ministerio. Veamos este testimonio del misionero Pablo:

En gran manera me gocé en el Señor de que ya al fin habéis revivido vuestro cuidado de mí; de lo cual también estabais solícitos, pero os faltaba la oportunidad. No lo digo porque tenga escasez, pues he aprendido a contentarme, cualquiera que sea mi situación. Sé vivir humildemente, y sé tener abundancia; en todo y por todo estoy enseñado, así para estar saciado como para tener hambre, así para tener abundancia como para padecer necesidad. Todo lo puedo en Cristo que me fortalece (Filipenses 4:10-13).

He despojado a otras iglesias, recibiendo salario para serviros a vosotros. Y, cuando estaba entre vosotros y tuve necesidad, a ninguno fui carga, pues lo que me faltaba lo suplieron los hermanos que vinieron de Macedonia, y en todo me guardé y me guardaré de seros gravoso (2 Corintios 11:8-9).

Muchas veces los misioneros trabajan secularmente para autosostenerse en sus ministerios. Pero es de esperarse que sean respaldados económicamente por el sostenimiento y apoyo de la misión o iglesia de la que hayan salido al campo misionero.

Después de estas cosas, Pablo salió de Atenas y fue a Corinto. Y halló a un judío llamado "Aquila", natural del Ponto, recién venido de Italia con Priscila, su mujer, por cuanto Claudio había mandado que todos los judíos saliesen de Roma. Fue a ellos y, como era del mismo oficio, se quedó con ellos y trabajaban juntos, pues el oficio de ellos era hacer tiendas (Hechos 18:1-3).

Pero todo lo he recibido, y tengo abundancia; estoy lleno, habiendo recibido de Epafrodito lo que enviasteis; olor fragante, sacrificio acepto, agradable a Dios (Filipenses 4:18).

El misionero comienza su trabajo en lugares diferentes. Entra a dondequiera que se le abra una puerta para predicar a Cristo y comenzar un trabajo misionero. Por lo general, sus pastorados no son largos, pero no abandona una obra hasta que Dios provea un sustituto. En la ciudad de Éfeso, el apóstol Pablo ejerció su ministerio por un tiempo prolongado:

Así continuó por espacio de dos años, de manera que todos los que habitaban en Asia, judíos y griegos, oyeron la palabra del Señor Jesús (Hechos 19:10).

Los misioneros, mayormente, están respaldados en su ministerio por señales y milagros:

Y hacía Dios milagros extraordinarios por mano de Pablo, de tal manera que aun se llevaban a los enfermos los paños o delantales de su cuerpo, y las enfermedades se iban de ellos, y los espíritus malos salían (Hechos 19:11-12).

Pues la Escritura dice: No pondrás bozal al buey que trilla; y digno es el obrero de su salario (1 Timoteo 5:18).

No todos los *misioneros* son fundadores de congregaciones. Muchos desarrollan ministerios de ayuda social, orfelinatos, asistencia médica y dental, escuelas, programas de higiene física, ayuda agricultural, programas de rehabilitación, ministerios de literatura cristiana.

Lucas fue un misionero que acompañó a Pablo y a Bernabé como historiador y médico:

> *Solo Lucas está conmigo. Toma a Marcos y tráele contigo, porque me es útil para el ministerio* (2 Timoteo 4:11).

> *Os saluda Lucas, el médico amado, y Demas* (Colosenses 4:14).

Abuso del don

Abusan del título de misionero ciertas organizaciones que otorgan credenciales de misioneros a muchos de sus obreros. No es extraño encontrarnos con muchos que se hacen llamar *misioneros* y que no saben las responsabilidades y disciplinas que implican sus credenciales.

Otros son *misioneros* de viajes. Cada vez que salen a algún lugar, proclaman que van como misioneros. El trabajo del misionero es más que hacer viajes de vacaciones o curiosear en otros países.

Hay que reconocer también que algunas organizaciones o congregaciones desatienden y abusan de los misioneros, pues no proveen lo suficiente para sostenerlos en el campo de labor:

> *[...] porque el obrero es digno de su alimento* (Mateo 10:10).

> *Los ancianos que gobiernan bien sean tenidos por dignos de doble honor, mayormente los que trabajan en predicar y enseñar. Pues la Escritura dice: No pondrás bozal al buey que trilla; y digno es el obrero de su salario* (1 Timoteo 5:17-18).

Los misioneros deben ser bien atendidos por la organización que los envía. Estar al tanto de sus necesidades, de la de su familia, y proveer para sus necesidades.

Pero los misioneros deben cumplir con sus asignaciones, plantar congregaciones, desarrollar trabajos sociales, entrenar obreros nacionales para cumplir con la Gran Comisión. Deben responder a sus superiores con informes y reportes periódicos de su labor.

Capítulo 3

LOS DONES DE AYUDA

EL DON DE SERVICIO

*De manera que, teniendo diferentes dones, según la grada
que no es dada [. . .] si de servido en servir*
— ROMANOS 12:6-7

ROMANOS 12 TRATA, en su temática general, sobre los deberes cristianos. Pablo enfatiza las diferentes funciones que los creyentes tienen como miembros del Cuerpo de Cristo. En los versículos que van del 6 al 8 introduce una cadena de diferentes dones (Romanos 12:6), entre estos el don de servir o de servicio.

Por medio de la manifestación de este don, muchos creyentes sirven en el Cuerpo de Cristo en asignaciones delegadas o en tareas voluntarias.

Este don de servicio expresa un verdadero altruismo cristiano. La palabra "altruismo" se define como "esmero y complacencia en el bien ajeno, aun a costa del propio".

El que tiene este don se alegra de servir a otros; no ofrece sus servicios a cambio de algo, sino por la satisfacción que esta acción le produce.

El Dr. Daniel de los Reyes Villarreal, Exsuperintendente General de las Asambleas de Dios en México, mi amigo, al terminar su mandato ejecutivo, dijo:

> *Un líder guiado por el Espíritu no se detiene en una posición, siempre estará listo para hacer lo que Dios quiere. Hay que cambiar en la dirección que sopla el Espíritu. Estoy feliz de terminar un ciclo e iniciar otro. Una vez me dijo Kittim Silva: "Las posiciones no me hacen: yo hago las posiciones". Mi Padre me enseñó a ocupar el espacio de manera trascendente y eso hacemos...*

151

Uno no posee las posiciones; tampoco las posiciones deben poseer a uno. Cuando las tenemos, servimos con estas al Cuerpo de Cristo. Cuando las perdemos, continuamos sirviendo sin estas al Cuerpo de Cristo.

Muchos se frustran cuando no son reelectos o nombrados para la misma posición o para otra posición. Otros los sustituyen cuando salen de las posiciones. Pero ellos se resienten en contra de quien toma el puesto o posición que estos antes tenían. Se vuelven resentidos en contra de la institución. No son lo suficientemente humildes para aceptar que su cargo finalizó.

Y, con ese resentimiento, lo que antes defendían en la institución ahora lo atacan. Un malestar emocional expresado en críticas al liderazgo, ausencia en las reuniones y falta de cooperación se hacen presentes.

Debemos prepararnos para las transiciones. Hay que saber que los puestos gustan, pero llegará el momento de perderlos. Nosotros debemos llenar los puestos, y no los puestos llenarnos a nosotros.

Uso del don

Muchos de los que han llegado a tener ministerios de oficios comenzaron funcionando en el don de servicio. En la asignación del servicio han alcanzado un próximo nivel de promoción.

Aconteció después de la muerte de Moisés siervo de Jehová, que Jehová habló a Josué hijo de Nun, servidor de Moisés [...] (Josué 1:1).

Y se levantó Moisés con Josué su servidor, y Moisés subió al monte de Dios. (Éxodo 24:13).

Entonces David ordenó a sus servidores, y ellos los mataron, y les cortaron las manos y los pies, y los colgaron sobre el estanque en Hebrón. Luego tomaron la cabeza de Is-boset y la enterraron en el sepulcro de Abner en Hebrón (2 Samuel 4:12).

[...] Después [Eliseo] se levantó y fue tras Elías, y le servía (1 Reyes 19:21).

En el evangelio de Lucas se nos presenta a un samaritano que, mediante su atención, acciones y disposición, ilustra el don de servicio. La historia es una parábola que resalta la compasión y el servicio al prójimo.

El relato presenta a la víctima de un atraco que quedó malherida (Lucas 10:30). Luego introduce a dos religiosos: un sacerdote y un levita; ambos pasaron por donde estaba la víctima. Lo vieron, pero fueron indiferentes al dolor y tragedia ajenos (Lucas 10:31-32).

Se destacan en esta parábola, al comparar a los diferentes personajes, el que tiene altruismo humano y los que no lo tienen. El hombre que desciende es la víctima social. Los atracadores son los victimarios sociales. El sacerdote y el levita son los religiosos indiferentes. El samaritano es el discriminado, pero actúa con compasión, piedad y misericordia. El primero, el atracado, diría: "Me quitaron lo mío". Los segundos, los atracadores, dirían: "Lo tuyo es de nosotros". Los terceros, los religiosos, dirían: "Lo nuestro es nuestro". El cuarto, el extraño, diría: "Lo mío es tuyo".

Jesús respondió con una historia: Un hombre judío bajaba de Jerusalén a Jericó y fue atacado por ladrones. Le quitaron la ropa, le pegaron y lo dejaron medio muerto al costado del camino. Un sacerdote pasó por allí de casualidad pero, cuando vio al hombre en el suelo, cruzó al otro lado del camino y siguió de largo. Un ayudante del templo pasó y lo vio allí tirado, pero también siguió de largo por el otro lado.

Entonces pasó un samaritano despreciado y, cuando vio al hombre, sintió compasión por él. Se le acercó y le alivió las heridas con vino y aceite de oliva, y se las vendó. Luego subió al hombre en su propio burro y lo llevó hasta un alojamiento, donde cuidó de él.

Al día siguiente, le dio dos monedas de plata al encargado de la posada y le dijo: "Cuida de este hombre. Si los gastos superan esta cantidad, te pagaré la diferencia la próxima vez que pase por aquí" (Lucas 10:30-35, NTV).

Pero un samaritano, que iba de camino, vino cerca de él, y viéndole, fue movido a misericordia; y acercándose, vendó sus heridas, echándoles aceite y vino; y poniéndole en su cabalgadura, lo llevó al mesón, y cuidó de él (Lucas 10: 33-34).

Este samaritano tenía un corazón servicial. Era un altruista: ayudaba al prójimo. En su prójimo necesitado vio su propia necesidad. El que posee el don de servicio siempre descubre una necesidad y está dispuesto a suplirla.

Con sus palabras y acciones, nuestro Señor Jesucristo dio un ejemplo empírico de servicio:

> *Pues si yo, el Señor y Maestro, he lavado vuestros pies, vosotros también debéis lavaros los pies los unos a los otros. Porque ejemplo os he dado para que, como yo os he hecho, vosotros también hagáis. De cierto, de cierto os digo. El siervo no es mayor que su señor, ni el enviado es mayor que el que le envió* (Juan 13:14-16).

Aquellos que tienen el don de servicio siempre ayudan a los demás y ofrecen voluntariamente sus servicios dentro de la obra del Señor. Servir a los demás debe ser la consigna de todo hombre o mujer llamado al ministerio.

Los que ejercen el diaconado necesitan practicar este don de servicio. En Hechos 6, los diáconos fueron electos para servir las mesas (Hechos 6:2). El ministerio del diaconado es de servicio a la congregación.

Los pastores ejercitan este don de servicio. Su ministerio es servir a la congregación. Pero el don no se restringe a ciertos ministerios: es para muchos creyentes.

En las congregaciones se necesitan personas serviciales que ayuden a los pastores. Son quienes limpian los templos, hacen actividades para recaudar fondos, ofrecen servicios voluntarios como choferes para transportar a la feligresía, efectúan reparaciones, dan mantenimiento al templo.

Cuando se necesita hacer algo o ir a algún lugar, ellos se transforman en ángeles sin alas, ángeles de ayuda, ángeles de misericordia, ángeles de provisión, ángeles de cuidado, ángeles de socorro. Son verdaderos ángeles sin alas. No vuelan como ángeles, pero siempre llegan, y están ahí cuando se los necesita. Debemos activar a muchos de esos ángeles en nuestras congregaciones. Siempre llegan con presteza cuando se los necesita, listos para cualquier misión o asignación.

Abuso del don

No es tanto quién tiene el don, sino el que abusa del que lo tiene. Hay oportunistas que solo buscan su propia ventaja en aquellos a los que saben servir.

Otros sienten que el que tiene el don de servicio está obligado a servirlos cuando lo requieran. A los poseedores de este don se los debe considerar, estimar, respetar, y no explotarlos. Son seres humanos que necesitan consideraciones y atenciones. Se les deben reconocer sus servicios y darles gracias públicamente por lo que hacen.

Muchos oportunistas y aprovechadores son depredadores espirituales; van a la casa de estos ángeles sin alas para tomar ventajas sobre ellos y para utilizarlos para beneficio personal. El proverbista describe a este depredador como sanguijuela, matriz estéril, la tierra y el fuego:

La sanguijuela tiene dos hijas que dicen: ¡Dame! ¡dame! Tres cosas hay que nunca se sacian; aun la cuarta, nunca dice: ¡Basta!

El Seol, la matriz estéril, La tierra que no se sacia de aguas, Y el fuego que jamás dice: ¡Basta! (Proverbios 30:15-16).

Uno de esos ángeles sin alas es el pastor o la pastora, al que se le arriman algunos buscando qué pedirles o qué sacarles. Miembros que ni diezman, ni hacen vida de redil, pero esperan que el pastor o pastora los ayuden en sus necesidades, les aporten cuando tienen un fallecimiento en la familia y les dé un suplemento cuando no tienen trabajo.

A los pastores también los buscan evangelistas y misioneros con visiones y proyectos propios, para que el pastor los ayude adoptándolos y se sume a estos. Pastor, sea claro y déjeles saber que usted apoya las misiones locales de su congregación y las misiones internacionales de su organización. Muchos desarrollan o inventan proyectos con fines económicos. Esto justifica que estén solicitando ofrendas en las congregaciones.

EL DON DE EXHORTACIÓN

De manera que, teniendo diferentes dones, según la gracia que nos es dada [...] el que exhorta, en la exhortación.
— Romanos 12:6-8

Adam Clarke definió así este don: "Se trataba de la persona que amonestaba o reprendía a los revoltosos o desordenados; los que sostenían a los débiles y consolaban a los penitentes y a los que pasaban bajo pesadas cargas o múltiples tentaciones".

William Barclay lo definió de esta manera: "La exhortación debe tener una nota dominante, y ella debe ser el estímulo".

Uso del don

La persona con este don de exhortación procura consolar, animar y estimular; ministra confianza al abatido, al triste, al desconsolado y al atribulado.

En la iglesia de Corinto un creyente había cometido un repugnante pecado de incesto: se había unido a su madrastra:

> *De cierto se oye que hay entre vosotros fornicación, y tal fornicación cual ni aun se nombra entre los gentiles; tanto que alguno tiene la mujer de su padre. Y vosotros estáis envanecidos. ¿No debierais más bien haberos lamentado, para que fuese quitado de en medio de vosotros el que cometió tal acción? Ciertamente yo, como ausente en cuerpo, pero presente en espíritu, ya como presente he juzgado al que tal cosa ha hecho. En el nombre de nuestro Señor Jesucristo, reunidos vosotros y mi espíritu, con el poder de nuestro Señor Jesucristo, el tal sea entregado a Satanás para destrucción de la carne, a fin de que el espíritu sea salvo en el día del Señor Jesús* (1 Corintios 5:1-5).

Fue el mismo Pablo quien aplicó una severa disciplina eclesiástica para el creyente que pecó:

> *Porque, ¿qué razón tendría yo para juzgar a los que están fuera? ¿No juzgáis vosotros a los que están dentro? Porque a los que están fuera, Dios juzgará. Quitad, pues, a ese perverso de entre vosotros* (1 Corintios 5:12-13).

Al escribir su segunda epístola a los Corintios, el apóstol hace provisión para la restauración del hermano arrepentido. En el proceso de restauración espiritual se necesitan el perdón, consuelo y amor de la congregación:

> *Pero si alguno me ha causado tristeza, no me la ha causado solo a mí, sino en cierto modo (por no exagerar) a todos vosotros. Le basta a tal persona esta reprensión hecha por muchos; así que, al contrario, vosotros más bien debéis perdonarle y consolarle, para que no sea consumido de demasiada tristeza. Por lo cual os ruego que confirméis el amor para con él. Porque también para este fin os escribí, para tener la prueba de si vosotros sois obedientes en todo. Y al que vosotros perdonáis, yo también; porque también*

yo lo que he perdonado; si algo he perdonado, por vosotros lo he hecho en presencia de Cristo, para que Satanás no gane ventaja alguna sobre nosotros; pues no ignoramos sus maquinaciones (2 Corintios 2:5-11).

Los que tienen el don de exhortación ministran perdón, consolación y amor a los hermanos en la fe que han fallado:

Hermanos, si alguno fuere sorprendido en alguna falta, vosotros que sois espirituales, restauradle con espíritu de mansedumbre, considerándote a ti mismo, no sea que tú también seas tentado. Sobrellevad los unos las cargas de los otros, y cumplid así la ley de Cristo (Gálatas 6:1-2).

El don de exhortación es un don de estímulo a otros. Anima a los desanimados y contagia positivamente la fe de otros:

También os rogamos, hermanos, que amonestéis a los ociosos, que alentéis a los de poco ánimo, que sostengáis a los débiles, que seáis pacientes para con todos. (1 Tesalonicenses 5:14).

[…] y estad siempre preparados para presentar defensa con mansedumbre y reverencia ante todo el que os demande razón de la esperanza que hay en vosotros. (1 Pedro 3:15).

Cuando la persona que tiene el don de exhortación se para delante de una congregación, bendice con lo que habla. Sus palabras alimentan la fe colectiva de los demás. No se constituye en juez ni fiscal de la vida espiritual de otros, sino que consuela. Si por alguna razón la exhortación es para corregir, llama la atención con amor y delicadeza, no con jactancias espirituales y altanerías religiosas.

El creyente con este don levanta al soldado espiritual herido y no lo deja abandonado en el campo de batalla; mucho menos lo pisotea o lo fusila.

La exhortación se debe efectuar con compasión. Debemos tener empatía por el dolor ajeno, ya que no estamos aislados del sufrimiento y tristezas de los demás.

Los que predican necesitan orar al Señor Jesucristo para que el Espíritu Santo los inspire a exhortar con amor y misericordia. La predicación no es para golpear ni para castigar espiritualmente. Muchos predicadores parecen más domadores de leones que apacentadores del rebaño de Cristo.

Sus sermones están cargados de "tiros espirituales". El pueblo necesita un ministerio de consolación.

Los predicadores "sádicos" y los creyentes "masoquistas" producen congregaciones emocionalmente enfermas: individuos que viven con las manos en la cabeza, tratando de esconderse del juicio divino. Andan cabizbajos delante de Dios. Viven un cristianismo de lamentaciones y de calamidades. El creyente debe ser la persona más feliz de todos los seres humanos.

Abuso del don

La *exhortación* debe ser completa. El consejo de Dios se debe dar sin cortes ni mezclas personales. Hay que dar a los creyentes "leche espiritual no adulterada" (1 Pedro 2:2). Por el contrario, la exhortación de muchos es "leche con chocolate", y no "leche espiritual". Ofrecen substitutos sicológicos al evangelio. Han licuado el evangelio con mucha "agua de fe". Introducen muchos ingredientes extraños en la pureza del evangelio de Jesucristo.

Al exhortar en las predicaciones, aplican demasiada "anestesia", pero no recetan la "medicina". Como resultado se ve a muchos creyentes "mareados" en sus convicciones y creencias religiosas.

El que exhorta debe respetar la Iglesia de Jesucristo, y no insultarla, denigrarla, amenazarla, humillarla ni condenarla. La Iglesia no es cualquier organización; no es un club: es la novia de Cristo.

En Cantar de los Cantares se nos presenta una Iglesia humillada, golpeada y herida por una compañía de guardas que no habían tenido revelación plena de quién era ella.

> *Me hallaron los guardas que rondan la ciudad; me golpearon, me hirieron; me quitaron mi manto de encima los guardas de los muros* (Cantares 5:7).

En el don de exhortación siempre se tendrá la palabra oportuna, edificadora, correctiva, amonestadora e inspiradora.

> *Sea vuestra palabra siempre con gracia, sazonada con sal, para que sepáis cómo debéis responder a cada uno* (Colosenses 4:6).

> *Si alguno habla, hable conforme a las palabras de Dios; si alguno ministra, ministre conforme al poder que Dios da, para que en*

todo sea Dios glorificado por Jesucristo, a quien pertenecen la
gloria y el imperio por los siglos de los siglos. Amén. (1 Pedro 4:11).

EL DON DE DAR

De manera que, teniendo diferentes dones, según la gracia que nos
es dada [...] el que reparte, con liberalidad.

— ROMANOS 12:6-8

La declaración "El que reparte con liberalidad" viene del griego: "meta-
didous en aploteti". Literalmente, sería "El que comparte con sencillez".
La Nueva Biblia Española dice: "El que contribuye, hágalo con esplen-
didez". La Biblia de Jerusalén expresa: "El que da, con sencillez".

El don de dar hace que el posesor tenga la disposición de compartir
y dar de lo que tiene para beneficio de la obra del Señor. La persona se
siente feliz y, por causa de Cristo, está agradecida. Lo manifiesta dando
a la iglesia o a otros.

Uso del don

Todos los creyentes están llamados a cumplir con sus responsabilidades económicas para la obra del Señor. Dar para Dios es una manera de
adoración, es parte de la liturgia y es un deber como cristianos.

Es un deber cristiano ofrendar, diezmar y contribuir generosamente
para el sostenimiento de la obra del Señor y para sus ministros.

[...] Más bienaventurado es dar que recibir (Hechos 20:35).

[...] ninguna iglesia participó conmigo en razón de dar y recibir,
sino vosotros solos; pues aun a Tesalónica me enviasteis una y otra
vez para mis necesidades. (Filipenses 4:15-16).

Cada uno dé como propuso en su corazón: no con tristeza, ni por
necesidad, porque Dios ama al dador alegre. (2 Corintios 9:7).

En el libro de Éxodo vemos una manifestación colectiva del don de
dar o don de generosidad. En el capítulo 35 se presenta a un pueblo
agradecido que ofrenda sin medidas y sin reservas para la construcción
del tabernáculo.

Y salió toda la congregación de los hijos de Israel de delante de Moisés
[...]. Vinieron así hombres como mujeres, todos los voluntarios de

corazón, y trajeron cadenas y zarcillos, anillos y brazaletes y toda clase de joyas de oro; y todos presentaban ofrenda de oro a Jehová [...]. De los hijos de Israel, así hombres como mujeres, todos los que tuvieron corazón voluntario para traer para toda la obra, que Jehová había mandado por medio de Moisés que hiciesen, trajeron ofrenda voluntaria a Jehová. (Éxodo 35:20, 22, 23, 29).

En el pueblo hebreo ocurrió un fenómeno dadivoso sin precedentes históricos. Moisés tuvo que pedirle al pueblo que no continuara ofrendando.

Entonces Moisés mandó pregonar por el campamento, diciendo: Ningún hombre ni mujer haga más para la ofrenda del santuario. Así se le impidió al pueblo ofrecer más; pues tenían material abundante para hacer toda la obra, y sobraba. (Éxodo 36:6-7).

En la iglesia primitiva se manifestó un espíritu de liberalidad. Todos sus creyentes se contagiaron del don de dar:

Así que no había entre ellos ningún necesitado; porque todos los que poseían heredades o casas las vendían, y traían el precio de lo vendido, y lo ponían a los pies de los apóstoles; y se repartía a cada uno según su necesidad (Hechos 4:34-35).

Entonces José, a quien los apóstoles pusieron por sobrenombre Bernabé (que, traducido es hijo de consolación), levita, natural de Chipre, como tenía una heredad, la vendió y trajo el precio y lo puso a los pies de los apóstoles (Hechos 4:36-37).

Los que habitualmente dan diezmos y ofrendas son más propensos a desarrollar este don de dar. Tienen siempre al día sus cuentas financieras con Dios. Se aferran firmemente a lo que Dios les ha dicho en su Palabra.

Traed todos los diezmos al alfolí y haya alimento en mi casa; y probadme ahora en esto, dice Jehová de los ejércitos; si no, os abriré las ventanas de los cielos, y derramaré sobre vosotros bendición hasta que sobreabunde. Reprenderé también por vosotros al devorador, y no os destruirá el fruto de la tierra, ni vuestra vid en el campo será estéril, dice Jehová de los ejércitos (Malaquías 3:10-11).

El profeta de antaño parece describir cuatro clases de langostas; nos recuerda cómo Dios protege a su pueblo financieramente de una cosa y de la otra.

Lo que quedó de la oruga comió el saltón, y lo que quedó del saltón comió el revoltón; y la langosta comió lo que del revoltón había quedado (Joel 1:4).

[...] ¡Cuatro plagas de saltamontes han venido sobre nuestra tierra y han acabado con nuestras siembras! ¿Cuándo han visto ustedes algo así? (TLA).

Después de que la oruga devoró las cosechas, ¡el pulgón acabó con lo que quedaba! Luego vino el saltamontes y llegó también la langosta (NTV).

Y os restituiré los años que comió la oruga, el saltón, el revoltón y la langosta, mi gran ejército que envié contra vosotros (Joel 2:25).

Los creyentes que tienen este don de dar están dispuestos a contribuir económicamente cada vez que se les presenta la oportunidad. Para ellos, ofrendar es un privilegio que Dios les concede. Cuando dan, lo hacen con mucho gozo. No hay que insistirles mucho, ni hacerles promesas materiales, ni obsequiarles regalos. No tienen que ser invitados a hacer ningún trueque espiritual con Dios, dando dinero a cambio de algo. Dan como si lo hicieran para Jesucristo.

Oran siempre para que el Espíritu Santo les indique en qué ministerios deben ayudar. Los testimonios de los misioneros los tocan profundamente; no es de extrañar que, sin que nadie se los pida, se sientan tocados por el Espíritu Santo para darles una ofrenda especial.

Los pastores con este don son un fuerte sostén de las misiones en su organización. También bendicen generosamente a los siervos que Dios envía a ministrar en sus respectivas congregaciones. La misma actitud se refleja también en la congregación que pastorean.

Abuso del don

Los que tienen el don de dar deben orar continuamente al Señor Jesucristo para que Este los ayude a distinguir, por medio del Espíritu Santo, a los individuos que, empleando la astucia y el engaño, están solo interesados en adquirir dinero.

Un mensaje de prosperidad que manipule la fe de la gente para beneficio propio es falso, es antievangélico y es anticristiano. La Biblia no se tuerce para dar órdenes a Dios, o para manipular al Espíritu Santo. No se compran milagros o sanidades con ofrendas. Jesucristo es soberano, bendice y prospera conforme a su gracia.

El Presbiterio General de las Asambleas de Dios el 11 de agosto del 2000 se pronunció en esta Declaración Oficial: Avivamiento en los últimos días: guiado y controlado por el Espíritu. Un documento en respuesta a la Resolución 16.

> **El evangelio de la prosperidad.** *La predicación del evangelio de la prosperidad ha aumentado las donaciones a algunos programas, tanto los legítimos como los menos que legítimos. Dios bendice la fidelidad, pero la bendición no siempre es ganancia financiera. Hay principios espirituales de sembrar y cosechar, pero sacar dinero de los pobres para mantener un estilo de vida de abundancia personal es injusto. Si un día vamos a tener que dar cuentas por cada palabra ociosa (Mateo 12:36), parece razonable que también tendremos que dar cuentas por el dinero que solicitamos por medios sospechosos. Una enseñanza bíblica debe ser aplicable en cada vecindario, cultura, sociedad y país del mundo.*

Las congregaciones liberales en dar se tienen también que cuidar de los ministerios a los que solo les atraen las buenas ofrendas. Antes de dar a cualquier ministerio, se debe tener evidencia de su seriedad y credibilidad religiosas. Son muchos los proyectos fantasmas o imaginarios que se emplean como carnadas para pescar fondos.

El creyente que tiene este don de dar no descuidará sus responsabilidades económicas con la iglesia local, bajo el pretexto de ayudar a otros ministerios. Su iglesia local necesita más que ningún otro ministerio de su apoyo financiero. No podemos comer en Burger King para pagar en McDonald's. Nuestra iglesia, las misiones locales de la organización y nuestro pastor son lo primero. Luego de cumplir con ellos, ayudemos a todos aquellos de los que sintamos que debemos hacerlo.

Los que poseen este don de dar tienen un corazón muy compasivo y misericordioso ante las necesidades de otros. Muchas veces son compulsivos dando. Ven a otros dar, y ellos se activan inmediatamente para dar.

Si usted tiene este don de dar, no prometa nada a las personas y, si lo hace, déjele saber que cuando pueda lo hará, pero que, por favor, sea paciente. Usted promete algo, y ya, al otro día o al par de días, algunos con el "don de la imprudencia" ya le están cobrando.

Otros que conocen ese corazón dadivoso se les acercarán de continuo con peticiones en busca de alguna ayuda. Tiene que aprender a poner freno para cuándo dar y a quién dar. ¡Mucho ojo! ¡No se deje engañar! ¡Examine sus motivaciones!

Recuerdo, en una ocasión, que un reconocido pastor con miles de miembros llegó a nuestra ciudad de New York para ministrar a la pastoral en una megacongregación.

Tuvimos que pagar $60.00 para poder entrar. En su predicación nos habló cómo había sido prosperado hasta llegar a ser muy millonario. Por cierto, era muy deficiente en su exposición de sus testimonios de prosperidad.

Al finalizar, el pastor que lo introdujo "sintió por el Espíritu Santo" que teníamos, como pastores, que sembrar cada uno $100.00 para hacer pacto con el siervo de Dios, y así oraría por nosotros para que fuéramos prosperados. Mi esposa me dijo: "Kittim, nos cobraron por entrar y ahora nos manipulan para dar una ofrenda de $100.00, antes de salir. Si es millonario, ¿por qué no nos dejó entrar gratis y así sembraba en muchos pastores como nosotros? ¡Vámonos!".

La realidad es que no teníamos que hacer ningún pacto con ofrendas para ser prosperados. Todos los creyentes nos cubrimos bajo el pacto de la cruz, el pacto del sacrificio de Jesucristo. Eso de pactar es una manera de manipular a otros con las finanzas.

Los ministerios que trabajan para Dios con motivaciones correctas deben estar sostenidos por las donaciones generosas de un pueblo que sabe dar y que permite que el don de dar se active en sus vidas.

Muchos entran al ministerio para vivir de este don. Les es más fácil un trabajo en la viña del Señor que un trabajo secular. Jesucristo proveerá a sus siervos y los bendecirá económicamente. Pero uno debe ser llamado al ministerio para servir, y no para vivir a costillas de otro.

Se abusa del don de dar cuando los pastores y los predicadores piden contribuciones de los feligreses para un proyecto y lo emplean para otra finalidad. Se abusa de este don de dar cuando no se rinde un informe de entradas y salidas.

Se abusa de este don cuando se invita a predicadores, conferencistas, músicos o cantantes, y el pastor u otra persona comienzan a hablar de los proyectos costosos o de las sumas costosas que necesitan recaudar o que están necesitados. Esta letanía religiosa hace que quien llegó a ministrar done o no quiera recibir su ofrenda por causa de la gran necesidad que percibe.

Se abusa de este don de dar cuando los predicadores o motivadores, con toda premeditación y cálculo, dirigen sus exhortaciones con tonos muy espirituales, para crear efectos en los oyentes, que den en esa ocasión y siembren en ese ministerio para ser prosperados.

Mientras que los que dan tienen el don de dar, estos predicadores y pastores parecen tener el don de pedir. Es deshonroso y falto de ética ver y escuchar a predicadores y pastores con este abuso espiritual.

Pablo, siendo apóstol, trabajó levantando carpas para su propio sostén y no quiso ser gravoso a nadie:

> *Y halló a un judío llamado Aquila, natural del Ponto, recién venido de Italia con Priscila su mujer, por cuanto Claudio había mandado que todos los judíos saliesen de Roma. Fue a ellos, y como era del mismo oficio, se quedó con ellos, y trabajaban juntos, pues el oficio de ellos era hacer tiendas* (Hechos 18:2-3).

> *Antes vosotros sabéis que para lo que me ha sido necesario, a mí y a los que están conmigo, estas manos me han servido. En todo os he enseñado que, trabajando así, se debe ayudar a los necesitados, y recordar las palabras del Señor Jesús, que dijo: Más bienaventurado es dar que recibir* (Hechos 20:34-35).

> *Porque vosotros mismos sabéis de qué manera debéis imitarnos; pues nosotros no anduvimos desordenadamente entre vosotros, ni comimos de balde el pan de nadie, sino que trabajamos con afán y fatiga día y noche, para no ser gravosos a ninguno de vosotros; no porque no tuviésemos derecho, sino por daros nosotros mismos un ejemplo para que nos imitaseis* (2 Tesalonicenses 3:7-9).

Antes de dar ayuda a cualquier ministerio, hagámonos las siguientes preguntas: ¿Quién lo dirige? ¿Está legalmente incorporado o tiene personería jurídica? ¿Está respaldado por alguna otra organización reconocida? ¿Quiénes integran la junta de directores? ¿Rinden informe financiero por sus ingresos y egresos? ¿Qué exoneraciones gubernamentales poseen? ¿Qué porcentaje de las donaciones se invierten en salarios y administración, y qué porcentaje está destinado actualmente para el ministerio? ¿De qué organización reciben credenciales sus líderes principales? ¿A nombre de quién están los inmuebles? ¿Ha circulado algún mal rumor sobre esa organización o ministerio?

EL DON DE PRESIDIR

De manera que, teniendo diferentes dones, según la gracia que no es dada [...], el que preside con solicitud.

— ROMANOS 12:6-8

En la Nueva Biblia Española se lee la expresión: "El que preside con solicitud" como "El encargado con empeño". Este don de presidir capacita a los que lo poseen para ser líderes efectivos, diligentes y comprometidos. Espiritualmente hablando, los líderes son llamados y formados por el Espíritu Santo. Este toma a una persona ordinaria, y la habilita con el don de presidir. De este modo la transforma en un líder extraordinario.

Uso del don

Mediante la manifestación de este don, José, uno de los príncipes de las doce tribus, llegó a ocupar un puesto especial en el gobierno egipcio.

El asunto pareció bien a Faraón y a sus siervos, y dijo Faraón a sus siervos: ¿Acaso hallaremos a otro hombre como este, en quien esté el espíritu de Dios? Y dijo Faraón a José: Pues que Dios te ha hecho saber todo esto, no hay entendido ni sabio como tú. Tú estarás sobre mi casa, y por tu palabra se gobernará todo mi pueblo; solamente en el trono seré yo, mayor que tú. Dijo además Faraón a José: He aquí yo te he puesto sobre toda la tierra de Egipto. Entonces Faraón quitó su anillo de su mano, y lo puso en la mano de José, y lo hizo vestir de ropas de lino finísimo, y puso un collar de oro en su cuello; y lo hizo subir en su segundo carro, y pregonaron delante de él: ¡Doblad la rodilla!; y lo puso sobre toda la tierra de Egipto (Génesis 41:37-43).

Dios era el promotor de José. Por envidia, sus hermanos lo echaron en una cisterna (Génesis 37:24); pero la providencia de Dios determinó que esta estuviera vacía (Génesis 37:24). Creemos que fue Dios mismo quien puso en la mente de su hermano Judá el pensamiento de no matar a José. Judá propuso venderlo a los ismaelitas (Génesis 37:28). Lo compró un oficial de Faraón llamado *Potifar* (Génesis 39:1).

Más Jehová estaba con José, y fue varón próspero; y estaba en la casa de su amo el egipcio. Y vio su amo que Jehová estaba con él, y que todo lo que él hacía, Jehová lo hacía prosperar en su mano. Así halló José gracia en sus ojos, y le servía; y él le hizo mayordomo de su casa y entregó en su poder todo lo que tenía (Génesis 39:2-4).

El diablo no estaba muy contento con la promoción de José, y usó la carnalidad de la esposa de Potifar para tratar de seducir al joven José (39:6-7). Al rechazar José su oferta de pecado, esta se vengó y, como consecuencia, lo hizo enviar a la cárcel (Génesis 39:8-20). Sin embargo, la providencia de Dios lo libró de la muerte y lo levantó en la cárcel.

Pero Jehová estaba con José y le extendió su misericordia, y le dio gracia en los ojos del jefe de la cárcel (Génesis 39:21).

Mediante la intervención anónima de Dios, Daniel y sus compañeros hebreos Ananías, Misael y Azarías fueron promovidos como líderes.

Entonces el rey engrandeció a Daniel, y le dio muchos honores y grandes dones, y le hizo gobernador de toda la provincia de Babilonia, y jefe supremo de todos los sabios de Babilonia. Y Daniel solicitó del rey y obtuvo que pusiera sobre los negocios de la provincia de Babilonia a Sadrac, Mesac y Abednego; y Daniel estaba en la corte del rey (Daniel 2:48-49).

Los jueces, muchos de los reyes y los profetas recibieron el don de presidir. La mayoría de ellos eran personas simples, comunes, sin preparación política ni formación alguna. Pero el don de Dios los capacitó en su función y oficio:

Simón Pedro, un pescador de oficio que prefirió negar al Señor Jesús antes que confesarlo públicamente, llegó a tener el don de presidir al recibir la investidura del Espíritu Santo en el día de Pentecostés.

Entonces Pedro, poniéndose en pie con los once, alzó la voz y les habló diciendo: Varones judíos, y todos los que habitáis en Jerusalén, esto os sea notorio, y oíd mis palabras. Porque estos no están ebrios, como vosotros suponéis, puesto que es la hora tercera del día [...] (Hechos 2:14-15).

Jacobo, el hermano del Señor, manifestó este don de presidir al expresarse con sabias palabras, después de haber escuchado los argumentos de los que habían hablado.

> *Y cuando ellos callaron, Jacobo respondió diciendo: Varones hermanos, oídme [...]. Por lo cual yo juzgo que no se inquiete a los gentiles que se convierten a Dios, sino que se les escriba que se aparten de las contaminaciones de los ídolos, de fornicación, de ahogado y de sangre* (Hechos 15:13,19, 20).

Los obispos o supervisores de las congregaciones tenían el don de presidir en la iglesia primitiva. Las cualidades que debía tener un obispo son aplicables a cualquiera que ejerce el don de presidir, sea este pastor o miembro del consejo de la congregación, así como líder conciliar o denominacional.

> *Porque es necesario que el obispo sea irreprensible como administrador de Dios; no soberbio, no iracundo, no dado al vino, no pendenciero, no codicioso de ganancias deshonestas, sino hospedador, amante de lo bueno, sobrio, justo, santo, dueño de sí mismo, retenedor de la palabra fiel tal como ha sido enseñada, para que también pueda exhortar con sana enseñanza y convencer a los que contradicen* (Tito 1:7-9).

Aquellos y aquellas que ministran la palabra de Dios deben cuidarse mucho de la avaricia del dinero, de predicar por dinero, de servir en la obra de Dios por dinero. El obrero es digno de su salario, pero no debe abusar de su posición para lucrar con el dinero de otros o de la congregación. Tenemos que alejarnos del lujo excesivo, de los gastos innecesarios, de competir con la codicia del mundo. ¡Somos siervos de Jesucristo!

Abuso del don

Los que tienen este don de presidir no deben competir por puestos, reconocimientos humanos ni construir plataformas de superioridad. Cuando hayan finalizado el tiempo como líder, ha llegado el momento para uno de agradecer a Dios por permitirnos presidir. Se debe entregar el mallete a la nueva persona.

> *Hubo también entre ellos una disputa sobre quién de ellos sería el mayor. Pero él les dijo: Los reyes de las naciones se enseñorean de ellas,*

y los que sobre ellas tienen autoridad son llamados bienhechores;
mas no así vosotros, sino sea el mayor entre vosotros como el más
joven, y el que dirige, como el que sirve (Lucas 22:24-26).

Los que presiden deben cuidarse del espíritu de Diótrefes. En la
tercera epístola de Juan se dedican dos versículos a un personaje de
nombre Diótrefes. En él se encarnan la arrogancia, el abuso del poder,
la rebelión, el orgullo de liderazgo, la oposición a los que están en autoridad espiritual.

Yo he escrito a la iglesia; pero Diótrefes, al cual le gusta tener el
primer lugar entre ellos, no nos recibe. Por esta causa, si yo fuere,
recordaré las obras que hace parloteando con palabras malig-
nas contra nosotros; y no contento con estas cosas, no recibe a los
hermanos, y a los que quieren recibirlos se lo prohíbe, y los expulsa
de la iglesia (3 Juan 1:9-10).

Diótrefes abusó del don de presidir. Su temperamento no controlado
por el Espíritu Santo lo transformó en un líder enfermo. Se constituyó
en un "dictador espiritual". Buscaba la preeminencia carnal. Se volvió un
criticón y difamador de los siervos de Dios. Llegó al extremo de ser secta-
rista en su propia dogmática. Cerraba las puertas a los que no le agradaban,
y corría de la iglesia a los hermanos que los recibían.

Los diótrefes son engreídos espirituales, aman el poder, aplastan
a otros para poderse levantar y destruyen caracteres para lucir bien
ante otros. Diótrefes solo estaba interesado en Diótrefes. Esta clase
de individuo no es amigo de nadie. Cuando se acercan a alguien, no
lo hacen porque les interese esa persona, sino por lo que ella representa. La mayoría de las veces buscan más los nombres que las personas.
Son paranoicos. Viven creando situaciones irreales con el propósito de
buscar simpatía. Se lamentan de que son las víctimas cuando en realidad son los verdaderos victimarios.

A los Diótrefes les gustan los reconocimientos. Les encanta llamar
la atención en todo lo que hacen y dicen. Se molestan cuando no los
alaban y halagan. Aumentan y hacen público cualquier logro, por
pequeño que sea.

En la edición de estudio de la Versión Popular se da este breve
comentario a Romanos 12:8.

El que ocupa un puesto de responsabilidad desempeñe su cargo con todo cuidado.

El que preside debe ser responsable. Hará con el máximo cuidado y de buena gana todo lo que tenga realizar. No desertará de su puesto ante la oposición.

No sirviendo al ojo, como los que quieren agradar a los hombres, sino como siervos de Cristo, de corazón haciendo la voluntad de Dios; sirviendo de buena voluntad, como al Señor y no a los hombres, sabiendo que el bien que cada uno hiriere, ese recibirá del Señor, sea siervo o sea libre (Efesios 6:6-8).

El Dr. José Guillermo de la Rosa Solorzano, hablando de los niveles de servicio, dice:

Los niveles existen, los rangos también. Un soldado no es un teniente y menos un general. Un empleado no es un gerente. Un alumno no es un maestro. Un atleta no es un entrenador. Un ciudadano no es un presidente. Un miembro de iglesia no es un pastor. Hay gente igualada, sin concepto alguno del protocolo, sin medida ni juicio, las personas así traen caos y desorden.

Hay personas que tratan de ocupar cargos que le ofrezcan privilegios y accesos; es legítimo siempre que se haga con espíritu de servicio y amor al prójimo. Pero, cuando solo se persiguen intereses personales, es algo pérfido y taimado. Es preferible no ocupar un cargo si no se tiene pasión y amor por él.

Entender que hay niveles y rangos nos hará colocarnos en el lugar justo, esperar nuestro turno, respetar a los que han caminado la milla extra, no apresurarnos.

Ted. W. Engstrom expresó: "El genuino líder cristiano debe tener la humildad de no sentirse amenazado por los que están cerca de él. Las congregaciones sufren a menudo por el hecho de que en el personal del ministerio hay hombres a los cuales les parece difícil trabajar en equipo. Así se fomenta la rivalidad y se hace costumbre el despreciar a los demás. Esto significa que es necesaria la preparación".

Un líder seguro no se intimida frente al éxito de un subalterno; por el contrario, lo felicita y lo anima a que continúe adelante. Su meta es que 99 sean mejores que él.

El verdadero líder se cuida del espíritu de Saúl, que es el espíritu del celo y del enojo ante el reconocimiento y fama de otro:

> *Y aconteció que, cuando volvían ellos, cuando David volvió de matar al filisteo, salieron las mujeres de todas las ciudades de Israel cantando y danzando, para recibir al rey Saúl con panderos, con cánticos de alegría y con instrumentos de música. Y cantaban las mujeres que danzaban, y decían: Saúl hirió a sus miles, y David a sus diez miles* (1 Samuel 18:6-7).

> *Y cantaban las mujeres que danzaban, y decían: Saúl hirió a sus miles, y David a sus diez miles. Y se enojó Saúl en gran manera, y le desagradó este dicho, y dijo: A David dieron diez miles, y a mí miles; no le falta más que el reino. Y desde aquel día Saúl no miró con buenos ojos a David* (1 Samuel 18:7-9).

EL DON DE MISERICORDIA

De manera que, teniendo diferentes dones, según la gracia que no es dada [...], el que hace misericordia, con alegría.
— (ROMANOS 12:6-8)

El don de misericordia es la capacidad que el Espíritu Santo pone en los creyentes para que estos puedan amar, inclinarse y compadecerse de los que sufren y están afligidos.

Por medio de los misericordiosos Jesús de Nazaret manifiesta y demuestra su gran amor y compasión por la humanidad. La misericordia es uno de los atributos morales de Dios. Por su gracia Dios nos da lo que no merecemos, y por su misericordia no nos da lo que merecemos. La temática de la misericordia divina es un hilo que se extiende a través de todos los libros de la Biblia. En los Salmos se resalta repetidamente la misericordia de Dios.

El propio Señor Jesucristo habló y practicó la misericordia en su ministerio terrenal:

> *Bienaventurados los misericordiosos, porque ellos alcanzarán misericordia* (Mateo 5:7).

Id, pues, y aprended lo que significa: Misericordia quiero, y no sacrificio. Porque no he venido a llamar a justos, sino a pecadores, al arrepentimiento (Mateo 9:13).

Y oyendo que era Jesús nazareno, comenzó a dar voces y a decir: ¡Jesús, Hijo de David, ten misericordia de mí! (Marcos 10:47).

Y Jesús, teniendo misericordia de él, extendió la mano y le tocó, y le dijo: Quiero, sé limpio (Marcos 1:41).

La Iglesia está llamada en su totalidad a ser una agencia de misericordia. Pero es de notar que sobre algunos creyentes se exterioriza de manera más profunda y definida cierto grado de misericordia que, sin lugar a dudas, es un don de Dios. Su consigna de misericordia es que tenemos que restaurar y levantar a los caídos, cargar a los heridos y sanar a los enfermos.

Uso del don

Aquellos que ejercen ministerios deben rogar en oración al Señor Jesucristo, para que sobre ellos y por medio de ellos se exprese un grado superlativo de misericordia.

En la parábola del buen samaritano se retrata el ejemplo del don de misericordia:

Pero un samaritano, que iba de camino, vino cerca de él, y viéndole, fue movido a misericordia (Lucas 10:33).

En la parábola de los dos deudores se resalta la misericordia en el acto del perdón:

Entonces aquel siervo, postrado, le suplicaba diciendo: Señor, ten paciencia conmigo, y yo te lo pagaré todo. El señor de aquel siervo, movido a misericordia, le soltó y le perdonó la deuda (Mateo 18:26-27).

En la parábola del hijo pródigo se recalca también la misericordia como causa de restauración espiritual:

*Y levantándose, vino a su padre. Y, cuando aún estaba lejos, lo vio
su padre, y fue movido a misericordia, y corrió, y se echó sobre su
cuello, y le besó* (Lucas 15:20).

Según Pablo, la misericordia se debe compartir, manifestar y expresar con alegría. El que tiene este don de misericordia ministra a los
necesitados con ánimo pronto y deseo voluntario. Se siente feliz
ayudando, consolando, socorriendo, proveyendo, aconsejando y restau-
rando. Cuando perdona al ofensor, lo hace pensando en lo que Dios
hizo por él.

*Sed, pues, misericordiosos, como también vuestro Padre es miseri-
cordioso* (Lucas 6:36).

*Y perdónanos nuestras deudas, como también nosotros perdonamos
a nuestros deudores* (Mateo 6:12).

El don de misericordia es muy importante cuando tratamos con el
hermano en la fe que ha ofendido a la iglesia con su pecado, que se ha
disciplinado y arrepentido, y que busca reintegrarse.

*Pero, si alguno me ha causado tristeza, no me la ha causado a mí
solo, sino en cierto modo (por no exagerar) a todos vosotros. Le basta
a tal persona esta represión hecha por muchos; así que, al contrario, vosotros más bien debéis perdonarle y consolarle, para que no sea
consumido de demasiada tristeza. Por lo cual os ruego que confirméis
el amor para con Él* (2 Corintios 2:5-8).

Abuso del don

Se abusa de este don de misericordia cuando aplicamos amor sin justicia. Tener misericordia no significa cruzarnos de brazos ante la injusticia,
la explotación y el abuso. Tampoco es aplicar la misericordia sin tomar en
cuenta la justicia. La justicia demanda represión, castigo, disciplina y resti-
tución; la misericordia exige que se cumpla con la justicia.

Aunque el propio Dios manifestó su misericordia, redentora tuvo
que satisfacer su propia justicia divina.

*Al que no conoció pecado, por nosotros lo hizo pecado, para que noso-
tros fuésemos hechos justicia de Dios en Él* (2 Corintios 5:21).

El que tiene el don de misericordia nunca disimulará, esconderá ni justificará el pecado ajeno. Amará al pecador, pero detestará su pecado. Estimará a su prójimo, pero le corregirá sus faltas. Tenemos a muchos creyentes heridos que todavía no han aprendido a perdonarse a sí mismos, aunque Dios ya los ha perdonado. Creyentes que oren a Dios para que el Espíritu Santo los convierta en agentes de misericordia son un imperativo en la Iglesia de Jesucristo. Teología sin misericordia es intoxicación religiosa. Liturgia sin misericordia es religión seca. Disciplina sin restauración es castigo sin amor.

EL DON DE AYUDAR

Y a unos puso Dios en la iglesia, primeramente apóstoles,
luego profetas, lo tercero maestros, luego los que hacen milagros,
después los que sanan, los que ayudan, los que administran,
los que tienen don de lenguas.
— 1 CORINTIOS 12:28

El don de ayuda o de los que ayudan es la disponibilidad que el Espíritu Santo desarrolla en ciertos creyentes para que estos puedan ayudar, colaborar y servir a los demás.

En el Nuevo Testamento vemos muchos pasajes bíblicos que nos ilustran la actividad de aquellos que se ejercitaron con este don de ayudar:

Y queriendo él pasar a Acaya, los hermanos le animaron, y escribieron a los discípulos que le recibiesen; y llegado él allá, fue de gran provecho a los que por la gracia habían creído [...] (Hechos 18:27).

Os recomiendo además nuestra hermana Febe, la cual es diaconisa de la iglesia en Cencrea; que la recibáis en el Señor, como es digno de los santos, y que la ayudéis en cualquier cosa en que necesite de vosotros; porque ella ha ayudado a muchos, y a mí mismo (Romanos 16:1-2).

Os ruego que os sujetéis a personas como ellos, y a todos los que ayudan y trabajan. (1 Corintios 16:16).

Ruego a Evodia y a Síntique que sean de un mismo sentir en el Señor. Asimismo te ruego también a ti, compañero fiel, que ayudes a estas que combatieron juntamente conmigo en el evangelio, con Clemente

también y los demás colaboradores míos, cuyos nombres están en el
libro de la vida (Filipenses 4:2-3).

Y Jesús, llamado Justo; que son los únicos de la circuncisión que
me ayudan en el reino de Dios, y han sido para mí un consuelo
(Colosenses 4:11).

Uso del don

Los creyentes que tienen este don de ayudar deben ayudar con
mucha cautela. Tienen que discernir en el corazón a quién ayudan. Se
deben dejar dirigir por el Espíritu Santo. Y, cuando vean que tienen que
ayudar, lo harán con compasión y misericordia.

Cuando ayuden a alguien, lo harán desinteresadamente, sin esperar
nada a cambio. Este don de ayudar trabaja asociado con los dones de
misericordia y de dar.

Otra vez cito la parábola del buen samaritano, que manifestó este
don en su vida. Se acercó al desconocido herido, no le importó su raza,
le importó su necesidad. Fue más allá de su ayuda y lo proveyó.

Pero un samaritano, que iba de camino, vino cerca de él, y viéndole,
fue movido a misericordia; y acercándose, vendó sus heridas, echán-
doles aceite y vino; y poniéndole en su cabalgadura, lo llevó al mesón,
y cuidó de él. Otro día al partir, sacó dos denarios, y los dio al meso-
nero, y le dijo: Cuídamele; y todo lo que gastes de más, yo te lo pagaré
cuando regrese (Lucas 10:33-35).

La discípula llamada "Tabita" o "Dorcas", cuyo nombre significa
"gacela", tenía el don de ayudar a las viudas con la costura.

Había entonces en Jope una discípula llamada Tabita, que tradu-
cido quiere decir, Dorcas. Esta abundaba en buenas obras y en
limosnas que hacía (Hechos 9:36).

Levantándose entonces Pedro, fue con ellos; y, cuando llegó, le
llevaron a la sala, donde le rodearon todas las viudas, llorando
y mostrando las túnicas y los vestidos que Dorcas hacía cuando
estaba con ellas (Hechos 9:39).

Abuso del don

Este don puede ser abusado por gente que se aprovecha del buen
corazón de los que tienen el don de ayudar, para tomar ventajas sobre

esta persona. Le piden dinero prestado para nunca pagárselo. Solicitan ayuda que, en realidad, no necesitan o que su propia familia debería dar. Son perezosos y vagos; buscan a quién se pueden pegar como parásitos sociales. Mucho cuidado con los muchos depredadores de la bondad y del buen corazón. Andan a la caza de gente buena, dadivosa y desprendida, para ver qué les pueden sacar. Tengan cuidado de estar prestando dinero a algunas personas, porque muchos son prestos para pedir prestado y muy olvidadizos para pagar sus deudas.

Capítulo 4

LOS DONES DE NEGACIÓN PROPIA

EL DON DE CONTINENCIA

Quisiera más bien que todos los hombres fuesen como yo; pero cada uno tiene su propio don de Dios, uno a la verdad de un modo, y otro de otro. Digo, pues, a los solteros y a las viudas, que bueno les fuera quedarse como yo; pero si no tienen don de continencia, cásense, pues mejor es casarse que estarse quemando.

— 1 Corintios 7:7-9

Este don de continencia (del griego "egkrateuontai") alude al estado de permanecer solteros o de ser célibes (Biblia de Jerusalén).

Pablo deseaba que muchos creyentes tuvieran el don de continencia, pero él mismo en el pasaje ya citado reconoce que este don no es para todos.

Nuestro Señor Jesucristo parece hacer alusión a este don. En la propia fila de los apóstoles encontramos a muchos que parecen ser célibes.

Pues hay eunucos que nacieron así del vientre de su madre, y hay eunucos que son hechos eunucos por los hombres, y hay eunucos que a sí mismos se hicieron eunucos por causa del reino de los cielos. El que sea capaz de recibir esto, que lo reciba (Mateo 19:12).

Jesús de Nazaret enseñó a sus discípulos que la única razón para el divorcio era la fornicación (Mateo 19:9); al menos era la única razón espiritual.

Al tratar sobre el divorcio, se debe tomar en cuenta si es un divorcio preconversión, es decir, si ocurrió antes de convertirse. En este caso, el divorciado es una nueva criatura. La pastoral debe manejar este asunto del divorcio entre creyentes con mucha cautela antes de emitir algún juicio.

Los que están en el ministerio deben reconocer que el divorcio les resta autoridad al tratar el tema con otras personas, además de destacar la postura tomada por las instituciones eclesiásticas frente a este. Es muy triste encontrarnos con personas que persisten en estar en el ministerio público con tres y cuatro divorcios.

De manera jocosa le respondieron a Jesús de Nazaret: "Si así es la condición del hombre con su mujer, no conviene casarse" (Mateo 19:10). Esto dio lugar a su ponencia sobre el estado de celibato: "No todos son capaces de recibir esto, sino aquellos a quienes es dado" (Mateo 19:11). El celibato es un don que se aplica a aquellos a quienes es dado. Habla del estado de soltería que muchos prefieren al estado de casado. Por su parte, el don de continencia se aplica al célibe, pero más específicamente al que ha estado casado y opta por mantenerse soltero por causa de la obra de Jesucristo.

Jesús señaló el celibato como una situación biológica o una opción religiosa más que como un dogma religioso. Él habló de tres clases de eunucos, que en su época y aún antes eran comunes. Literalmente, un eunuco era un hombre castrado para servir en la corte o en otras funciones particulares, aunque el Antiguo Testamento describe a algunos de ellos en el oficio de funcionarios políticos.

Primero, habló de eunucos de nacimiento o congénitos: "Hay eunucos que nacieron así del vientre de su madre". No necesitan expresar su sexualidad por medio de la relación sexual con el sexo opuesto. Esto no implica homosexualidad latente, ni rechazo al sexo opuesto. Simplemente, son hombres o mujeres a quienes no les hace falta la expresión sexual. Los deseos sexuales están suprimidos en ellos, a veces por causas biológicas y otras por causas desconocidas.

Segundo, habló de eunucos castrados: "Y hay eunucos que son hechos eunucos por los hombres". Estos son hombres cuyos órganos genitales fueron mutilados, por lo que pierden el deseo sexual.

La ley judía desaprobaba en el servicio a Dios la práctica de ser eunucos, ya sean naturales o hechos eunucos por los hombres:

> *Porque ningún varón en el cual haya defecto se acercará; varón ciego, o cojo, o mutilado, o sobrado, o varón que tenga quebradura de pie o rotura de mano, o jorobado, o enano, o que tenga nube en el ojo, o que tenga sarna, o empeine, o testículo magullado* (Levítico 21:18-20).

No entrará en la congregación de Jehová el que tenga magullados los testículos, o amputado su miembro viril (Deuteronomio 23:1).

En tiempos antiguos se castraban niños para que mantuvieran voces que sonaran femeninas en los coros o como solistas:

> *La castración consistía en la destrucción o ablación del tejido testicular sin que, por lo general, se llegara a cortar el pene. Mediante esta intervención traumática, se conseguía que los niños que ya habían demostrado tener especiales dotes para el canto mantuvieran, de adultos, una tesitura aguda capaz de interpretar voces características de papeles femeninos. De este modo se lograba aunar la aguda voz infantil, considerada tierna y emocional, con las cualidades de un intérprete adulto que un niño difícilmente podía igualar: mayor potencia pulmonar, pleno dominio de la voz y la sabiduría propia de la edad.**

Tercero, habló de eunucos voluntarios: "Y hay eunucos que a sí mismos se hicieron eunucos por causa del Reino de los Cielos". En este tercer grupo entran aquellos que toman la decisión voluntaria, sean hombres o mujeres, de mantenerse solteros por su dedicación a Dios y su obra.

El apóstol Pablo habló sobre la castidad para las jóvenes de mantenerse vírgenes y para los que estaban solteros, para dedicarse al servicio del Señor Jesucristo, como un acto voluntario de consagración.

> *En cuanto a las vírgenes, no tengo mandamiento del Señor; mas doy mi parecer, como quien ha alcanzado misericordia del Señor para ser fiel. Tengo, pues, esto por bueno a causa de la necesidad que apremia; que hará bien el hombre en quedarse como está.*

> *¿Estás ligado a mujer? No procures soltarte. ¿Estás libre de mujer? No procures casarte. Mas también si te casas, no pecas; y si la doncella se casa, no peca; pero los tales tendrán aflicción de la carne, y yo os la quisiera evitar. Pero esto digo, hermanos: que el tiempo es corto; resta, pues, que los que tienen esposa sean como si no la tuviesen; y los que lloran, como si no llorasen; y los que se alegran, como si no se alegrasen; y los que compran, como si no poseyesen; y los que disfrutan de*

---

* (https://es.m.wikipedia.org/wiki/Castrato)

este mundo, como si no lo disfrutasen; porque la apariencia de este mundo se pasa. (1 Corintios 7:27-31).

El diácono Felipe, conocido como "Felipe el Evangelista", que no debe ser confundido con Felipe el Apóstol (Mateo 10:2-4; Juan 6:5-7, 12:20-23; 14:6-9), tuvo cuatro hijas que profetizaban y eran vírgenes:

Al otro día, saliendo Pablo y los que con él estábamos, fuimos a Cesarea; y, entrando en casa de Felipe el Evangelista, que era uno de los siete, posamos con él. Este tenía cuatro hijas doncellas que profetizaban (Hechos 21:8-9).

Eusebio de Cesarea habla de dos hijas de Felipe que envejecieron siendo vírgenes y otra hija de Felipe que fue sepultada en Éfeso, donde fueron sepultados Felipe y Juan el Amado. Debe notarse que Eusebio menciona a Felipe el Apóstol y a Felipe el Evangelista:

Pues también en Asia reposan grandes personalidades, las cuales resucitarán el último día de la venida del Señor, en la que vendrá de los cielos con gloria para buscar a todos los santos. Entre ellos, Felipe, uno de los doce apóstoles, que reposa en Hierápolis, dos de sus hijas que envejecieron vírgenes y otra hija suya que, tras vivir en el Espíritu Santo, duerme en Éfeso. También descansa en Éfeso Juan, el que se reclinó sobre el pecho del Señor y que fue sacerdote portador del pentalón, mártir y maestro (Libro III, capítulo xxxi,3).

Todo esto se refiere a la muerte de ellos. Pero igualmente, en el Diálogo de Cayo, que citamos hace poco, Proclo (contra el cual se dirige la investigación) dice lo siguiente, de acuerdo con lo que hemos relatado acerca de la muerte de Felipe y de sus hijas: "Después de Felipe, hubo en Hierápolis (la de Asia) cuatro profetisas que eran hijas de este. Su sepulcro y el de su padre se hallan en aquel lugar" (Libro III, capítulo xxxi, 4).

Pablo vio el estado célibe como una oportunidad de servir mejor al Señor Jesucristo y su obra:

Quisiera, pues, que estuvieseis sin congoja. El soltero tiene cuidado de las cosas del Señor, de cómo agradar al Señor; pero el casado tiene cuidado de las cosas del mundo, de cómo agradar a su mujer. Hay asimismo diferencia entre la casada y la doncella.

*La doncella tiene cuidado de las cosas del Señor, para ser santa
así en cuerpo como en espíritu; pero la casada tiene cuidado de
las cosas del mundo, de cómo agradar a su marido. Esto lo digo
para vuestro provecho; no para tenderos lazo, sino para lo honesto
y decente, y para que sin impedimento os acerquéis al Señor*
(1 Corintios 7:32-35).

Aun Pablo vio que los padres de las vírgenes podían decidir si las
daban o no en matrimonio:

*Pero si alguno piensa que es impropio para su hija virgen que pase
ya de edad, y es necesario que así sea, haga lo que quiera, no peca;
que se case. Pero el que está firme en su corazón, sin tener necesidad, sino que es dueño de su propia voluntad, y ha resuelto en
su corazón guardar a su hija virgen, bien hace. De manera que el
que la da en casamiento hace bien, y el que no la da en casamiento
hace mejor* (1 Corintios 7:36-38).

A las mujeres casadas que quedaban viudas, el apóstol Pablo les
aconsejó que podían casarse, pero serían bienaventuradas si se quedaban célibes:

*La mujer casada está ligada por la ley mientras su marido vive;
pero, si su marido muriere, libre es para casarse con quien quiera,
con tal de que sea en el Señor. Pero a mi juicio, más dichosa será
si se quedare así; y pienso que también yo tengo el Espíritu de Dios*
(1 Corintios 7:39-40).

El escritor Eusebio de Cesarea nos narra sobre mujeres que se mantu-
vieron vírgenes por opción voluntaria al servicio de hombres de Dios:

*Así pues, dice que también viven mujeres con aquellos hombres
que ha mencionado, y que de ellas, la mayoría llegan vírgenes
a la edad avanzada, sin mantener su castidad por imposición,
como ocurre con algunas sacerdotisas griegas, sino más bien por
decisión voluntaria, por su celo y su anhelo de sabiduría, con la
que se dedican a vivir despreocupadas de los placeres corporales y
deseosas de conseguir hijos inmortales (no mortales), a los cuales
solo puede engendrar por sí misma el alma que ama a Dios*
(Libro II, capítulo XVII, 19).

En la tradición primigenia, ese estado célibe dio lugar a la práctica del monacato en monasterios y conventos. Estar en vida solitaria o comunitaria era vivir fuera y alejado del mundo.

Abuso del don

El estado de celibato no es una obligación religiosa o una imposición de Dios, es más bien una elección personal que Dios pone en ciertos creyentes, a quienes les da el don de continencia.

El matrimonio no es pecaminoso. Tampoco es un obstáculo para el creyente si se realizó en la voluntad de Dios. El matrimonio ennoblece el ministerio.

Aunque durante su apostolado Pablo estaba soltero, no obstante, de muchas de sus expresiones parece inferirse que antes de su ministerio estuvo casado. Aunque él vio las ventajas que la soltería podía ofrecer a algunos, no se opuso ni dogmatizó a favor del estado célibe.

Antes de abordar su temática del don de continencia, Pablo se aseguró de no crear una mala impresión o confusión en los lectores de su epístola.

Mas esto digo por vía de concesión, no por mandamiento (1 Corintios 7:6).

En cuanto a las vírgenes no tengo mandamiento del Señor; mas doy mi parecer, como quien ha alcanzado misericordia del Señor para ser fiel. (1 Corintios 7:25).

Pero a mi juicio, más dichosa será si se quedare así; y pienso que también yo tengo el Espíritu de Dios (1 Corintios 7:40).

Para Pablo, la situación del matrimonio en ninguna manera afectaba el carácter del que ejercía un ministerio para el Señor:

¿No soy apóstol? ¿No soy libre? ¿No he visto a Jesús el Señor nuestro? ¿No sois vosotros mi obra en el Señor? Si para otros no soy apóstol, para vosotros ciertamente lo soy; porque el sello de mi apostolado sois vosotros en el Señor. Contra los que me acusan, esta es mi defensa: ¿Acaso no tenemos derecho de comer y beber? ¿No tenemos derecho de traer con nosotros una hermana por mujer como también los otros apóstoles, y los hermanos del Señor, y Cefas? (1 Corintios 9:1-5).

De este pasaje se desprende que muchos apóstoles eran casados. Los medio hermanos del Señor Jesucristo, al menos en este caso, Santiago y Judas, eran casados.

> *Y venido a su tierra, les enseñaba en la sinagoga de ellos, de tal manera que se maravillaban y decían: ¿De dónde tiene este esta sabiduría y estos milagros? ¿No es este el hijo del carpintero? ¿No se llama su madre María, y sus hermanos, Jacobo, José, Simón y Judas? ¿No están todas sus hermanas con nosotros? ¿De dónde, pues, tiene este todas estas cosas?* (Mateo 13:54-56).

Y Cefas o Simón Pedro continuaba casado durante el tiempo de Pablo:

> *Vino Jesús a casa de Pedro, y vio a la suegra de este postrada en cama, con fiebre. Y tocó su mano, y la fiebre la dejó; y ella se levantó, y les servía* (Mateo 8:14-15).

Eusebio de Cesarea, citando a Clemente, hace mención de que Pedro y Felipe eran casados:

> *Clemente, a quien acabamos de citar, después de esto continúa con una lista de los apóstoles cuyo matrimonio está demostrado para los que niegan el matrimonio. Dice así: "¿Acaso también rechazaron a los apóstoles? Pedro y Felipe tuvieron hijos; Felipe incluso entregó a sus hijas en matrimonio, y Pablo no duda, en alguna de sus cartas, en nombrar a su cónyuge, la cual no le acompañaba, para una mayor flexibilidad en su servicio". 2. Ya que hemos hecho estos detalles, no estará de más referir otro relato suyo digno de ser narrado. Lo escribe en el libro VII de los Stromateis del siguiente modo: "Dicen que el bienaventurado Pedro, al ver que su misma esposa era llevada a muerte, se gozó gracias a su llamado y su vuelta a casa, y alzó su voz en gran manera a fin de estimularla y de consolarla, dirigiéndose a ella por su propio nombre: "Oh, tú, recuerda al Señor." Así era el matrimonio de los dichosos y la índole de los más amados». Aquí convenía citar este texto por su relación con nuestro tema.* (Libro III, xxx 1).

La Iglesia Católica Romana exige el estado célibe como requisito o voto de castidad a sus ministros, sacerdotes, monjas, monjes y prelados. Esto es contrario a la voluntad de Dios, quien no solo hizo provisión para el primer hombre (Génesis 2:18-25), sino que ha ejemplificado en la relación matrimonial el amor de Él hacia su pueblo (Cantar de los Cantares) y el amor de Cristo por su Iglesia (Efesios 5:21-33).

Y dijo Jehová Dios: No es bueno que el hombre esté solo; le haré ayuda idónea para él (Génesis 2:18).

Las casadas estén sujetas a sus propios maridos, como al Señor; porque el marido es cabeza de la mujer, así como Cristo es cabeza de la iglesia, la cual es su cuerpo, y él es su Salvador.

Maridos, amad a vuestras mujeres, así como Cristo amó a la iglesia, y se entregó a sí mismo por ella, para santificarla, habiéndola purificado en el lavamiento del agua por la palabra, a fin de presentársela a sí mismo, una iglesia gloriosa, que no tuviese mancha ni arruga ni cosa semejante, sino que fuese santa y sin mancha. Así también los maridos deben amar a sus mujeres como a sus mismos cuerpos. El que ama a su mujer a sí mismo se ama. Porque nadie aborreció jamás a su propia carne, sino que la sustenta y la cuida, como también Cristo a la iglesia, porque somos miembros de su cuerpo, de su carne y de sus huesos. Por esto dejará el hombre a su padre y a su madre, y se unirá a su mujer, y los dos serán una sola carne. Grande es este misterio; mas yo digo esto respecto de Cristo y de la iglesia. Por lo demás, cada uno de vosotros ame también a su mujer como a sí mismo; y la mujer respete a su marido (Efesios 5:22-23, 25-33).

En su profecía de la apostasía de los últimos tiempos, Pablo señaló el estado de celibato obligatorio como una de las señales:

Pero el Espíritu dice claramente que en los postreros tiempos algunos apostatarán de la fe, escuchando a espíritus engañadores y a doctrinas de demonios; por la hipocresía de mentirosos que, teniendo cauterizada la conciencia, prohibirán casarse, y mandarán abstenerse de alimentos que Dios creó para que con acción de gracias participasen de ellos los creyentes y los que han conocido la verdad. Porque todo lo que Dios creó es bueno, y nada es de desecharse, si se toma con acción de gracias; porque por la palabra de Dios y por la oración es santificado. (1 Timoteo 4:1-5).

Desde luego, en los días paulinos, los que se oponían al matrimonio eran los gnósticos, y los que se oponían a ciertos alimentos eran los legalistas.

La mayor prueba del que no tiene el don de continencia es su deseo y su necesidad biológica de tener relaciones sexuales con el sexo opuesto.

[...] pero si no tienen don de continencia, cásense, pues mejor es casarse que estarse quemando (1 Corintios 7:9).

Por el contexto entendemos que Pablo se está refiriendo a los solteros y a las viudas (1 Corintios 7:8). A estos que ya no pueden controlarse y que tienen apetito sexual les aconseja que se casen.

La persona que tiene el don de continencia vive feliz en su estado célibe, sirviendo al Señor Jesucristo de esa manera. Nunca se lamentará por no haber tenido cónyuge o por no haberse casado. Tampoco se verá emocionalmente afectado por la ausencia de hijos naturales. Él o ella son seres completos, que se han autorrealizado en Cristo.

Las personas con este don de continencia deben orar al Señor Jesucristo, para que los ilumine, y así puedan ministrar a todos aquellos que están atravesando una situación de soltería en la Iglesia.

EL DON DE MÁRTIR

Otros experimentaron vituperios y azotes, y a más de esto prisiones y cárceles. Fueron apedreados, aserrados, puestos a prueba, muertos a filo de espada; anduvieron de acá para allá cubiertos de pieles de ovejas y de cabras, pobres, angustiados, maltratados, de los cuales el mundo no era digno; errando por los desiertos, por los montes, por las cuevas y por las cavernas de la tierra.
— HEBREOS 11:36-38

Tanto en el Antiguo Testamento como en el Nuevo Testamento hubo creyentes dispuestos a sufrir por su fe en Dios. Tenían el don de mártir. No escatimaban el sufrimiento propio por amor a Dios.

Ananías, Misael y Azarías son ejemplos de creyentes que prefirieron la muerte en un horno calentado siete veces más de lo acostumbrado, antes que doblar sus rodillas ante la estatua de oro de Nabucodonosor.

He aquí nuestro Dios a quien servimos puede libramos del horno de fuego ardiendo; y de tu mano, oh rey, nos librará. Y si no, sepas, oh rey, que no serviremos a tus dioses, ni tampoco adoraremos la estatua que has levantado. Entonces Nabucodonosor se llenó de ira, y se demudó el aspecto de su rostro contra Sadrac, Mesac y Abed-nego [...] para echarlos en el horno de fuego ardiendo (Daniel 3:17-20).

En ese horno de fuego Dios protegió milagrosamente a este trío de fe, que no se asfixiaron y a quienes ni se les chamuscó uno solo de sus cabellos. El cuarto personaje misterioso que se les apareció para darles protección es, sin lugar a dudas, una manifestación de Cristo preencarnado.

Entonces el rey Nabucodonosor se espantó, y se levantó apresuradamente y dijo a los de su consejo: ¿No echaron a tres varones atados dentro del fuego? Ellos respondieron al rey: Es verdad, oh rey. Y él dijo: He aquí yo veo cuatro varones sueltos, que se pasean en medio del fuego sin sufrir ningún daño; y el aspecto del cuarto es semejante a hijo de los dioses (Daniel 3:24-25).

Martur (martys = μάρτυς *y mártyr* = μάρτυρ) es la palabra griega de la cual se traduce "mártir". Literalmente, significa "testigo", y así se traduce muchas veces. Los mártires en el Nuevo Testamento son testigos del Señor Jesucristo.

[...] y cuando se derramaba la sangre de Esteban tu testigo, yo mismo también estaba presente, y consentía en su muerte y guardaba las ropas de los que le mataban (Hechos 22:20).

Yo conozco tus obras, y dónde moras, dónde está el trono de Satanás; pero retienes mi nombre, y no has negado mi fe, ni aun en los días en que Antipas mi testigo fiel fue muerto entre vosotros, donde mora Satanás (Apocalipsis 2:3).

Uso del don

El mismo Señor Jesucristo predijo a sus seguidores de la posibilidad de persecución, vituperio, cárcel, y aun de la misma muerte por creer en Él.

Bienaventurados sois cuando por mi causa os vituperen y os persigan, y digan toda clase de mal contra vosotros, mintiendo. Gozaos y alegraos, porque vuestro galardón es grande en los cielos; porque así persiguieron a los profetas que fueron antes de vosotros (Mateo 5:11-12).

Pero yo os digo: Amad a vuestros enemigos, bendecid a los que os maldicen, haced bien a los que os aborrecen, y orad por los que os ultrajan y os persiguen [...] (Mateo 5:44).

En el Gran Diccionario Enciclopédico de la Biblia editado por el Dr. Alfonso Ropero Berzosa, se habla del mártir:

En sentido amplio, el término "mártir" puede aplicarse a todos los creyentes, convocados a ser "testigos de Cristo" hasta lo último de la tierra (Hch. 1:8) pero, en sentido estricto, técnico, se aplica únicamente a quienes dieron o dan la vida por la fe cristiana, sellando con su sangre la verdad de sus creencias. Este es el sentido que aparece en Hch. 22:20 y Ap. 2:13; 13:1-14; 17:6, y que los autores eclesiásticos consagraron para referirse a los mártires cristianos. (Editorial CLIE. Barcelona, España. Año 2010).

El Señor Jesús profetizó al apóstol Simón Pedro que este último habría de morir torturado y como mártir:

De cierto, de cierto te digo: Cuando eras más joven, te ceñías, e ibas a donde querías; mas cuando ya seas viejo, extenderás tus manos, y te ceñirá otro, y te llevará a donde no quieras. Esto dijo, dando a entender con qué muerte había de glorificar a Dios. Y dicho esto, añadió: Sígueme (Juan 21:18-19).

Esteban fue diácono (Hechos 6:5-6), evangelista (Hechos 6:8) y primer mártir de la Iglesia:

Pero Esteban, lleno del Espíritu Santo, puestos los ojos en el cielo, vio la gloria de Dios, y a Jesús, que estaba a la diestra de Dios, y dijo: He aquí, veo los cielos abiertos, y al Hijo del, Hombre que está a la diestra de Dios. Entonces ellos, dando grandes voces, se taparon los oídos, y arremetieron a una contra él. Y, echándole fuera de la ciudad, le apedrearon; y los testigos pusieron sus ropas a los pies de un joven que se llamaba Saulo. Y apedreaban a Esteban, mientras él invocaba y decía: Señor Jesús, recibe mi espíritu. Y puesto de rodillas, clamó a gran voz: Señor, no les tomes en cuenta este pecado. Y habiendo dicho esto, durmió (Hechos 7:55-60).

Como testigo y participante de la muerte de Esteban estaba un joven fariseo llamado Saulo de Tarso, a quien se lo conocería más tarde como "el apóstol Pablo".

Y echándole fuera de la ciudad, le apedrearon; y los testigos pusieron sus ropas a los pies de un joven que se llamaba Saulo (Hechos 7:58).

Y Saulo consentía en su muerte [...] (Hechos 8:1).

De lo anterior podemos deducir que, ya desde joven, Saulo de Tarso (1) se destacaba como un fariseo celoso de sus costumbres religiosas. (2) Pudo haber sido miembro del Consejo del Sanedrín, ya que se nos dice: "Y Saulo consentía en su muerte". Con esa autoridad decidió la muerte de Esteban. (3) Saulo vio a sus pies las ropas de Esteban.

Jamás se pudo olvidar lo que parecía una extraña coincidencia, pero que no era sino una intervención divina en la vida del joven Saulo. Proféticamente, él sería el heredero del ministerio de Esteban. Allí moría Esteban, pero allí también el Espíritu Santo señalaba a Saulo.

En Hechos 12 tenemos el relato del martirio de Jacobo, el hermano de Juan:

En aquel mismo tiempo el rey Herodes echó mano a algunos de la iglesia para maltratarles. Y mató a espada a Jacobo, hermano de Juan (Hechos 12:1-2).

Muchos comentaristas ven, en el martirio de Jacobo, el cumplimiento de la profecía dada por Cristo en Marcos 10:39.

Ellos dijeron: Podemos. Jesús les dijo: A la verdad, del vaso que yo bebo, beberéis, y con el bautismo con que yo soy bautizado, seréis bautizados.

En este caso, el vaso y el bautismo hablan del sufrimiento. Para Jacobo significó el martirio y, para Juan, el exilio a la inhóspita isla de Patmos:

Yo Juan, vuestro hermano, y copartícipe vuestro en la tribulación, en el reino y en la paciencia de Jesucristo, estaba en la isla llamada Patmos, por causa de la palabra de Dios y el testimonio de Jesucristo (Apocalipsis 1:9).

El apóstol Pedro dedicó una serie de versículos para animar a los creyentes que sufrirían y experimentarían la persecución, y quizás el martirio:

> *Amados, no os sorprendáis del fuego de prueba que os ha sobreve-nido, como si alguna cosa extraña os aconteciese, sino gozaos por cuanto sois participantes de los padecimientos de Cristo, para que también en la revelación de su gloria os gocéis en gran alegría. Si sois vituperados por el nombre de Cristo, sois bienaventurados, porque el glorioso Espíritu de Dios reposa sobre vosotros. Cierta-mente, de parte de ellos, Él es blasfemado, pero por vosotros es glorificado. Así que ninguno de vosotros padezca como homicida, o ladrón, o malhechor, o por entremeterse en lo ajeno; pero, si alguno padece como cristiano, no se avergüence, sino glorifique a Dios por ello. Porque es tiempo de que el juicio comience por la casa de Dios; y, si primero comienza por nosotros, ¿cuál será el fin de aquellos que no obedecen al evangelio de Dios? [...]. De modo que los que padecen según la voluntad de Dios, encomienden sus almas al fiel Creador, y hagan el bien* (1 Pedro 4:12-17,19).

Pablo pudo eludir su martirio pero, por causa del don de martirio, estuvo dispuesto a sufrir todo por causa del evangelio. El profeta Agabo profetizó a Pablo su arresto en Jerusalén y su entrega a los gentiles. Sus discípulos trataron de persuadir a Pablo de que desistiera de su viaje.

> *Al oír esto, le rogamos nosotros y los de aquel lugar que no subiese a Jerusalén. Entonces Pablo respondió: ¿Qué hacéis llorando y quebran-tándome el corazón? Porque yo estoy dispuesto no solo a ser atado, más aún a morir en Jerusalén por el nombre del Señor Jesús. Y, como no le pudimos persuadir, desistimos, diciendo: Hágase la voluntad del Señor* (Hechos 21:12-14).

> *Porque sé que, por vuestra oración y la suministración del Espí-ritu de Jesucristo, esto resultará en mi liberación, conforme a mi anhelo y esperanza de que en nada seré avergonzado; antes bien con toda confianza, como siempre, ahora también será magnifi-cado Cristo en mi cuerpo, o por vida o por muerte. Porque para mí el vivir es Cristo, y el morir es ganancia. Mas si el vivir en la carne resulta para mí en beneficio de la obra, no sé entonces qué escoger. Porque de ambas cosas estoy puesto en estrecho, teniendo*

deseo de partir y estar con Cristo, lo cual es muchísimo mejor [...] (Filipenses 1:19-23).

El apóstol Pablo presentía en su espíritu el tiempo de su martirio cuando redacta su segunda epístola a Timoteo. El don de mártir ya operaba en él. El apóstol Pablo deseaba vivir pero, por causa del evangelio y para dar testimonio de Jesucristo, estaba dispuesto a aceptar el martirio.

Porque yo ya estoy para ser sacrificado, y el tiempo de mi partida está cercano. He peleado la buena batalla, he acabado la carrera, he guardado la fe. Por lo demás, me está guardada la corona de justicia, la cual me dará el Señor, juez justo, en aquel día; y no solo a mí, sino también a todos los que aman su venida (2 Timoteo 4:6-8).

El apóstol ilustra su pronta y revelada muerte mediante la presentación de un sacrificio: "Yo ya estoy para ser sacrificado" y mediante un viaje a realizar: "Y el tiempo de mi partida está cercano".

Luego ve su vida cristiana como una batalla ganada, como una carrera y como un depósito guardado. En todo se ve como un verdadero campeón de la fe, un ganador ante los ojos de Dios y un vencedor cristiano.

Abuso del don

Los que tienen este don de mártir no andan por ahí proclamándolo. Este don opera en el momento escogido por Dios, y no cuando la persona así lo quiera. Un valor sobrenatural por lo general acoge a estos creyentes para enfrentar con valor el martirio.

Antes de que el don de mártir se manifestara en Simón Pedro, este negó al Señor Jesucristo:

Pedro estaba sentado fuera en el patio; y se le acercó una criada, diciendo: Tú también estabas con Jesús el galileo. Mas él negó delante de todos, diciendo: No sé lo que dices. Saliendo él a la puerta, le vio otra, y dijo a los que estaban allí: También este estaba con Jesús el nazareno. Pero él negó otra vez con juramento: No conozco al hombre. Un poco después, acercándose los que por allí estaban, dijeron a Pedro: Verdaderamente también tú eres de ellos, porque aun tu manera de hablar te descubre. Entonces él comenzó a maldecir y a jurar: No conozco al hombre. Y en seguida cantó el gallo. Entonces Pedro se acordó de las palabras de Jesús,

que le había dicho: Antes que cante el gallo, me negarás tres veces.
Y saliendo fuera, lloró amargamente (Mateo 26:69-75).

Simón Pedro antes había confesado delante del Señor que no lo negaría aunque otros lo hicieran:

Respondiendo Pedro, le dijo: Aunque todos se escandalicen de ti, yo
nunca me escandalizaré. Jesús le dijo: De cierto te digo que esta
noche, antes que el gallo cante, me negarás tres veces. Pedro le dijo:
Aunque me sea necesario morir contigo, no te negaré. Y todos los
discípulos dijeron lo mismo (Mateo 26:33-35).

Según la tradición, Pedro pidió de favor a sus verdugos, a la hora de su martirio, que no lo crucificaran en la misma posición de su Señor, sino que la cruz estuviera inversa, ya que no era digno de morir como Aquel.

Eusebio De Cesarea escribió que Simón Pedro tuvo una crucifixión diferente al Maestro:

Fue crucificado con la cabeza hacia abajo, habiendo él mismo
pedido sufrir así.

Es interesante que la profecía de Jesús acerca de la muerte de Pedro solo se refiere a una muerte como mártir, y no a la muerte por crucifixión. Pedro sería conducido a la muerte y aceptaría esta para dar un testimonio glorioso acerca de Jesús.

Muchos han caído víctimas de un complejo de mártir. Se sienten los más sufridos, perseguidos y vituperados. Sufren de paranoia espiritual y que nadie los quiere; se sienten rechazados por todos.

Se abusa de este don de mártir cuando no se padece a causa del evangelio, sino por oposición a las autoridades, o por inmiscuirse en situaciones peligrosas.

Así que ninguno de vosotros padezca como homicida, o ladrón, o
malhechor, o por entremeterse en lo ajeno [...] (1 Pedro 4:15).

Toda persona debe someterse a las autoridades de gobierno, pues
toda autoridad proviene de Dios, y los que ocupan puestos de auto-
ridad están allí colocados por Dios. Por lo tanto, cualquiera que se
rebele contra la autoridad se rebela contra lo que Dios ha instituido,

y será castigado. Pues las autoridades no infunden temor a los que hacen lo que está bien, sino a los que hacen lo que está mal. ¿Quieres vivir sin temor a las autoridades? Haz lo correcto, y ellas te honrarán. Las autoridades están al servicio de Dios para tu bien; pero, si estás haciendo algo malo, por supuesto que deberías tener miedo, porque ellas tienen poder para castigarte. Están al servicio de Dios para cumplir el propósito específico de castigar a los que hacen lo malo. Por eso tienes que someterte a ellas, no solo para evitar el castigo, sino para mantener tu conciencia limpia. Por esas mismas razones, también paguen sus impuestos, pues los funcionarios de gobierno necesitan cobrar su sueldo. Ellos sirven a Dios con lo que hacen. Ustedes den a cada uno lo que le deben: paguen los impuestos y demás aranceles a quien corresponda, y den respeto y honra a los que están en autoridad. (Romanos 13:1-7, NTV).

Tomemos como ejemplo del don de mártir al teólogo alemán Dietrich Bonhoeffer (1906-1945), quien fue apresado por su resistencia cristiana a Hitler. Aunque pudo haber escapado de la prisión alemana al menos durante los primeros días de encarcelamiento, no lo hizo. Su compromiso cristiano y su fe fueron su testimonio ante la ejecución a manos de la Gestapo el 9 de abril de 1945.

EL DON DE POBREZA

No lo digo porque tenga escasez, pues he aprendido a contentarme, cualquiera que sea mi situación. Sé vivir humildemente, y sé tener abundancia; en todo y por todo estoy enseñado, así para estar saciado como para tener hambre, así para tener abundancia como para padecer necesidad. Todo lo puedo en Cristo que me fortalece.
— Filipenses 4:11-13

El creyente que tiene el don de pobreza a causa del evangelio y del ministerio está dispuesto a prescindir de un buen nivel de vida. A través de esta vida de negación, Dios cumple un propósito para alcanzar a los perdidos y para servir a los creyentes.

Jehová cumplirá su propósito en mí; tu misericordia, oh Jehová, es para siempre; no desampares la obra de tus manos (Salmo 138:8).

Uso del don

Nuestro Señor Jesucristo hizo alusión al don de pobreza, no como un estilo cristiano de ministerio, sino como una opción por causa de la obra de Dios. En otras palabras, este es un llamado a no preocuparse por los bienes materiales bajo excusa de servir a Dios.

Y respondiendo, les dijo: El que tiene dos túnicas dé al que no tiene; y el que tiene qué comer, haga lo mismo (Lucas 3:11).

El que tiene el don de pobreza no está preocupado por lo mucho que pueda tener o que pueda recibir; más bien se preocupa por compartir lo mucho o lo poco que tenga con otros que estén en necesidad.

No os proveáis de oro, ni plata, ni cobre en vuestros cintos; ni de alforja para el camino, ni de dos túnicas, ni de calzado, ni de bordón; porque el obrero es digno de su alimento (Mateo 10:9-10).

Dios no nos llama a vivir pobremente, ni tampoco desea que vivamos en miseria. Pero hay situaciones, particularmente con muchos que han sido llamados al campo misionero, en que la pobreza no es una opción, sino una situación. Hay quienes han tenido que cambiar su comodidad por incomodidad, su buena cama por un catre duro, su lámpara eléctrica por la luz de una vela, su transportación en vehículo por una caminata de varios kilómetros a pie, la ciudad por el campo, el microondas por el fogón, el aire del ventilador por las picaduras de mosquitos. El que ha sido llamado no se amedrenta ante las adversidades para realizar la voluntad de Dios en su vida.

En su ministerio, el apóstol Pablo estuvo dispuesto a negarse a muchas comodidades, con tal de alcanzar regiones remotas con el evangelio "explosivo" de Jesús de Nazaret.

Muchos hombres y mujeres de Dios han dejado trabajos remunerativos, grandes congregaciones, la oportunidad de tener una buena casa, etc., simplemente porque el Espíritu Santo les habló y los envió a un lugar desconocido y a una cultura extraña, con necesidad espiritual de salvación.

A ciertos misioneros se les ha disminuido la ayuda económica por causa de recortes en el presupuesto de la organización que los envía. Pero, como Dios los ha llamado, estos han sabido confiar en que sus necesidades serán suplidas. Dios nunca falla. Él provee para sus ministros.

He sabido de "misioneros afiebrados" que, llenos de bríos, han salido para el campo misionero. Sin embargo, al confrontar las primeras pruebas (equipaje extraviado, dinero robado, escasez de ofrendas, necesidad de vehículos, hospedaje incómodo, etc.), han regresado a su "Antioquía" más rápido de lo que salieron. Estos son "misioneritos".

En el ministerio evangelístico, pastoral, misionero y de educación religiosa, se pasa por necesidades, pero la visión y el compromiso del llamado y del ministerio son mayores que estas.

Abuso del don

El don de pobreza no significa vivir en necesidades por la pereza y ociosidad voluntarias. El hombre y la mujer de Dios deben estar dispuestos a trabajar por salario si no tienen alternativa. El apóstol Pablo tuvo que trabajar para sostenerse en su ministerio; no siempre tuvo que hacerlo, pero lo hizo.

[...] y, como era del mismo oficio, se quedó con ellos, y trabajaban juntos, pues el oficio de ellos era hacer tiendas (Hechos 18:3).

El apóstol fue bivocacional; ministraba y trabajaba. Su trabajo secular no le restaba carácter a su ministerio. Por el contrario, sentía que, en vez de estar siempre dependiendo de otros, podía al menos en algunas ocasiones depender de sus capacidades laborales.

Pablo mismo vio la vagancia como un mal, como una falta de ética cristiana. Jesucristo no patrocina haraganes, perezosos o vagos:

Traten de vivir tranquilos, ocúpense de sus propios asuntos y trabajen, como ya antes les hemos ordenado que lo hagan. De ese modo se ganarán el respeto de la gente que no confía en Dios, y no tendrán que pedirle nada a nadie. (1 Tesalonicenses 4:11-12, TLA).

Hermanos míos, con la autoridad que nuestro Señor Jesucristo nos da, les ordenamos que se alejen de cualquier miembro de la iglesia que no quiera trabajar ni viva de acuerdo con la enseñanza que les dimos. Ustedes saben cómo deben vivir para seguir nuestro ejemplo: nunca estuvimos entre ustedes sin hacer nada, y nunca recibimos comida sin pagar por ella. Al contrario, trabajábamos de día y de noche para que ninguno de ustedes tuviera que pagar nada por nosotros. En realidad, teníamos derecho a pedirles que nos ayudaran, pero preferimos trabajar para ganarnos el pan, y así darles un ejemplo a seguir. Cuando estábamos con ustedes, les decíamos que quien no quiera trabajar tampoco tiene derecho a comer. Pero nos hemos enterado de que hay entre ustedes algunos que no quieren trabajar, y que se la pasan metiéndose en asuntos ajenos. A esas personas les llamamos la atención y, con la autoridad que el Señor Jesucristo nos da, les ordenamos que trabajen para ganarse la vida, y que dejen de molestar a los demás (2 Tesalonicenses 3:6-12, TLA).

Por eso, ordénales a todos que hagan lo que te he dicho, para que nadie pueda criticarlos. Quien no cuida de sus parientes, y especialmente de su familia, no se porta como un cristiano; es más, tal persona es peor que quien nunca ha creído en Dios. (1 Timoteo 5:7-8, TLA).

Se abusa del don de pobreza con el voto de pobreza que hacen algunas órdenes monásticas o religiosas. Ven la pobreza como un requisito religioso para el ministerio.

La pobreza se debe ver en el ministerio como una alternativa, y no como una elección voluntaria. Es más bien una causa involuntaria. La pobreza no se puede glorificar.

El don de pobreza no es vivir abusando de la fe de otros. Para muchos, vivir por fe es vivir dependiendo de los hermanos. La fe de ciertos creyentes es una fe oportunista.

La pobreza tampoco es una bendición. Es una situación que experimentan muchos seres humanos. Aunque en el Antiguo Testamento vemos a Dios favoreciendo a los pobres, poniéndose de su lado, identificándose con ellos y saliendo en su defensa, no obstante hay que reconocer que la pobreza no acerca a Dios, aunque acerca a Dios con los pobres.

Nadie se debe sentir satisfecho de ser pobre. El pobre debe superarse en la vida; o por lo menos, orar para salir de su pobreza, aunque las circunstancias se lo impidan.

El hombre y la mujer deben orar para que Dios los haga prosperar, pero deben reconocer en sus vidas la voluntad divina. El don de pobreza no es para todos; pero debemos estar dispuestos a ser pobres, si esa es la voluntad de Dios en algún momento del ministerio.

Amado, yo deseo que tú seas prosperado en todas las cosas, y que tengas salud, así como prospera tu alma (3 Juan 1:2).

Querido hermano, ruego a Dios que en todo te vaya bien y que tu cuerpo esté tan saludable como lo está tu alma. (NBV).

Querido amigo, espero que te encuentres bien, y que estés tan saludable en cuerpo así como eres fuerte en espíritu. (NTV).

A muchos les gusta que le profeticen prosperidad. Se embriagan con esas profecías que les hablan de milagros financieros, aumentos de salarios, dinero que aparece milagrosamente en su cuenta bancaria, tarjetas de débito cargadas por errores de los bancos, deudas y préstamos que desaparecerán de sus cuentas. ¡Pura fantasía religiosa! Muchos de estos profetas de prosperidad viven contradiciendo su mensaje. Andan en pobreza, mendigando ofrendas, contando historias de necesidades. Hablan de sembrar en buena tierra, y ellos son la buena tierra, pero ellos mismos no saben sembrar sus diezmos y ofrendas en su congregación local.

Yo también profetizo que serás prosperado, pero trabaja mucho, ahorra mucho, administra bien tus finanzas, entrégale el diezmo al Señor Jesucristo, ofrenda en tu congregación y da para las misiones.

Capítulo 5

LOS DONES DE ACCIÓN EXTRAORDINARIA

EL DON DE ECHAR FUERA DEMONIOS

*Y estas señales seguirán a los que creen: En
mi nombre echarán fuera demonios.*
— MARCOS 16:17A

OBRE JESÚS DE Nazaret se manifestó este don de echar fuera
demonios y fue criticado por los fariseos.

*Entonces fue traído a él un endemoniado, ciego y mudo; y le sanó,
de tal manera que el ciego y mudo veía y hablaba. Y toda la gente
estaba atónita y decía: ¿Será este aquel Hijo de David?*

*Mas los fariseos, al oírlo, decían: Este no echa fuera los demo-
nios sino por Beelzebú, príncipe de los demonios. Sabiendo Jesús
los pensamientos de ellos, les dijo: Todo reino dividido contra sí
mismo, es asolado, y toda ciudad o casa dividida contra sí misma
no permanecerá.*

*Y, si Satanás echa fuera a Satanás, contra sí mismo está dividido;
¿cómo, pues, permanecerá su reino? Y si yo echo fuera los demonios
por Beelzebú, ¿por quién los echan vuestros hijos? Por tanto, ellos
serán vuestros jueces. Pero si yo por el Espíritu de Dios echo fuera
los demonios, ciertamente ha llegado a vosotros el reino de Dios.
Porque, ¿cómo puede alguno entrar en la casa del hombre fuerte, y
saquear sus bienes, si primero no le ata? Y entonces podrá saquear
su casa.*

El que no es conmigo contra mí es; y el que conmigo no recoge desparrama. Por tanto, os digo: Todo pecado y blasfemia será perdonado a los hombres; mas la blasfemia contra el Espíritu no les será perdonada.

A cualquiera que dijere alguna palabra contra el Hijo del Hombre, le será perdonado; pero al que hable contra el Espíritu Santo, no le será perdonado, ni en este siglo ni en el venidero (Mateo 12:22-32).

Según Marcos 16:17, una de las señales que habría de distinguir a los creyentes sería la de que en el nombre de Jesucristo echarían fuera demonios.

En su llamado al apostolado, los doce discípulos del Señor Jesucristo, la dódeka, fueron investidos con los dones de sanidades, operación de milagros y el don de echar fuera demonios.

Sanad enfermos, limpiad leprosos, resucitad muertos, echad fuera demonios; de gracia recibisteis, dad de gracia (Mateo 10:8).

Los setenta discípulos, los *ebdomekonta* (εβδομηκοντα) también fueron equipados con el don de echar fuera demonios y con la operación de milagros.

Volvieron los setenta con gozo, diciendo: Señor, aun los demonios se nos sujetan en tu nombre. Y les dijo: Yo veía a Satanás caer del cielo como un rayo. He aquí os doy potestad de hollar serpientes y escorpiones, y sobre toda fuerza del enemigo, y nada os dañará. Pero no os regocijéis de que los espíritus se os sujetan, sino regocijaos de que vuestros nombres están escritos en los cielos (Lucas 10:17-20).

Oswald Chambers, un ministro bautista escocés y evangelista del movimiento de la santidad, reconocido por su libro *En pos de lo supremo: 365 lecturas devocionales*, dijo sobre este pasaje:

Cuando los apóstoles regresaron de su primera misión, estaban gozosos porque hasta los demonios se les sometían. Pero Jesús les habló en este sentido: No os gocéis porque vuestro servicio tenga éxito: el gran secreto del gozo es que tengáis una relación correcta conmigo. (Editorial CLIE. Barcelona, España. Año 2007).

Los demonios son seres que originalmente eran ángeles creados por Dios en una pasada eternidad, y por su rebeldía y desobediencia se transformaron en demonios.

Después hubo una gran batalla en el cielo: Miguel y sus ángeles luchaban contra el dragón; y luchaban el dragón y sus ángeles; pero no prevalecieron, ni se halló ya lugar para ellos en el cielo. Y fue lanzado fuera el gran dragón, la serpiente antigua, que se llama diablo y Satanás, el cual engaña al mundo entero, fue arrojado a la tierra, y sus ángeles fueron arrojados con él (Apocalipsis 12:7-9).

Porque, si Dios no perdonó a los ángeles que pecaron, sino que arrojándolos al infierno los entregó a prisiones de oscuridad, para ser reservados al juicio [...] (2 Pedro 2:4).

Y a los ángeles que no guardaron su dignidad, sino que abandonaron su propia morada, los ha guardado bajo oscuridad, en prisiones eternas, para el juicio del gran día [...] (Judas 1:6).

Al aliarse aquellos ángeles caídos al insubordinado Lucero, estos fueron derrotados por el ejército de Miguel y, como consecuencia, se transformaron en demonios, espíritus inmundos y malos espíritus. Por su parte, Lucero se transformó en diablo, Satanás, serpiente antigua.

Algunos de estos seres caídos conocidos como demonios están en prisiones de oscuridad; encerrados en el abismo, atados junto al río Éufrates, y otros se encuentran libres en los aires bien organizados.

Porque no tenemos lucha contra sangre y carne, sino contra principados, contra potestades, contra los gobernadores de las tinieblas de este siglo, contra huestes espirituales de maldad en las regiones celestes (Efesios 6:12).

El aspecto de las langostas era semejante a caballos preparados para la guerra; en las cabezas tenían como coronas de oro; sus caras eran como caras humanas; tenían cabello como cabello de mujer; sus dientes eran como de leones; tenían corazas como corazas de hierro; el ruido de sus alas era como el estruendo de muchos carros de caballos corriendo a la batalla; tenían colas como de escorpiones, y también aguijones; y en sus colas tenían poder para dañar a los hombres durante cinco meses. Y tienen por rey sobre ellos al ángel del abismo, cuyo nombre en hebreo es Abadón, y en griego, Apolión (Apocalipsis 9:7-11).

El sexto ángel tocó la trompeta, y oí una voz de entre los cuatro cuernos del altar de oro que estaba delante de Dios, diciendo al sexto ángel que tenía la trompeta: Desata a los cuatro ángeles que están atados junto al gran río Éufrates. Y fueron desatados los cuatro ángeles que estaban preparados para la hora, día, mes y año, a fin de matar a la tercera parte de los hombres. Y el número de los ejércitos de los jinetes era doscientos millones. Yo oí su número. (Apocalipsis 9:13-16).

Y vi salir de la boca del dragón, y de la boca de la bestia, y de la boca del falso profeta, tres espíritus inmundos a manera de ranas; pues son espíritus de demonios, que hacen señales, y van a los reyes de la tierra en todo el mundo, para reunirlos a la batalla de aquel gran día del Dios Todopoderoso (Apocalipsis 16:13-14).

Millares de millares de estos seres espirituales andan libres y operan en las esferas celestes; buscan oprimir, deprimir, obsesionar, presionar y posesionar a los seres humanos. Los verdaderos creyentes no pueden ser posesionados por demonios, ya que son templos del Espíritu Santo o Espíritu de Cristo que habita en ellos, los demonios pueden atacar de otras maneras.

La Iglesia de Jesucristo ha recibido el poder y la autoridad que delega su nombre para tomar dominio sobre los demonios. Sobre muchos creyentes se manifiesta el don especial para echar fuera demonios.

Uso del don

En Jesús se manifestó el don de echar fuera demonios. En una ocasión sus enemigos lo acusaron diciendo:

Este no echa fuera los demonios sino por Beelzebú, príncipe de los demonios (Mateo 12:24).

Después de hacer algunas declaraciones, el Señor hizo esta afirmación:

Porque, ¿cómo puede alguno entrar en la casa del hombre fuerte, y saquear sus bienes, si primero no le ata? Y entonces podrá saquear su casa (Mateo 12:29).

Espiritualmente, Satanás es el "hombre fuerte"; cuando Cristo echaba fuera demonios estaba atando al "hombre fuerte". Los creyentes tienen también el poder de atar al "hombre fuerte"; es decir, a los poderes satánicos que dominan ciertas áreas, ciudades y hasta naciones.

A lo largo de su ministerio, el Señor Jesucristo *echaba fuera demonios,* como señal mesiánica que demostraba su autoridad sobre Satanás. Cada demonio que echaba fuera era una derrota más que Él infligía al imperio satánico.

El don de echar fuera demonios fue una señal en el ministerio del diácono y evangelista Felipe:

> *Porque de muchos que tenían espíritus inmundos, salían estos dando grandes voces [...]* (Hechos 8:7).

El apóstol Pablo también tenía el don de echar fuera demonios. Su ministerio incluía liberación espiritual:

> *Y esto lo hacía por muchos días; mas, desagradando a Pablo, este se volvió y dijo al espíritu: Te mando en el nombre de Jesucristo, que salgas de ella. Y salió en aquella misma hora* (Hechos 16:18).

El don de echar fuera demonios parece formar parte del equipo ministerial de aquellos creyentes que funcionan en dones de oficio. No obstante, este don puede operar colectivamente en la Iglesia.

> *Y estas señales seguirán a los que creen: En mi nombre echarán fuera demonios; hablarán nuevas lenguas; tomarán en las manos serpientes, y si bebieren cosa mortífera, no les hará daño; sobre los enfermos pondrán sus manos, y sanarán* (Marcos 16:17-18).

Abuso del don

Los que tienen este don no deben estar tan alegres, al punto de llegar a descuidar su vida espiritual y, por ende, a perderse:

> *Muchos me dirán en aquel día: Señor, Señor, ¿no profetizamos en tu nombre, y en tu nombre echamos fuera demonios, y en tu nombre hicimos muchos milagros? Y entonces les declararé: Nunca os conocí; apartaos de mí, hacedores de maldad.* (Mateo 7:22-23).

El don de echar fuera demonios no debe dividir a los creyentes, y menos a la Iglesia de Jesucristo. En una ocasión el apóstol Juan llegó hasta donde estaba Jesús para darle una queja: había visto echar fuera demonios a alguien que consideró que no era parte de ellos.

Entonces, respondiendo Juan, dijo: Maestro, hemos visto a uno que echaba fuera demonios en tu nombre; y se lo prohibimos, porque no sigue con nosotros. Jesús le dijo: No se lo prohibáis; porque el que no es contra nosotros por nosotros es. (Lucas 9:49-50).

La referencia textual del pasaje citado está en Marcos 9:38-41. En el versículo 39, el Señor Jesucristo clasificó como milagro echar fuera demonios:

Pero Jesús dijo: No se lo prohibáis; porque ninguno hay que haga milagro en mi nombre, que luego pueda decir mal de mí.

Para Juan hijo de Zebedeo, aquel exorcista o liberador de demonios no tenía credenciales con el concilio o denominación de los discípulos. Juan le canceló sus derechos a ministrar liberación porque no lo convenció ministerialmente.

Pero Juan no analizó que el sacador de demonios tenía la credencial en el nombre de Jesús. Se abusa del don de echar fuera demonios cuando se anda a la caza de demonios. Muchos utilizan el "rifle espiritual" dondequiera ven demonios, y todo es demonios para ellos. No hay demonio que se les pueda esconder y se han hecho unos expertos detectándolos.

El echar fuera demonios no debe constituirse en un espectáculo de distracción espiritual para los creyentes. La liberación es un asunto serio, por lo tanto, no se debe abusar de esta.

Mi amigo el pastor y autor Edgar Vera declara sobre aquellos que llegan a los cultos en busca de espectáculos:

Los que aman el espectáculo no aman la Palabra de Dios. Esto prácticamente es otro evangelio. Un evangelio de espectáculos donde el andar y la intimidad con Dios es relegado a la parte baja de las prioridades de la vida cristiana donde la mentalidad es "me congregó para ver los espectáculos, me congregó para ver cómo Dios usa el tal llamado 'gran predicador.' Me congregó por la curiosidad de ver lo que va a pasar allí, en la tal llamada cruzada de poder, unción, y milagros".

La transformación personal no sucede allí. Hemos perdido de vista que la transformación es paulatina y que el objetivo del creyente es reflejar a Jesús en su vida. El cambio en la vida del cristiano viene a través de una continua búsqueda de Dios y del constante imbuir de la Palabra de Dios en nuestras vidas. Los espectáculos poco sirven para producir la santidad en nuestras vidas.

En su obsesión por jugar con los demonios, lo que hacen muchos de estos supuestos liberadores espirituales es endemoniar o demonizar a los creyentes.

En el Diccionario de la Real Academia Española se define "demonizar" como "atribuir a alguien o algo cualidades o intenciones en extremo perversas o diabólicas".

Con sus palabras sin sentido meten "el demonio" que quieren a quien se le antoja. Es hacerle creer que están endemoniados basados en lo que estos supuestos liberadores dicen a las personas. Decirle a un creyente que tiene un demonio sin que lo tenga es confundirlo en su fe y crearle una situación psicológica de temor.

Muchos de estos liberacionistas ven demonios por dondequiera. Los demonios les salen hasta en las sopas y en el arroz. Hablan más de los demonios que de Jesucristo y del Espíritu Santo.

Las personas que han sido liberadas de demonios necesitan seguimiento, consejería y ayuda emocional y espiritual:

Cuando el espíritu inmundo sale del hombre, anda por lugares secos, buscando reposo, y no lo halla. Entonces dice: Volveré a mi casa de donde salí; y cuando llega, la halla desocupada, barrida y adornada. Entonces va, y toma consigo otros siete espíritus peores que él, y entrados, moran allí; y el postrer estado de aquel hombre viene a ser peor que el primero. Así también acontecerá a esta mala generación (Mateo 12:43-45).

También hay quienes se dedican a entrevistar a los demonios. ¡Y cómo gozan haciéndoles preguntas! Con los demonios no se debe jugar: se los debe echar fuera. A Jesús le interesaba echar fuera demonios; ese era su trabajo y es también nuestro trabajo como Iglesia.

Y sanó a muchos que estaban enfermos de diversas enfermedades, y echó fuera demonios; y no dejaba hablar a los demonios, porque le conocían (Marcos 1:34).

Pero Jesús le reprendió, diciendo: ¡Cállate, y sal de él! (Marcos 1:25).

Recuerde que los demonios son mentirosos como su padre el diablo. Si son muchos, dicen que son pocos; si son pocos, dicen que son muchos. Si es un demonio, reclama que es más que uno.

Vosotros sois de vuestro padre el diablo, y los deseos de vuestro padre queréis hacer. Él ha sido homicida desde el principio, y no ha permanecido en la verdad, porque no hay verdad en él. Cuando habla mentira, de suyo habla; porque es mentiroso, y padre de mentira (Juan 8:44).

Y entonces se manifestará aquel inicuo, a quien el Señor matará con el espíritu de su boca, y destruirá con el resplandor de su venida; inicuo cuyo advenimiento es por obra de Satanás, con gran poder y señales y prodigios mentirosos, y con todo engaño de iniquidad para los que se pierden, por cuanto no recibieron el amor de la verdad para ser salvos. Por esto Dios les envía un poder engañoso, para que crean la mentira, a fin de que sean condenados todos los que no creyeron a la verdad, sino que se complacieron en la injusticia (2 Tesalonicenses 2:8-12).

Otro abuso es poner nombre a los demonios. Hay creyentes a quienes nadie les gana en esto. Tienen una facilidad de nomenclatura asombrosa de poner nombres a cada aparente demonio con el cual se tropiezan.

En ocasiones los mismos demonios se ponen nombre. El endemoniado Gadareno de la región de Gadara o Gerasa, conocida hoy día como Kursi en la ribera oriental del mar de Galilea, dijo llamarse "Legión", quizá inspirado por las legiones romanas que marchaban por el área.

Cuando vio, pues, a Jesús de lejos, corrió, y se arrodilló ante él. Y clamando a gran voz, dijo: ¿Qué tienes conmigo, Jesús, Hijo del Dios Altísimo? Te conjuro por Dios que no me atormentes. Porque le decía: Sal de este hombre, espíritu inmundo. Y le preguntó: ¿Cómo te llamas? Y respondió diciendo: Legión me llamo; porque somos muchos (Marcos 5:6-9).

Leemos en las Normas Doctrinales del Concilio General de las Asambleas de Dios titulada *¿Pueden los creyentes nacidos de nuevo ser poseídos por demonios?:*

Esta tendencia de ocuparse más en echar fuera demonios que en exaltar a Cristo es contradictoria de las Escrituras. Parece que tampoco hay ninguna base en las Escrituras para apoyar las preocupaciones con los fenómenos externos, tales como vomitar varias sustancias en conexión con la expulsión de demonios (olvidando que los demonios son seres espirituales). La única vez que echar espuma se menciona, las Escrituras muestran claramente que era un problema para la persona hasta el momento en que el demonio fue echado fuera, y no un fenómeno que se mostró solamente en el momento del exorcismo.

Otro gran problema con la idea de que los demonios pueden poseer a los cristianos es que el concepto nos hace perder la fe y debilita nuestro concepto de Dios y de la salvación que Él provee. Dios es nuestro Padre. Él "nos ha librado de la potestad de las tinieblas, y trasladado al reino de su amado Hijo" (Colosenses 1:13). En "los cuales anduvisteis en otro tiempo, siguiendo la corriente de este mundo, conforme al príncipe de la potestad del aire, el espíritu que ahora opera en los hijos de desobediencia" (Efesios 2:2). Pero ahora Dios por su amor nos ha salvado y nos ha hecho "conciudadanos de los santos, y miembros de la familia de Dios" (Efesios 2:19). Sería contradictorio que los demonios moraran en nuestro cuerpo ahora que nuestro cuerpo es templo del Espíritu Santo.

EL DON DE INTERCEDER

[…] Orando en todo tiempo con toda oración y súplica en el Espíritu, y velando en ello con toda perseverancia y súplica por todos los santos […].
— EFESIOS 6:18

Todos los creyentes estamos llamados a orar. La oración conecta y pone en diálogo al creyente con Dios. Nos acerca a la presencia divina. Dios oye las oraciones. El creyente que ora entiende la voluntad de Dios para su vida. La vida cristiana sin oración es religión hueca.

Por tanto, os digo que todo lo que pidiereis orando, creed que lo recibiréis, y os vendrá (Marcos 11:24).

Mirad, velad y orad; porque no sabéis cuándo será el tiempo (Marcos 13:33).

Confesaos vuestras ofensas unos a otros, y orad unos por otros,
para que seáis sanados. La oración eficaz del justo puede mucho
(Santiago 5:16).

Aunque todos los creyentes tienen la responsabilidad de orar, no todos tienen la capacidad sobrenatural de orar, o sea el don de interceder. Quienes lo poseen cultivan una práctica poco común de orar habitual y, consecuentemente, necesitan estar siempre orando: a cualquier hora de la madrugada, del día o de la noche; buscan su tiempo para interceder ante la presencia de Dios. Los intercesores se sienten vacíos cuando no oran lo suficiente, o cuando oran como los que no tienen el don.

Uso del don

Grandes hombres de Dios en el pasado tuvieron el don de interceder. Entre ellos podemos mencionar a C.H. Spurgeon, D.W. Moody, Juan Wesley y Jonathan Edwards. Estos siervos de Dios invertían diariamente muchas horas de intercesión, clamando ante la presencia del Señor Jesucristo. Sus ministerios fueron explosivos en el Espíritu Santo. Parecían tener humo por fuera ya que por dentro tenían el fuego del Espíritu Santo.

El reformador Martín Lutero dedicaba por lo menos tres horas diarias a la oración intercesora.

Si yo dejo de emplear dos horas en oración cada mañana, el diablo obtiene la victoria durante el día. Estoy tan ocupado que no puedo dejar de emplear tres horas diarias en oración.

El evangelista Yiye Ávila, a quien conocí y con quien me reuní personalmente varias veces, tuvo el don de interceder y, acerca de la intercesión, dijo:

> *Los intercesores debemos orar varias horas diariamente en plena*
> *posesión del Espíritu Santo y con oraciones guiadas hacia propósitos*
> *específicos, hasta sentir contestaciones definidas de plena victoria.*
> *El intercesor debe permanecer en actitud de oración todo el día*
> *[...]. Orar es su negocio principal.*

Alguien dijo: "Temo más a una iglesia de rodillas que a un ejército de pie". Y dijo una gran verdad. Los intercesores mueven las manos de Dios; tienen el poder de cambiar las situaciones.

Personalmente reconozco que, si no fuera por ese ejército de intercesores

que me respaldan con sus oraciones, nunca hubiera tenido el éxito que
he logrado en el Señor. Sus oraciones intercesoras han sido mi fortaleza.
Las congregaciones deben tener en alta estima a los intercesores.
Debe darse importancia a este don. Cuando los intercesores doblan
las rodillas, comienzan a ocurrir cosas extraordinarias: hay explosio-
nes de poder espiritual, se multiplican las liberaciones espirituales y se
pronuncian las señales sobre la Iglesia. Necesitamos intercesores jóvenes,
ancianos, ministros y laicos, hombres y mujeres que giman delante de
la presencia de Dios para que el poder fluya en su Iglesia.

Una iglesia con el ministerio de intercesión es poderosa, dinámica,
atrae almas; ¡en esta suceden cosas maravillosas y los púlpitos se encien-
den en fuego pentecostal!

Abuso del don

Los que tienen el don de intercesores deberán cuidarse del orgullo
religioso o espiritual. No harán alarde de sus muchas horas de oración,
ni pretenderán ser ejemplos de oración.

El verdadero intercesor no compite con nadie ni averigua cuánto ora
su hermano para luego decirle: "Yo oro más que tú".

Los que no tienen el don de interceder no deben justificar su pereza
para orar; su deber ante Dios es orar. Y orando se aprende a orar.
¿Quiere usted orar más? Pues ore. Eso es muy sencillo. Hay creyentes
que buscan secretos de oración. Lo práctico no es leer sobre cómo orar,
sino sencillamente orar.

A.B. Simpson tenía el don de intercesor. Vera F. de Barnes, que escribió su biografía (titulada *Cruzando fronteras*), declaró:

> *A través de la intercesión su corazón se llenaba de compasión hasta
> derramar literalmente su vida a favor de los pueblos que circun-
> dan el globo. El mapa del mundo llegó a ser su manual diario de
> oración. Solía tener el mapa entre las manos cuando oraba. Y, al
> nombrar los distintos lugares, lo hacía con amor y con verdadera
> compasión del Calvario.*

EL DON DE PREDICAR

*Llegó entonces a Éfeso un judío llamado Apolos, natural de
Alejandría, varón elocuente, poderoso en las Escrituras. Este había
sido instruido en el camino del Señor; y siendo de espíritu fervoroso,*

hablaba y enseñaba diligentemente lo concerniente al Señor, aunque solamente conocía el bautismo de Juan.

— HECHOS 18:24-25

Hechos 18:24-28 nos introduce en el ministerio de un judío alejandrino de nombre Apolos, quien era un predicador elocuente y un orador en las Escrituras. Manifestó el don de predicar, aunque su formación teológica era limitada porque solamente conocía el bautismo de Juan. (Hechos 18:25). Priscila y Aquila le expusieron más exactamente el camino de Dios (Hechos 18:26) en su ministerio. La llegada de Apolos a Acaya fue de gran provecho a los que por la gracia habían creído (Hechos 18:27). Allí, él ministró la Palabra como un apologeta.

> *[...] porque con gran vehemencia refutaba públicamente a los judíos, demostrando por las Escrituras que Jesús era el Cristo* (Hechos 18:28).

> *Apolo se enfrentaba a los judíos que no creían en Jesús, y con las ense-ñanzas de la Biblia les probaba que Jesús era el Mesías* (TLA).

Apolo llegó a ser entre los corintios uno de los predicadores que tuvo más seguidores, pues muchos lo querían escuchar. Por cierto, como muchas congregaciones actuales, los corintios tenían predicadores favoritos.

> *Porque he sido informado acerca de vosotros, hermanos míos, por los de Cloé, que hay entre vosotros contiendas. Quiero decir que cada uno de vosotros dice: Yo soy de Pablo; y yo de Apolos; y yo de Cefas; y yo de Cristo* (1 Corintios 1:11-12).

Uso del don

La tarea de la predicación no está limitada a unos cuantos, es para muchos. El predicador es un anunciador del evangelio de Jesucristo; alguien que comparte la buena noticia acerca de la salvación y reden-ción humanas.

Por medio de la personalidad del predicador, la persona de Dios habla a las personas. El predicador es un profeta porque el Espíritu Santo profetiza por medio de él cuando predica.

El Dr. Miguel Ángel Rivera, un excelente expositor y comunicador, ha declarado lo siguiente: "La predicación es elocuencia lingüística ungida por el poder del Espíritu Santo".

El apóstol Pablo reconocía la mística divina que se escondía en la tarea de la predicación. Estaba consciente de que la predicación no era sabiduría humana, ni palabras bien escogidas, ni persuasión humana; era un asunto divino.

Así que, hermanos, cuando fui a vosotros para anunciaros el testimonio de Dios, no fui con excelencia de palabras o de sabiduría. Pues me propuse no saber entre vosotros cosa alguna sino a Jesucristo, y a este crucificado. Y estuve entre vosotros con debilidad, y mucho temor y temblor; y ni mi palabra ni mi predicación fue con palabras persuasivas de humana sabiduría, sino con demostración del Espíritu y de poder, para que vuestra fe no esté fundada en la sabiduría de los hombres, sino en el poder de Dios (1 Corintios 2:1-5).

La pastora Ada Nogueras, hablando de diferentes clases o estilos de predicadores hispanoamericanos, declara:

No puedo dejar de sonreír cuando pienso en esas personas que, cuando oyen a un predicador (y con respeto sin quitar mérito a los predicadores), lo primero que hacen es hacer fila para invitarlo a sus iglesias y luego no lo sueltan hasta que oyen a otro y se olvidan del primero que invitaron porque ya no les llamó más la atención.

Estamos constantemente buscando gente que impresione a nuestras iglesias, que diga: "Wow, tremendo predicador que invitaste" o "de verdad que ese hermano(a) es fuego", y no nos detenemos a pensar en aquellos hermanitos a los que no se quiso invitar porque no eran "fuego", "populares" o "grandes". En otras, palabras no "daban gritos", "puños en los púlpitos" o "gritos de emoción".

Hay algo que siempre me llama la atención de cuando pienso en el encuentro de Elías con Dios; su experiencia después de haber visto y escuchado, viento, terremoto, y fuego y darse cuenta de que en ninguno de ellos estaba Dios y luego, cuando llega el silbo apacible y delicado, se da cuenta que en ese silbo apacible y delicado estaba Dios. No nos confundamos: Dios se puede mover en cualquier momento en que Él quiera, pero nosotros los seres humanos somos tan complejos, pues hoy sentimos una cosa y mañana sentimos otra.

He podido experimentar predicadores fogosos que Dios usa de manera especial para traer mensaje a su pueblo, pero también he escuchado predicadores que son pausados. Hablan con una voz suave y hasta melódica, pero el mensaje que traen llena y llega a lo más profundo de nuestro ser. No todo puede ser fuego y llamas hay que darle la oportunidad a lo pausado y apacible para poder experimentar que la paz y el silbido suave también llenan el alma de la presencia de Dios.

No podemos confundir el estilo y emoción del predicador o del que dirige con la verdadera unción del Espíritu Santo. La unción es la presencia del Espíritu Santo manifestada. La unción se revela en la Palabra de Dios. Habilidad para hablar o para comunicar no siempre es unción: puede ser emoción.

Oswald Chambers, declaró lo siguiente:

Pablo era un orador y erudito del mayor calibre y lo sabía. Por lo tanto, sus palabras en este caso no están motivadas por un sentimiento de inferioridad ni de humildad, sino más bien por el convencimiento de que, cuando predicaba el evangelio, el uso y abuso de su oratoria velaría el poder de Dios.

La creencia en Jesús es un milagro producido solo por la eficacia de la redención, no por un discurso impresionante, ni por seducción o persuasión, sino solo por el poder de Dios al desnudo sin ninguna ayuda. El poder creativo de la redención viene a través de la predicación del evangelio, pero nunca por causa de la personalidad del predicador.

El ayuno real y efectivo por parte de un predicador no es ayunar de comida, sino de elocuencia, de una dicción impresionante, y de todo lo demás que pueda estorbar la presentación del evangelio de Dios "como si Dios os rogara por medio de nosotros...". (2 Corintios 5:20, Biblia Versión Moderna.).

El predicador ha sido llamado para presentar el evangelio de Dios. Nada más. Si lo que atrae a las audiencias es la elocuencia de mi predicación, nunca se acercarán a Jesucristo. (En pos de lo supremo. 365 lecturas devocionales. Editorial CLIE. Barcelona, España. Año 2007, página 274).

La verdadera unción trae revelación del conocimiento de la verdad de Dios por medio del Espíritu Santo. Pero a muchos se les hace difícil ver la unción en la revelación: la ven en la emoción. La unción está en la persona y en lo que dice la persona. Por eso gritar mucho predicando y moverse mucho, aunque ayuda en la predicación, no es igual a la unción verdadera:

> *Pero vosotros tenéis la unción del Santo, y conocéis todas las cosas* (1 Juan 2:20).

> *Todos ustedes, en cambio, han recibido unción del Santo, de manera que conocen la verdad* (NVI).

La diferencia entre el carácter de la predicación y de cualquier otro discurso humano es la "demostración del Espíritu y de poder" o "el poder de Dios".

Aunque Pablo no parece haber sido un predicador elocuente con el carisma de Apolos, era un predicador del evangelio. Muchos se gradúan del Instituto Bíblico de Pedro; otros, del Instituto Bíblico de Pablo; y otros más, del Seminario de Apolos. Pero, para predicar, todos ellos necesitan el don del Espíritu Santo.

> *Porque a la verdad, dicen, las cartas son duras y fuertes; mas la presencia corporal débil, y la palabra menospreciable* (2 Corintios 10:10).

> *Pues, aunque sea tosco en la palabra, no lo soy en el conocimiento; en todo y por todo os lo hemos demostrado* (2 Corintios 11:6).

Predicar es un don conferido por el Espíritu Santo. Los que predicamos lo reconocemos. Sabemos que, cuando estamos en el púlpito, ya no dependemos de nosotros: dependemos de Jesucristo y de la unción del Espíritu Santo.

Por causa de la *kenosis*, el propio Señor Jesucristo necesitó la investidura del Espíritu Santo y fue ungido por el Espíritu Santo para predicar.

> *Haya, pues, en vosotros este sentir que hubo también en Cristo Jesús, el cual, siendo en forma de Dios, no estimó el ser igual a Dios como cosa a que aferrarse, sino que se despojó a sí mismo, tomando forma de siervo, hecho semejante a los hombres; y estando en la condición*

de hombre, se humilló a sí mismo, haciéndose obediente hasta la
muerte, y muerte de cruz (Filipenses 2:5-8).

Y Jesús, después que fue bautizado, subió luego del agua; y he aquí
los cielos le fueron abiertos, y vio al Espíritu de Dios que descen-
día como paloma, y venía sobre Él. Y hubo una voz de los cielos,
que decía: Este es mi Hijo amado, en quien tengo complacencia
(Mateo 3:16-17).

Jesús, lleno del Espíritu Santo, volvió del Jordán, y fue llevado
por el Espíritu al desierto por cuarenta días, y era tentado por el
diablo. Y no comió nada en aquellos días, pasados, en los cuales
tuvo hambre (Lucas 4:1-2).

El Espíritu del Señor está sobre mí, por cuanto me ha ungido
para dar buenas nuevas a los pobres; me ha enviado a sanar a
los quebrantados de corazón; a pregonar libertad a los cautivos, y
vista a los ciegos; a poner en libertad a los oprimidos; a predicar el
año agradable del Señor (Lucas 4:18-19).

La unción del Espíritu Santo también manifestó el poder de Dios
sobre Jesús de Nazaret:

[...] cómo Dios ungió con el Espíritu Santo y con poder a Jesús de
Nazaret, y cómo este anduvo haciendo bienes y sanando a todos los
oprimidos por el diablo, porque Dios estaba con Él (Hechos 10:38).

Como Pablo, nos sentimos impotentes hasta el momento en que la
unción para predicar se manifiesta sobre nosotros y la predicación:

Y estuve entre vosotros con debilidad, y mucho temor y temblor
(1 Corintios 2:3).

El que tiene el don de predicar deberá cuidarse de no predicarse
o promocionarse a sí mismo. Su responsabilidad es predicar a Jesús
de Nazaret:

Porque no nos predicamos a nosotros mismos, sino a Jesucristo
como Señor, y a nosotros como vuestros siervos por amor de Jesús
(2 Corintios 4:5).

Aquellos que manifiestan el don de la prédica nadan en el texto bíblico y no se ahogan. Predicar para ellos no es una carga, o una presión psicológica. Desean predicar y, cuando no lo hacen, se muestran inquietos.

> *Y dije: No me acordaré más de él, ni hablaré más en su nombre; no obstante, había en mi corazón como un fuego ardiente metido en mis huesos; traté de sufrirlo, y no pude* (Jeremías 20:9).

El Dr. José M. Saucedo Valenciano, Secretario General de las Asambleas de Dios en México, amigo y colega, ha dicho:

> *Hay predicadores que, cuando predican la Palabra de Dios, ofrecen, al oyente y a otros predicadores, detonantes de aplicación. Es decir que algo que aplican es un detonante de ideas para otros predicadores.*

El pastor y maestro José Guillermo De La Rosa, hablando de la homilética y la necesidad de esta en el púlpito por el predicador, dice:

> *Yo me deleito con un sermón ordenado y bien presentado. Es un castigo oír un predicador que se pasea por toda la Biblia, pero no se le puede seguir el hilo a su mensaje. Hay oradores que presentan sus ideas vagamente, de manera difusa y confusa, no logran hilvanar frases coherentes, y por ello llenan su vacío de contenido con constantes ¡Gloria a Dios!; ¡Aleluya! Luego, al final de su sermón, te preguntas ¿y qué dijo, de qué habló, qué predicó? pues en el mensaje montó a los caballos del Apocalipsis en el Arca de Noé. Entre tú y yo, te soy sincero, es ahí cuando miro el reloj y me pregunto ¿cuándo terminará de exponer?*
>
> *¡Ah!, y lo más triste es que, si después del mensaje le dices a manera de exhortación y con amor a ese predicador que estudie homilética básica, se te ofende. Le enseñas que el sermón lleva un bosquejo, que debe tener un título, texto o pasaje áureo, desarrollo, divisiones y subdivisiones simétricas, conclusión con aplicación, y entonces te contestan que eso no hace falta, que ellos están llenos del Espíritu Santo, lo cual es casi una blasfemia, pues en realidad no están llenos del Espíritu Santo, son unos chapuceros negligentes. Hay que estudiar y prepararse para no hacer sufrir a la audiencia con mensajes sin ton ni son.*

Dijo el reformador Juan Calvino: "Un pueblo que no estudia la Biblia confunde una herejía con la voz de Dios. Y esa es una gran verdad". El estilo tiene que ver con la manera en que dice algo y como dice algo. El estilo abarca la presentación corporal, la modulación, la entonación, la pronunciación, el empleo de figuras de dicción y cómo maneja el texto bíblico. Un predicador no debe ser un "clon" de otro predicador. En toda predicación cristiana, Jesucristo debe ser expuesto y señalado. Jesucristo es la presentación y aplicación de toda predicación cristiana:

> *Y enrollando el libro, lo dio al ministro, y se sentó; y los ojos de todos en la sinagoga estaban fijos en él. Y comenzó a decirles: Hoy se ha cumplido esta Escritura delante de vosotros* (Lucas 4:20-21).

Cuanto más se asome Jesucristo en el sermón que predicamos, y menos nos asomemos nosotros como predicadores, más cristocéntrico será el sermón.

Abuso del don

El don de predicar no exime al predicador de prepararse al máximo en la tarea de la predicación. En el púlpito revelará preparación homilética, y en sus sermones transpirará el contenido bíblico. Todo predicador debe tomar seriamente la predicación, porque respeta a Dios y a la audiencia.

Pararse delante de una audiencia a improvisar, gritar, jugar con ideas y repetir siempre lo mismo es una irreverencia a la Palabra. El buen predicador debe estar siempre preparado para ser aprobado:

> *Procura con diligencia presentarte a Dios aprobado, como obrero que no tiene de qué avergonzarse, que usa bien la palabra de verdad* (2 Timoteo 2:15).

La predicación debe anclarse sobre el fundamento firme de la Palabra, y no sobre experiencias personales de los predicadores. Predicaremos sobre la revelación de la Palabra, y no sobre revelaciones místicas producto de sueños o de visiones.

La experiencia puede fallarnos. Muchos dependen más de las experiencias, descansando sobre los dones, que de la preparación para ministrar y del cuidado de la vida espiritual. Ese fue el caso del juez Sansón.

Y le dijo: ¡Sansón, los filisteos sobre ti! Y luego que despertó él de su sueño, se dijo: Esta vez saldré como las otras y me escaparé. Pero él no sabía que Jehová ya se había apartado de él (Jueces 16:20).

Así que el que piensa estar firme, mire que no caiga (1 Corintios 10:12).

En los estilos modernos de la predicación, los llamados *predicadores profetas* (porque hoy son más profetas que predicadores), solo se interesan en hacer declaraciones proféticas muchas veces fuera de contexto, aunque suenan muy bien, pero se alejan de la verdadera predicación bíblica. Solo buscan en el texto algo de "revelación" para dar a los oyentes, y no el significado correcto del pasaje bíblico o la narración bíblica. En este sentido la predicación se vuelve intelectual, emotiva, expresiva, pero alejada de su contexto bíblico primario.

El Presbiterio General de las Asambleas de Dios el 11 de agosto del 2000 se pronunció en esta Declaración Oficial: "Avivamiento en los últimos días: guiado y controlado por el Espíritu. Un documento en respuesta a la Resolución 16".

Espiritualizar los sucesos bíblicos y la historia. Ciertamente, no hay nada malo en encontrar paralelos entre los acontecimientos históricos bíblicos y la aplicación de la verdad bíblica a la vida de hoy —para edificación y animación del crecimiento espiritual—. Pero, cuando estos sucesos son forzados dentro de una aplicación torcida de los acontecimientos de los últimos días, los cristianos que piensan deben estar atentos.

Los de Berea en Hechos 17:10-11 fueron alabados porque estaban "escudriñando cada día las Escrituras para ver si estas cosas [que Pablo estaba enseñando] eran así".

Una enseñanza anunciada como la revelación de una nueva verdad bíblica debe ser analizada profundamente. Los pentecostales se han acostumbrado a las predicaciones ungidas y dinámicas. Pero que un maestro hable con autoridad y confianza personal no significa que la enseñanza es verídica. Siempre tiene que estar de acuerdo con las Sagradas Escrituras. El carisma personal nunca es un sustituto de la autoridad bíblica.

En los últimos años, la predicación expositiva exegética y hermenéutica ha ido perdiendo su énfasis. Una nueva generación de predicadores se ha levantado con un énfasis más profético que expositivo, donde la supuesta revelación en el expositor ha tomado el lugar de la interpretación textual. Más que una *exégesis* del texto bíblico o significado que sale de este, es una *eiségesis* del texto o significado que se le inyecta.

Haz todo lo que sea posible para presentarte ante Dios aprobado, como un obrero que no tiene de qué avergonzarse porque interpreta correctamente la palabra de Dios (2 Timoteo 2:15, NBV).

Esta clase de exponentes por lo general hablan extemporáneamente. Se pasean de un lugar al otro entre el altar y los oyentes. Y establecen principios que avalan con las Sagradas Escrituras, pero muchas veces sin una conexión correcta de estas.

El predicador no abusará del tiempo asignado para predicar. Los sermones demasiado largos, a no ser que el predicador sea muy entusiasta, cansan al oyente. Los oyentes se empalagan, se empachan y se cansan, no de la Palabra sino de las palabras del predicador. Un predicador sabio dice lo que va a decir y lo dice.

En la introducción del sermón, el predicador anuncia lo que va a predicar. En el cuerpo del sermón, el predicador presenta y aplica lo que dijo que iba a predicar. En la conclusión del sermón, el predicador resume lo que dijo que iba a predicar en el sermón y lo predicó.

Los predicadores deben medir sus palabras expresadas desde el púlpito. De la misma manera en que los inquisidores de la Edad Media martirizaban en el nombre de Dios y de la Iglesia, hoy día muchos predicadores ofenden en el nombre de Dios. Se tiene que respetar a la gente, y con mayor razón al pueblo de Dios.

Los predicadores esquizofrénicos deben irse a predicar a los manicomios, donde quizás tendrían una mejor audiencia. Pero son los predicadores cuerdos y entendidos quienes deben dirigirse a los santos: a la Iglesia de Jesucristo.

Buscamos unción en rebeldía espiritual. Pedimos poder en negligencia espiritual. Nos entretenemos y jugamos con los dones espirituales, pero, al momento de accionar, nos quedamos petrificados. Muchos predican para entretenerse o para entretener a los oyentes. Prediquen porque han cambiado y quieren ver a otros también cambiados.

Las predicaciones pueden atraer inconversos o pueden repeler conversos. El mundo necesita que se le predique la Palabra que redarguye, que contrista y que llama al arrepentimiento, y no palabras o textos mal aplicados o mal presentados que lo golpean. Prediquemos la Palabra, y dejemos que el Espíritu Santo haga el resto.

EL DON DE HOSPEDAR

No os olvidéis de la hospitalidad, porque por ella algunos, sin
saberlo, hospedaron ángeles.
— HEBREOS 13:2

La hospitalidad era una necesidad para los viajeros en épocas del Antiguo Testamento. Se tenía que amar y proteger al extranjero.

> *Cuando el extranjero morare con vosotros en vuestra tierra, no le oprimiréis. Como a un natural de vosotros tendréis al extranjero que more entre vosotros, y lo amarás como a ti mismo; porque extranjeros fuisteis en la tierra de Egipto. Yo Jehová vuestro Dios* (Levítico 19:33-34).

> *El forastero no pasaba fuera la noche; Mis puertas abría al caminante* (Job 31:32).

En vista de que en el tiempo apostólico había muchos predicadores viandantes, itinerantes, se presentaba la ocasión de que se les brindara hospedaje.

Jesús hizo alusión a la hospitalidad, y resaltó las bendiciones que recibirían los que ofrecieran atención y techo a los ministros de su evangelio:

> *Mas en cualquier ciudad o aldea donde entréis, informaos quién en ella sea digno, y posad allí hasta que salgáis. Y, al entrar en la casa, saludadla. Y, si la casa fuere digna, vuestra paz vendrá sobre esta; mas, si no fuere digna, vuestra paz se volverá a vosotros. Y, si alguno no os recibiere ni oyere vuestras palabras, salid de aquella casa o ciudad, y sacudid el polvo de vuestros pies* (Mateo 10:11-14).

> *El que a vosotros recibe a mí me recibe; y el que me recibe a mí recibe al que me envió. El que recibe a un profeta por cuanto es profeta, recompensa de profeta recibirá; y el que recibe a un justo*

*por cuanto es justo, recompensa de justo recibirá. Y cualquiera que
dé a uno de estos pequeñitos un vaso de agua fría solamente, por
cuanto es discípulo, de cierto os digo que no perderá su recompensa*
(Mateo 10:40-42).

Parece ser que, en sus viajes a Jerusalén, Jesús encontraba albergue
en el hogar de María, Marta y Lázaro, que se encontraba ubicado junto
al Monte de los Olivos.

*Seis días antes de la pascua, vino Jesús a Betania, donde estaba
Lázaro, el que había estado muerto, y a quien había resucitado de
los muertos. Y le hicieron allí una cena.* (Juan 12:1-2).

Uso del don

El apóstol Pablo y sus acompañantes, incluyendo al doctor Lucas,
recibieron con beneplácito la actitud hospitalaria de Publio en la isla de
Malta, donde estos habían naufragado:

*En aquellos lugares había propiedades del hombre principal de la
isla, llamado Publio, quien nos recibió y hospedó solícitamente tres
días* (Hechos 28:7).

El Gran Diccionario Enciclopédico de la Biblia, editado por el Dr.
Alfonso Ropero Berzosa, declara sobre la hospitalidad:

*En el NT gr., el término "hospitalario" es 5382 philóxenos,
φιλόξενος = "amigo de los extraños" (1 Ti. 3:2; Tit. 1:8; 1 P. 4:9),
"hospedador" (1 P. 4:9), y en línea de continuidad con estas anti-
quísimas y sagradas costumbres, potenciadas al máximo por el alto
concepto del prójimo y del amor sin distinción a todos los hombres,
el cristianismo primitivo consideró como parte principal de sus
deberes ofrecer hospitalidad al extraño y al extranjero (1 P. 4:9;
1 Ti. 3:2; Tit. 1:8; cf. Hch. 2:44; 6:32,35). Los dirigentes de las
comunidades intercambiaban cartas de recomendación en favor de
los viajeros necesitados de la hospitalidad de los hermanos (cf. Ro.
16:1-2; 3 Jn. 4). (Editorial CLIE. Barcelona, España. Año 2010).*

En la epístola a los Romanos, Pablo también hace mención a un
creyente que mereció ser reconocido por su espíritu de hospitalidad.

Os saluda Gayo, hospedador mío y de toda la iglesia [...]
(Romanos 16:23).

Es llamativa la expresión "hospedador mío y de toda la iglesia". Sin lugar a dudas, en la casa de Gayo se reunía también la iglesia. Su casa estaba al servicio del Señor Jesucristo.

El don de hospedar no solo se aplica a dar albergue a creyentes en necesidad, sino a abrir las puertas de la casa para que allí se pueda reunir la Iglesia del Señor. Las congregaciones primitivas no tenían templos; su lugar de reunión espiritual era en las casas que se brindaban para tal propósito.

Pablo, prisionero de Jesucristo, y el hermano Timoteo, al amado Filemón, colaborador nuestro, y a la amada hermana Apia, y a Arquipo nuestro compañero de milicia, y a la iglesia que está en tu casa [...] (Filemón 1:1-2).

Saludad también a la iglesia de su casa [...] (Romanos 16:5).

El apóstol Juan también exalta la hospitalidad del discípulo llamado Gayo, y la usa como ejemplo para otros creyentes:

Amado, fielmente te conduces cuando prestas algún servicio a los hermanos, especialmente a los desconocidos, los cuales han dado ante la iglesia testimonio de tu amor; y harás bien en encaminarlos como es digno de su servicio a Dios, para que continúen su viaje. Porque ellos salieron por amor del nombre de Él, sin aceptar nada de los gentiles. Nosotros, pues, debemos acoger a tales personas, para que cooperemos con la verdad (3 Juan 1:5-8).

Este don de hospitalidad debe ser una marca de los creyentes. Recibir a un siervo de Jesucristo en nuestros hogares es como si estuviéramos recibiendo al mismo Señor. A los creyentes primitivos se los exhortó a hospedar.

Porque es necesario que el obispo sea irreprensible, como administrador de Dios [...] sino hospedador [...] (Tito 1:7-8).

Hospedaos los unos a los otros sin murmuraciones (1 Pedro 4:9).

Según este pasaje, el que tiene el don de hospedar hospeda a creyentes en la fe, pero no se queja ni murmura. Cuando se van, no habla mal de ellos. El haberles servido es su gozo personal. Se siente bien con las visitas.

Abuso del don

El don de hospedar no significa asumir las cargas económicas de nadie, sino ayudar provisionalmente con hospedaje. Quienes se hospedan no abusarán de la amabilidad ni hospitalidad de los anfitriones. En todo hogar hay leyes que se deben respetar. Aunque no se les pida nada a los hospedados, estos deberán aportar alguna contribución para solventar los gastos incurridos y medirse en los que ocasionan. Los que reciben hospedaje tienen que ser agradecidos. No se deben entrometer en los asuntos familiares. Después de que se vayan no recomendarán a nadie para que también reciba hospedaje.

Se abusa del don de hospedar cuando la persona que necesita hospedaje llega sin previo aviso o llama por teléfono desde el aeropuerto, esperando que se le atienda inmediatamente. El caso sería peor si llega acompañado. El hospedado no puede esperar ni exigir un servicio de primera clase. Tampoco debe esperar un trato VIP (siglas en inglés de *Very Important Person,* que significa "persona muy importante"). Por el contrario, se ajustará a lo que se le ofrezca de todo corazón, aunque sea modesto.

Se abusa del don de hospedar cuando los creyentes esperan siempre que quien dé hospedaje sea el que tiene el don de hospedar, cuando es el deber y responsabilidad de todo creyente abrir las puertas de su hogar a los hermanos en la fe que así lo requieran.

EL DON DE ADMINISTRAR

Y a unos puso Dios en la iglesia [...] los que administran.
— 1 Corintios 12:28

Con el transcurso de los años me he convencido de que la administración eclesiástica es un don conferido por el Espíritu Santo a ciertos creyentes.

Se requiere de ciertas habilidades que deben proceder de Dios, especialmente para aquellos que no estudiaron contabilidad, para preparar presupuestos, hacer agendas, dirigir reuniones, recaudar fondos y elegir el personal adecuado para trabajar en la obra del Señor.

La palabra "administrador" viene del griego "oikonomon", que literalmente significa "disponer una casa", o "poner en orden una casa". El *oikonomon era* el mayordomo, el encargado de que todos los negocios en la casa estuvieran al día.

Uso del don

En la ministración servimos espiritualmente a los demás. En la administración somos responsables de cuidar, emplear y disponer de algo que no es nuestro, pero que tenemos que custodiar como si fuera nuestro.

Cada uno, según el don que ha recibido, minístrelo a los otros, como buenos administradores de la multiforme gracia de Dios (1 Pedro 4:10).

Ministramos con los dones, pero ante Dios somos administradores de ellos. No se trata solo de servir con los dones, sino de servir bien con los dones. Una cosa es usar lo que tengo, y otra, usar debidamente lo que tengo. Dios nos hace responsables del don o dones que nos ha impartido el Espíritu Santo.

Notemos la expresión "como buenos administradores", que indica que también hay malos administradores. Un buen administrador procura realizar bien las cosas. En todo será fiel a su Señor.

Y su señor le dijo: Bien, buen siervo fiel; sobre poco has sido fiel, sobre mucho te pondré; entra en el gozo de Tu Señor (Mateo 25:21).

José fue ejemplo de "buen administrador". Fue varón próspero por causa de Dios (Génesis 39:2), lo cual fue visto por su amo Potifar (39:3), a cuya casa llegó como un simple esclavo. Su amo lo promovió y lo puso al frente de toda la administración.

Así halló José gracia en sus ojos, y le servía; y él le hizo mayordomo de su casa y entregó en su poder todo lo que tenía. Y aconteció que, desde cuando le dio el encargo de su casa y de todo lo que tenía, Jehová bendijo la casa del egipcio a causa de José, y la bendición de Jehová estaba sobre todo lo que tenía, así en casa como en el campo. Y dejó todo lo que tenía en mano de José, y con él no se preocupaba de cosa alguna sino del pan que comía. Y era José de hermoso semblante y bella presencia. (Génesis 39:4-6).

Primero, **a José se le delegó autoridad.** "Y entregó en su poder todo lo que tenía". El buen administrador es quien puede recibir poder sin abusar de él. El mucho poder no lo embriagará de orgullo ni de vanidad. Siempre reconocerá que solo administra el poder que se le ha conferido.

Segundo, **por José llegó la bendición.** "Jehová bendijo la casa del egipcio a causa de José". Un administrador espiritual nunca se olvida de que, detrás de su éxito y de sus logros, está la presencia y bendición de Dios.

Tercero, **a José se le dio confianza.** "Y dejó todo lo que tenía en mano de José, y con él no se preocupaba de cosa alguna sino del pan que comía". Potifar pudo depositar toda su confianza en él; no tenía que preocuparse por nada. Este esclavo hebreo lo tendría todo al día.

Cuarto, **José fue fiel en su mayordomía.** "He aquí que mi señor no se preocupa conmigo de lo que hay en casa, y ha puesto en mi mano todo lo que tiene" (39:8). Estas palabras surgen a raíz de las insinuaciones pecaminosas que le hizo la mujer de Potifar, quien se enamoró del joven mayordomo. Sin embargo, como buen administrador José puso su fidelidad antes que sus pasiones. Por sobre todo José era primero fiel a Dios y segundo, fiel a su jefe.

El administrador fiel nunca caerá en la tentación de tomar algo que pertenezca a otro, y respetará la propiedad ajena. Preferirá perder su empleo o trabajo antes que traicionar sus convicciones y principios éticos.

La firmeza de José lo llevó a la cárcel, pero también allí Dios lo bendijo y lo prosperó, pues llegó a ser administrador. Cuando se tiene el don de administrar, no importa dónde uno vaya; allí Dios manifestará su bendición.

Pero Jehová estaba con José y le extendió su misericordia, y le dio gracia en los ojos del jefe de la cárcel. Y el jefe de la cárcel entregó en mano de José el cuidado de todos los presos que había en aquella prisión; todo lo que se hacía allí él lo hacía. No necesitaba atender el jefe de la cárcel cosa alguna de las que estaban al cuidado de José, porque Jehová estaba con José, y lo que él hacía Jehová lo prosperaba. (Génesis 39:21-23).

Al interpretar dos sueños del monarca egipcio, José salió milagrosamente de la cárcel. Estos sueños profetizaban una gran hambre de siete años, que vendría después de siete años de abundancia.

*Dos años más tarde, el faraón tuvo un sueño: Estaba de pie junto
al río Nilo cuando, de pronto, del río salieron siete vacas hermosas
y gordas que se pusieron a pastar entre los juncos. Detrás de ellas
salieron otras siete vacas, feas y flacas, que se pararon a orillas del
Nilo, junto a las primeras. ¡Y las vacas feas y flacas se comieron a
las vacas hermosas y gordas! En ese momento el faraón se despertó.
Pero volvió a dormirse, y tuvo otro sueño: siete espigas de trigo,
grandes y hermosas, crecían de un solo tallo. Tras ellas brotaron
otras siete espigas, delgadas y quemadas por el viento solano. ¡Y las
siete espigas delgadas se comieron a las espigas grandes y hermosas!
En eso el faraón se despertó y se dio cuenta de que solo era un sueño*
(Génesis 41:1-7, NVI).

*José le explicó al faraón: En realidad, los dos sueños del faraón
son uno solo. Dios le ha anunciado lo que está por hacer. Las
siete vacas hermosas y las siete espigas hermosas son siete años. Se
trata del mismo sueño. Y las siete vacas flacas y feas, que salieron
detrás de las otras, y las siete espigas delgadas y quemadas por el
viento solano, son también siete años. Pero estos serán siete años de
hambre. Tal como le he dicho al faraón, Dios le está mostrando
lo que está por hacer. Están por venir siete años de mucha abundancia en todo Egipto, a los que les seguirán siete años de hambre,
que harán olvidar toda la abundancia que antes hubo. ¡El hambre
acabará con Egipto! Tan terrible será el hambre que nadie se acor-
dará de la abundancia que antes hubo en el país. El faraón tuvo
el mismo sueño dos veces porque Dios ha resuelto firmemente hacer
esto, y lo llevará a cabo muy pronto.* (Génesis 41:25-32, NVI).

José presentó al Faraón un plan administrativo para aplicar durante el
tiempo de la abundancia, a fin de tener provisión para el tiempo de escasez.

*Por tanto, provéase ahora, Faraón, de un varón prudente y sabio,
y póngalo sobre la tierra de Egipto. Haga esto, Faraón, y ponga
gobernadores sobre el país, y quinte la tierra de Egipto en los siete
años de la abundancia. Y junten toda la provisión de estos buenos
años que vienen, y recojan el trigo bajo la mano de Faraón para
mantenimiento de las ciudades; y guárdenlo. Y esté aquella provisión en depósito para el país, para los siete años de hambre que
habrá en la tierra de Egipto; y el país no perecerá de hambre*
(Génesis 41:33-36).

Como resultado José fue nombrado administrador de economía en el Imperio egipcio:

Tú estarás sobre mi casa, y por tu palabra se gobernará todo mi pueblo; solamente en el trono seré yo mayor que tú. Dijo además Faraón a José: —He aquí yo te he puesto sobre toda la tierra de Egipto (Génesis 41:40-41).

Daniel llegó a ser gobernador de la provincia de Babilonia por medio del don de administrar y por la revelación del sueño de la estatua que tuvo Nabucodonosor.

Entonces el rey engrandeció a Daniel, y le dio muchos honores y grandes dones, y le hizo gobernador de toda la provincia de Babilonia, y jefe supremo de todos los sabios de Babilonia. Y Daniel solicitó del rey, y obtuvo que pusiera sobre los negocios de la provincia de Babilonia a Sadrac, Mesac y Abed-nego; y Daniel estaba en la corte del rey (Daniel 2:48-49).

En la operación de este don de administrar durante su cargo de gobernador, Daniel fue sabio para rodearse de un consejo de hombres clave y fieles. En este caso buscó promoción para sus buenos amigos, que eran temerosos de Dios e inteligentes.

A estos cuatro muchachos Dios les dio conocimiento e inteligencia en todas las letras y ciencias; y Daniel tuvo entendimiento en toda visión y sueños (Daniel 1:17).

En la reorganización de su reino, el rey Darío pensó en un organigrama de ciento veinte sátrapas dirigidos por tres gobernadores. Siendo Daniel uno de ellos, lo nombraría el principal, lo que llevó a sus enemigos a conspirar contra él.

Pareció bien a Darío constituir sobre el reino ciento veinte sátrapas, que gobernasen en todo el reino. Y sobre ellos tres gobernadores, de los cuales Daniel era uno, a quienes estos sátrapas diesen cuenta, para que el rey no fuese perjudicado. Pero Daniel mismo era superior a estos sátrapas y gobernadores, porque había en él un espíritu superior; y el rey pensó en ponerlo sobre todo el reino (Daniel 6:1-3).

En la mayoría de las parábolas de nuestro Señor Jesucristo, el énfasis mayor estuvo en la mayordomía del tiempo y de las cosas: La parábola de la levadura (Mateo 13:33). La parábola del tesoro escondido (Mateo 13:44). La parábola de la perla de gran precio (Mateo 13:45-46). La parábola de la red (Mateo 13:47-50). La parábola de la oveja perdida (Lucas 15:1-7). La parábola de la moneda perdida (Lucas 15:8-10). La parábola del hijo pródigo (Lucas 15:11-32). La parábola de las diez vírgenes (Mateo 25:1-13). La parábola de los talentos (Mateo 25:14-30).

Jesús enfatizó la mayordomía cuando habló del hombre que se puso a edificar una torre y no calculó los gastos (Lucas 14:28-30); y habló del rey que iba a la guerra y no calculó los soldados que tenía y los que tenía su enemigo (Lucas 14:31-32).

Abuso del don

Al igual que con cualquier otro don, su posesor también puede abusar de él. Los administradores son responsables ante Dios de dar cuenta de lo que hacen con el don de administrar.

Ahora bien, se requiere de los administradores que cada uno sea hallado fiel (1 Corintios 4:2).

Además de rendir cuentas a Dios, los que administran deben también hacerlo ante aquellos a quienes sirven. Deberán rendir un informe de sus actividades y finanzas.

Un administrador fiel no caerá en la tentación de malversar o malgastar fondos ajenos. Su salario y beneficios estarán estipulados por una junta de directores.

Muchos de los que tienen el don de administrar se abusan cuando se constituyen en su propia autoridad, resistiendo a cualquier otra autoridad espiritual en su ministerio, aunque exigen a los demás estar bajo su autoridad.

Los que están en autoridad deben estar primero bajo autoridad. Ejercer autoridad sin estar bajo autoridad es señal de "dictadura espiritual". En la medida en que nos sometamos a las autoridades espirituales que Dios ha establecido sobre uno, otros se someterán a nosotros como su autoridad espiritual.

Al escribir a Tito, Pablo le presentó ciertos requisitos para los que ejerzan el obispado:

Porque es necesario que el obispo sea irreprensible, como administrador de Dios; no soberbio, no iracundo, no dado al vino, no pendenciero, no codicioso de ganancias deshonestas, sino hospedador, amante de lo bueno, sobrio, justo, santo, dueño de sí mismo, retenedor de la palabra fiel tal como ha sido enseñada, para que también pueda exhortar con sana enseñanza y convencer a los que contradicen (Tito 1:7-9).

De todos los requisitos presentados para el ministerio del obispo, cabe señalar el de "no codicioso de ganancias deshonestas". Un administrador se cuidará de la avaricia, del materialismo, del querer obtener dinero ilícita o deshonestamente. El que administra será honesto, íntegro e intachable. No vivirá en la opulencia. Recibirá un salario justo, pero no exorbitante. No se dará lujos a costillas de ofrendas sacrificadas que dan aquellos que aman a Dios y apoyan a los ministerios.

Muchos de los que tienen el don de administrar se han corrompido y han tenido que pagar severas consecuencias, entre estas, la vergüenza que sus actos les han traído, y hasta encarar condenas en la cárcel.

Judas fue un administrador corrupto. La junta de los doce tuvo la confianza de tenerlo como tesorero de las finanzas del ministerio de Jesús de Nazaret.

Simón el cananista, y Judas Iscariote, el que también le entregó (Mateo 10:4).

Judas hermano de Jacobo, y Judas Iscariote, que llegó a ser el traidor (Lucas 6:16).

Pero dijo esto, no porque se cuidara de los pobres, sino porque era ladrón y, teniendo la bolsa, substraía de lo que se echaba en ella (Juan 12:6).

Juan el Evangelista, cuarenta años después, señala a Judas como mezquino y ladrón. De esa manera le dañaba su reputación. Además de entregar al Señor Jesucristo y ser el traidor, fue un ladrón desde antes. ¿Por qué Jesús no expulsó a un ladrón, un mezquino, como Judas, dándole la oportunidad de que se arrepintiera?

Pablo recalcó que se deberían administrar bien las ofrendas. Lo que da el pueblo se debe emplear correctamente y en cosas necesarias:

[...] evitando que nadie nos censure en cuanto a esta ofrenda
abundante que administramos, procurando hacer las cosas honra-
damente, no solo delante del Señor, sino también delante de los
hombres (2 Corintios 8:20-21).

El líder que no tiene el don de administrar orará a Dios para que
le indique la persona adecuada que se haga cargo de la administración.
Muchos ministerios fracasan porque los dirigentes carecen del don de
administrar y, en vez de ser bendecidos por los servicios de alguien
llamado para esa tarea, persisten en hacer las cosas como salgan, y todo
se les derrumba. En la Iglesia de Jesucristo los dones deben funcionar
en colaboración.

EL DON DE ESCRIBIR

Y tened entendido que la paciencia de nuestro Señor es para
salvación; como también nuestro amado hermano Pablo, según
la sabiduría que le ha sido dada, os ha escrito, casi en todas sus
epístolas, hablando en ellas de estas cosas, entre las cuales hay
algunas difíciles de entender, las cuales los indoctos e
inconstantes tuercen, como también las otras Escrituras,
para su propia perdición.
— 2 PEDRO 3:15-16

Como escritor de literatura cristiana, me veo en la necesidad de reconocer que *el escribir es un don* dado por el Espíritu Santo. Se necesita la
motivación del Espíritu Santo para escribir acerca de Dios, de la Biblia
y de la Iglesia, al igual que de muchos otros temas de índole religiosa
y espiritual.

En mi corazón se agita un bello tema mientras recito mis versos ante
el rey; mi lengua es como pluma de hábil escritor (Salmo 45:1, NVI).

Porque mandamiento tras mandamiento, mandato sobre mandato,
renglón tras renglón, línea sobre línea, un poquito allí, otro
poquito allá [...] (Isaías 28:10).

También mandó el rey a Jerameel hijo de Hamelec, a Seraías
hijo de Azriel y a Selemías hijo de Abdeel, para que prendiesen a
Baruc el escribiente y al profeta Jeremías; pero Jehová los escondió
(Jeremías 36:26).

Entonces el Señor me dijo: Escribe mi respuesta con claridad en tablas, para que un corredor pueda llevar a otros el mensaje sin error (Habacuc 2:2, NTV).

Dios escogió la escritura como el medio más fiable y veraz de comunicar sus propósitos al ser humano. El maravilloso libro llamado *Biblia* se compuso en un período de mil quinientos años; se originó en tres continentes; participaron en su redacción cerca de cuarenta escritores; integró tres idiomas; y se sumaron en su composición autores de diferentes estratos sociales. Pero en todos sus escritos se coincide en presentar la salvación del ser humano por un Salvador divinamente escogido, el cual se presentó en la consumación del tiempo en la persona de Jesús de Nazaret, Dios encarnado en semejanza humana.

La inspiración de la Biblia es única, es plenaria. Tanto las palabras como los pensamientos de los escritores sacros fueron inspirados por Dios. En consecuencia, todo el registro bíblico es inspirado por Dios. Por eso afirmamos que la Biblia es la Palabra de Dios y que contiene la Palabra de Dios.

Toda la Escritura es inspirada por Dios y útil para enseñar, para redargüir, para corregir, para instruir en justicia, a fin de que el hombre de Dios sea perfecto, enteramente preparado para toda buena obra (2 Timoteo 3:16-17).

Tenemos también la palabra profética más segura, a la cual hacéis bien en estar atentos como a una antorcha que alumbra en lugar oscuro, hasta que el día esclarezca y el lucero de la mañana salga en vuestros corazones; entendiendo primero esto, que ninguna profecía de la Escritura es de interpretación privada, porque nunca la profecía fue traída por voluntad humana, sino que los santos hombres de Dios hablaron siendo inspirados por el Espíritu Santo (2 Pedro 1:19-21).

Mas os hago saber, hermanos, que el evangelio anunciado por mí no es según hombre; pues yo ni lo recibí ni lo aprendí de hombre alguno, sino por revelación de Jesucristo (Gálatas 1:11-12).

Los escritores del Antiguo y Nuevo Testamentos fluyeron en el don de escribir; en muchas ocasiones escribían sin saber que su escrito o su registro estaban inspirados por el Espíritu Santo.

Y llamó Jeremías a Baruc hijo de Nerías, y escribió Baruc de boca de Jeremías, en un rollo de libro, todas las palabras que Jehová le había hablado. Después mandó Jeremías a Baruc, diciendo: A mí se me ha prohibido entrar en la casa de Jehová. Entra tú, pues, y lee de este rollo que escribiste de mi boca, las palabras de Jehová a los oídos del pueblo, en la casa de Jehová, el día del ayuno; y las leerás también a oídos de todos los de Judá que vienen de sus ciudades (Jeremías 36:4-6).

Preguntaron luego a Baruc, diciendo: Cuéntanos ahora cómo escribiste de boca de Jeremías todas estas palabras. Y Baruc les dijo: Él me dictaba de su boca todas estas palabras, y yo escribía con tinta en el libro (Jeremías 36:17-18).

Y envió el rey a Jehudí a que tomase el rollo, el cual lo tomó del aposento de Elisama secretario, y leyó en él Jehudí a oídos del rey, y a oídos de todos los príncipes que junto al rey estaban. Y el rey estaba en la casa de invierno en el mes noveno, y había un brasero ardiendo delante de él. Cuando Jehudí había leído tres o cuatro planas, lo rasgó el rey con un cortaplumas de escriba, y lo echó en el fuego que había en el brasero, hasta que todo el rollo se consumió sobre el fuego que en el brasero había. (Jeremías 36:21-23).

A muchos escritores nos ha ocurrido como a Jeremías: hemos perdido manuscritos, capítulos, pensamientos. Y nos ha tocado de nuevo reconstruir lo perdido. Pero el Espíritu Santo nos ha ayudado.

Y vino palabra de Jehová a Jeremías, después que el rey quemó el rollo, las palabras que Baruc había escrito de boca de Jeremías, diciendo: Vuelve a tomar otro rollo, y escribe en él todas las palabras primeras que estaban en el primer rollo que quemó Joacim rey de Judá. Y dirás a Joacim rey de Judá: Así ha dicho Jehová: Tú quemaste este rollo, diciendo: ¿Por qué escribiste en él, diciendo: De cierto vendrá el rey de Babilonia, y destruirá esta tierra, y hará que no queden en ella ni hombres ni animales? (Jeremías 36:27-29)

Y tomó Jeremías otro rollo y lo dio a Baruc hijo de Nerías escriba; y escribió en él de boca de Jeremías todas las palabras del libro que quemó en el fuego Joacim rey de Judá; y aun fueron añadidas sobre ellas muchas otras palabras semejantes (Jeremías 36:32).

Por lo anterior vemos cómo el profeta Jeremías, en vez de frustrarse, buscó otro rollo y se lo entregó a Baruc. Y de nuevo volvió a escribir las profecías que el Espíritu Santo le inspiraba para dictar. Y añadió nuevas profecías.

Lucas, el primer historiador de la Iglesia, compañero de misiones del apóstol Pablo, declaró que investigó, confirmó, ordenó y escribió:

> *Puesto que ya muchos han tratado de poner en orden la historia de las cosas que entre nosotros han sido ciertísimas, tal como nos lo enseñaron los que desde el principio lo vieron con sus ojos, y fueron ministros de la palabra, me ha parecido también a mí, después de haber investigado con diligencia todas las cosas desde su origen, escribírtelas por orden, oh excelentísimo Teófilo, para que conozcas bien la verdad de las cosas en las cuales has sido instruido* (Lucas 1:1-4).

En la Biblia se presentan muchos pasajes bíblicos que enfatizan la escritura:

> *Se escribirá esto para la generación venidera; Y el pueblo que está por nacer alabará a JAH* (Salmos 102:18).

> *Procuró el Predicador hallar palabras agradables, y escribir rectamente palabras de verdad* (Eclesiastés 12:10).

> *Como no tengo cosa cierta que escribir a mi señor, le he traído ante vosotros, y mayormente ante ti, oh rey Agripa, para que después de examinarle, tenga yo qué escribir* (Hechos 25:26).

> *Por lo demás, hermanos, gozaos en el Señor. A mí no me es molesto el escribiros las mismas cosas, y para vosotros es seguro* (Filipenses 3:1).

> *Tengo muchas cosas que escribiros, pero no he querido hacerlo por medio de papel y tinta, pues espero ir a vosotros y hablar cara a cara, para que nuestro gozo sea cumplido* (2 Juan 1:12).

> *Amados, por la gran solicitud que tenía de escribiros acerca de nuestra común salvación, me ha sido necesario escribiros exhortándoos que contendáis ardientemente por la fe que ha sido una vez dada a los santos* (Judas 1:3).

El que lee y estudia puede escribir. Quien no apetece la lectura tampoco debe tener la ambición de escribir:

Y os será toda visión como palabras de libro sellado, el cual si dieren al que sabe leer, y le dijeren: Lee ahora esto; él dirá: No puedo, porque está sellado. Y si se diere el libro al que no sabe leer, diciéndole: Lee ahora esto, él dirá: No sé leer (Isaías 29:11-12)

Por tanto, cuando veáis en el lugar santo la abominación desoladora de que habló el profeta Daniel (el que lee, entienda) [...] (Mateo 24:15).

Y aun hasta el día de hoy, cuando se lee a Moisés, el velo está puesto sobre el corazón de ellos (2 Corintios 3:15).

Bienaventurado el que lee y los que oyen las palabras de esta profecía, y guardan las cosas en ella escritas; porque el tiempo está cerca (Apocalipsis 1:3).

El escritor cristiano se debe documentar. Pero su principal libro de texto será la Biblia como fuente de inspiración. Escribirá de aquello que ha estudiado.

Puesto que ya muchos han tratado de poner en orden la historia de las cosas que entre nosotros han sido ciertísimas... después de haber investigado con diligencia todas las cosas desde su origen, escribírtelas por orden, oh excelentísimo Teófilo [...] (Lucas 1:1-4).

En el primer tratado, oh Teófilo, hablé acerca de todas las cosas que Jesús comenzó a hacer y a enseñar, hasta el día en que fue recibido arriba, después de haber dado mandamientos por el Espíritu Santo a los apóstoles que había escogido; a quienes también, después de haber padecido, se presentó vivo con muchas pruebas indubitables, apareciéndoseles durante cuarenta días y hablándoles acerca del reino de Dios (Hechos 1:1-3).

Escribe las cosas que has visto, y las que son, y las que han de ser después de estas (Apocalipsis 1:19).

La salutación es de mi propia mano, de Pablo, que es el signo en toda carta mía; así escribo (2 Tesalonicenses 3:17).

El escritor debe cultivar el hábito de leer las Sagradas Escrituras. Y de poner el sentido en lo que lee para presentar y aplicar sobre su contenido:

Y leían en el libro de la ley de Dios claramente, y ponían el sentido, de modo que entendiesen la lectura (Nehemías 8:8).

Y después de la lectura de la ley y de los profetas, los principales de la sinagoga mandaron a decirles: Varones hermanos, si tenéis alguna palabra de exhortación para el pueblo, hablad (Hechos 13:15).

Entre tanto que voy, ocúpate en la lectura, la exhortación y la enseñanza (1 Timoteo 4:13).

El escritor cristiano debe revisar su manuscrito hasta pulirlo. Luego de que se edita, tendrá mucho cuidado en corregir las pruebas de galera antes de ser publicado.

Desde luego, la inspiración de los escritores bíblicos fue única, plenaria e inerrante o exenta de errores en cuanto a los manuscritos originales. A nadie más inspirará el Espíritu Santo para que pueda añadir a la revelación completa de Dios.

Toda la Escritura es inspirada por Dios, y útil para enseñar, para redargüir, para corregir, para instruir en justicia [...] (2 Timoteo 3:16).

[...] Entendiendo primero esto, que ninguna profecía de la Escritura es de interpretación privada, porque nunca la profecía fue traída por voluntad humana, sino que los santos hombres de Dios hablaron siendo inspirados por el Espíritu Santo (2 Pedro 1:20-21).

Juan Zebedeo, autor del libro del Apocalipsis, escribió una admonición de prohibir añadir o quitarlo:

Yo testifico a todo aquel que oye las palabras de la profecía de este libro: Si alguno añadiere a estas cosas, Dios traerá sobre él las plagas que están escritas en este libro. Y si alguno quitare de las palabras del libro de esta profecía, Dios quitará su parte del libro de la vida, y de la santa ciudad y de las cosas que están escritas en este libro (Apocalipsis 22:18-19).

Lo que Dios reveló ya está por escrito en la Biblia. Cualquier otro escrito que se proclame como revelación autoritativa de Dios es refutable. En este caso la revelación de Dios no es progresiva; ya la dio en la Biblia. No obstante, Dios ahora revela su Palabra. Los dones de palabra de ciencia y de palabra de sabiduría, que son dones de revelación y conocimiento sobrenatural, con la ayuda de las herramientas de la exégesis y la hermenéutica bíblica, ayudarán mucho al intérprete y al expositor bíblico.

Uso del don

Creo que el don de escribir continúa, en efecto, dentro de la Iglesia del Señor Jesucristo. En cada generación, el Espíritu Santo ha levantado hombres y mujeres que con sus plumas bendicen a la comunidad cristiana. Sin embargo, a pesar de ser necesario, el don de escribir no es común: muy pocos lo tienen.

La manifestación de este don se ve en quienes escriben libros e himnos cristianos, cánticos espirituales, notas sermonarias o bosquejos para predicar, artículos para revistas o periódicos, exposiciones dominicales y en quienes componen la letra para la música cristiana.

Muchos creyentes están académicamente formados. Conocen las técnicas de escribir. Poseen un bagaje teológico acreditado. Sin embargo, no escriben absolutamente nada. En el otro extremo nos encontramos con escritores sin credenciales académicas, pero que son usados por el Espíritu Santo en la transmisión de ideas, conceptos y experiencias por escrito. ¿Cómo explicar esto? Muy sencillo: estos últimos tienen el don de escribir.

El que tiene este don de escribir no lo hace para recibir una remuneración, aunque lo justo es que se le remunere. Si son autores de libros, escriben porque se sienten con el compromiso de ministrar de esta manera a otros (eso es precisamente lo que hago mientras pongo quizá en práctica el don de escribir; mi deseo es bendecirlo a usted, aunque no lo conozco).

Quien está llamado a escribir debe esforzarse por estudiar todo lo relacionado con este ministerio. De ser posible, debería tomar cursos de periodismo y composición, así como estudiar todo lo concerniente a gramática, sintaxis, composición literaria, formato de libros, etc.

Todo escritor necesita documentarse bien en el tema que va a desarrollar. No deberá escribir al azar y sin dirección. Por eso es aconsejable que primero prepare un bosquejo, seleccione una bibliografía, estudie y analice, con lo que robustecerá y alimentará sus propias ideas.

Un escritor nunca comenzará su libro con un prólogo o prefacio sin antes haber escrito el manuscrito. ¿Cómo se puede prologar un libro si no hay nada que presentar? El escribir demanda serias disciplinas. No se trata de escribir por gastar tinta y llenar papeles. Aunque la mayoría de los escritores no disponen de mucho tiempo para escribir, han aprendido a sacar tiempo para este ministerio.

Cuando se escribe, se procurará comunicar algo diferente, enfocar un punto de vista que quizás otro haya pasado por alto o transmitir alguna nueva idea que pueda contribuir a la experiencia del lector. El mayor crítico del manuscrito debe ser el propio autor. No debe enamorarse tanto de su escrito que pase por alto todas las faltas que este tenga. No deberá ofenderse cuando los editores le hagan recomendaciones, pues por su experiencia y preparación ven en un manuscrito lo que a veces al autor no ve.

Si los editores sugieren que se reescriba todo de nuevo, ¡hágalo! Es posible que se hagan varias "amputaciones" literarias al manuscrito. ¡Acéptelas! A pesar de que a usted le gusta el título de su libro, es factible que la editorial le sugiera cambiarlo. ¡Acéptelo!

Al publicar un libro, las editoriales toman en cuenta varios factores, entre estos, los lectores a los cuales va dirigido, el formato, la cubierta, la distribución y el mercadeo. Por tanto, el título y la cubierta se deben dejar a discreción de las editoriales.

Los autores tienen que aprender a ser pacientes con la editorial. Aunque un manuscrito se acepte para su publicación, esta puede demorarse. No moleste a los editores, espere. Tal vez, si no lo hubiera enviado, estaría todavía en la gaveta. Los autores nuevos llaman constantemente a la editorial para saber cuándo sale su libro. Los que ya pasaron esa etapa esperan a que le llegue en el correo la copia o copias del ejemplar.

También tengo que decir que, para el autor, su libro es como un bebé. Cuando ya lo ve publicado, examina cuidadosamente la tipografía y, si nota algún ligero error, ya se imaginará usted cómo reacciona el autor. ¿Qué padre no se siente mal cuando ve que su niño ha nacido con algún defecto?

El autor debe comprender que es tanto el trabajo que tienen las editoriales que al corrector de pruebas se le pasan a veces algunos detalles.

De ser posible, pida a la editorial que, antes de publicar el libro, le permita leer las pruebas, y así podrá revisarlas.

Abuso del don

Si de algo debe cuidarse un autor es del pecado de plagio. Esta palabra se define así: "Copiar en lo substancial obras ajenas y darlas como propias". Llanamente, el plagio es un robo literario.

Mientras predica o enseña, usted puede repetir como suyas las ideas de otro. Sin embargo, si las escribe substancialmente, comete plagio. Para no incurrir en plagio, se debe dar crédito a las fuentes que cita directamente en sus escritos. No debe apropiarse de ideas ajenas y dar la impresión de que son originales. Las notas bibliográficas y la bibliografía sirven de protección al autor.

Muchos libros son escritos tan académicamente que necesitan documentación. Su contenido y temática lo exigen. Otros libros surgen de la experiencia, de reflexiones propias, de principios personales que se desean enseñar y, por tanto, no necesitan bibliografía. Pero, si se citara a alguien, se tiene que dar la referencia de su origen.

Las casas editoriales y los editores son expertos en descubrir el pecado del plagio. A ningún autor le gustaría que le retiraran su libro porque no es original. Se deberá tener cuidado de no plagiar títulos de otros autores.

No se debe escribir para entrar en polémicas doctrinales e incurrir en conflictos eclesiásticos. Se debe hacer para orientar, informar, enseñar y bendecir.

El autor pulirá su estilo. Este es único y le da individualidad como escritor. Su manera de presentar y aplicar algo lo hace único. Pero no estará satisfecho con decir algo siempre de la misma manera; ese estilo necesita desarrollo. Por eso tiene que leer y estudiar los estilos de otros autores, no para copiarlos, sino para mejorar el suyo propio.

El primer libro es el más difícil de ser publicado. Pero, una vez que lo ha logrado y ha tenido aceptación, la "cosquilla" de escribir se deja sentir en el autor. No es de extrañar que los manuscritos comiencen a aparecer prolíficamente. Es entonces cuando se requiere mucho cuidado. Es mejor producir lentamente y dar a luz a bebés literarios fuertes y sanos, que "parir" demasiados hijos deformes y enfermos.

Los autores tienen su línea temática para escribir, y deben concentrarse en esta. El querer entrar a otros géneros literarios que no les corresponde podría restar calidad a su ministerio.

Se puede abusar del don de escribir por parte de aquellos que leen los libros reciben ideas, atrapan pensamientos pero, cuando enseñan o predican, no le dan ningún crédito a la fuente o al autor.

Es conocida la expresión de muchos: "Fulano escribió y citó". Al tiempo, "Alguien escribió". Mas luego, "el Espíritu Santo me reveló". Honré lo que otro escribió.

Si un libro los bendijo mucho, recomiéndenlo a otra persona. Pastores, promuevan la lectura en sus congregaciones. Apoyen a los autores que llegan a los templos con literatura cristiana.

Un autor puede ser abusado cuando muchos no valorizan el tiempo y estudio que este o esta invirtió para escribir el libro. Y, cuando lo está vendiendo, regatean con el autor para que les dé descuentos o les regale el libro. Si compran un libro, léanlo.

Si se sienten llamados a escribir, pídanle al Espíritu Santo que los motive. Desarrollen el hábito de la lectura, si no lo tienen. Un escritor que no lee, difícilmente escribirá bien.

Pero entiendan que el Señor Jesucristo no llama a todos, ni a muchos para ser escritores, a todos nos llama a leer, para a escribir. Si los llamó a escribir y ese don de escribir se activa en ustedes, escriban. Si los llamó a leer, lean.

Entre tanto que voy, ocúpate en la lectura, la exhortación y la enseñanza (1 Timoteo 4:13).

Y leían en el libro de la ley de Dios claramente, y ponían el sentido, de modo que entendiesen la lectura (Nehemías 8:8).

Bienaventurado el que lee, y los que oyen las palabras de esta profecía, y guardan las cosas en ella escritas; porque el tiempo está cerca (Apocalipsis 1:3).

Comiencen escribiendo pequeños artículos para revistas o periódicos cristianos. Escriban tratados evangelísticos. Si son predicadores, escriban un bosquejo completo del sermón que dará. Manténganse siempre escribiendo. Aprendan escritura digital; la van a necesitar en su ministerio.

En una ocasión le pregunté al fenecido teólogo Orlando E. Costas: "¿Cómo se escribe un libro?".

Mirándome a los ojos, se sonrió. Yo esperaba un gran secreto de un autor prolífico, pero me dijo: "Kittim, un libro se escribe escribiéndolo". En esa contestación recibí de parte de Dios la respuesta que andaba buscando. Si quería escribir un libro, tenía que comenzarlo a escribir. No hay otro secreto. Oren al Señor Jesucristo por el don de escribir, y manos a la obra.

Alguien preguntó al escritor Manuel Lassaletta, amigo de este servidor: "¿Qué se necesita para escribir un libro?". Su respuesta tajante, pero acertada, fue: "Hermano, si no lo sabe, es porque Dios no lo ha llamado a escribir".

Sin embargo, mi amigo le aconsejó que, si siente el llamado a escribir, escriba: la Iglesia de Jesucristo necesita de este don de escribir. Pero hay que prepararse todo lo que se pueda, leer mucho, pulir el estilo, seguir las recomendaciones de los editores o publicadores.

Capítulo 6

DIFERENCIA ENTRE DONES Y TALENTOS

Ahora bien, hay diversidad de dones, pero el Espíritu esel mismo. Y hay diversidad de ministerios, pero el Señores el mismo. Y hay diversidad de operaciones, pero Dios,que hace todas las cosas en todos, es el mismo.
— 1 Corintios 12:4-6

¿Qué es un don? Un don es una manifestación del Espíritu Santo que este da al creyente para beneficio de la Iglesia, y es administrado por Jesucristo. Los dones no deben ser confundidos con los talentos. Una persona puede tener un don, y no tener un talento, o tener un talento y no tener un don.

Predicar es un don, pero organizar el sermón con su estructura homilética es un talento que se va adquiriendo, que en muchos predicadores se desarrolla más que en otros. Los dones con la manifestación y con la práctica van desarrollando en el que los recibe el talento en su ejercicio.

El que predica recibe ese don para predicar pero, a medida que toma experiencia en el ministerio de la predicación, no tendrá estilo propio: copiará a otros predicadores. Por lo general, comienza imitando el estilo del pastor o de algún otro predicador. Pero luego, con el tiempo y con la experiencia el predicador, va descubriendo y desarrollando su propio estilo.

Lo mismo sucede con el maestro y líder que han recibido estos dones, pero en ellos el talento va emergiendo combinado con el don. Va descubriendo el estilo que mejor se le acomoda. En ese sentido se desarrolla ese talento de predicar.

Pero a cada uno le es dada la manifestación del Espíritu para provecho (1 Corintios 12:7).

237

A cada uno de nosotros se nos da un don espiritual para que nos ayudemos mutuamente (NTV).

Dios nos enseña que, cuando el Espíritu Santo nos da alguna capacidad especial, lo hace para que procuremos el bien de los demás (TLA).

El Espíritu Santo le da una manifestación especial a cada uno de nosotros para ayudar a los demás (NBV).

La predicación no es producto de la mente humana: es divina-humana. Predicar es un don porque lo da Dios y es un talento porque, por medio de la homilética, la práctica y la experiencia, se desarrollan en el predicador. Es importante conocer el significado de algunos vocablos que ayudan en el desarrollo de la predicación como un arte y un talento:

Homilética. El arte de predicar. Este término no está en el Diccionario de la Real Academia Española.

Hermenéutica. Es la ciencia de interpretar textos escritos. El Diccionario RAE define: "Del griego ἑρμηνευτικός hermēneutikós; la forma femenina, de ἑρμηνευτική hermēneutikē. Interpretación de los textos, originalmente los sagrados. Teoría de la interpretación de los textos".

Oratoria. Es el arte de hablar con persuadir con elocuencia. El Diccionario RAE define: "Del latín *oratorius*; la forma femenina del latín "oratoria". Arte de hablar con elocuencia. Género literario que se concreta en distintas formas, como el discurso, la disertación, la conferencia, el sermón.

Estilo: Punzón con el cual escribían los antiguos en tablas enceradas. Manera de escribir o de hablar peculiar de un escritor o de un orador. Gusto, elegancia o distinción de una persona o cosa.

Ortofonía: Ayuda en la corrección de la voz cuando se habla. El Diccionario RAE define: "De orto- y el griego -φωνία -*phōnía* 'sonido'. Corrección de los defectos de la voz y de la pronunciación.

Ortología. Tiene que ver con la pronunciación correcta. El Diccionario RAE dice: "De orto- y el griego -φωνία -*phōnía* 'sonido'. Rama de la fonética que establece las normas convencionales de pronunciación de una lengua".

Homilía. "Del latín tardío *homilĭa*, y este del griego ὁμιλία 'homilía'. Razonamiento o plática que se hace para explicar al pueblo las materias de religión".

Elocuencia. "Del latín *eloquentia*. Facultad de hablar o escribir de modo eficaz para deleitar, conmover o persuadir. Eficacia para persuadir o conmover que tienen las palabras, los gestos o ademanes y cualquier otra acción o cosa capaz de dar a entender algo con viveza".

Dicción. "Del latín *dictio*, -ōnis. Manera de hablar o escribir, considerada como buena o mala únicamente por el empleo acertado o desacertado de las palabras y construcciones".

Pronunciación. "Decir bien las palabras. Del lat. *pronuntiatio*, -ōnis. Acción y efecto de pronunciar. Parte de la antigua retórica que enseñaba a moderar y arreglar el semblante y acción del orador".

Verborrea. Hablar demasiado y sin sentido completo. El Diccionario RAE dice: "De verbo y -rrea. Verbosidad excesiva".

Modulación. Tiene que ver con el manejo del habla, subir o bajar la voz de acuerdo al énfasis que quiera poner el orador. Esto distingue a los buenos comunicadores en la predicación, conferencias o pláticas públicas o mediáticas.

Escribir literatura cristiana es un don, pero también es un talento. Con el tiempo la manifestación del don de escribir con la debida formación y el desarrollo del estilo se va transformando en un talento.

El talento es una habilidad natural o aprendida que una persona desarrolla; pero un don espiritual solo lo puede dar Dios.

El talento es recibido de forma natural; el don es recibido de forma sobrenatural.

El talento es algo ordinario en el que lo posee; el don es algo extraordinario que da el Espíritu Santo.

El talento puede ser hereditario, pero el don es concedido por la soberanía divina.

El talento se puede desarrollar con el estudio y con la práctica; el don se activa con el fuego del Espíritu Santo.

El talento, con la observación, el entrenamiento y la práctica continua, se va perfeccionando en el que lo tiene; el don se manifiesta por el Espíritu Santo en quien lo ha recibido.

El don se aviva y se activa. La función del pastor o del líder es motivar a que tiene el don para que lo avive en su vida y ministerio, dándole las oportunidades para que lo haga.

Por lo cual te aconsejo que avives el fuego del don de Dios que está en ti por la imposición de mis manos (2 Timoteo 1:6).

Por eso te aconsejo que avives la llama del don que Dios te dio cuando puse las manos sobre ti (NBV).

De igual manera, al que tiene un talento se le tiene que dar la oportunidad de servir con este en la obra del Señor Jesucristo. En la Iglesia de Jesucristo, ese binomio de dones y talentos es muy necesario. Al don se le puede sumar el talento, y al talento se le puede sumar el don.

En mi caso, yo comencé a predicar con el talento de hablar, de poder hacer bosquejos, de tener facilidad de retención de información mental, pero poco a poco el don de la predicación fue aflorando en mi vida, y el predicador emergió.

El talento se puede ver en esa inclinación especial o natural hacia el arte como la música, el dibujar o pintar o la actuación, el tener habilidad con las manos, los pies o la voz o la capacidad innata de hacer algo.

En mi familia algunos hermanos míos y yo hemos tenido desde niños una inclinación para dibujar, y mi sobrina Celestina también lo ha manifestado. Otros tres de mis hermanos tienen el talento de escribir poesía. La familia de mi yerno David tiene el talento de la música y el canto, y en mi nieto se notan esos talentos.

En muchas familias corren varios talentos. Si esos talentos no se desarrollan, se inactivan. Si esa persona se activa y se educa en el uso de los talentos, estos se ponen fuertes.

De muchos con talentos, podemos decir "talentos" a causa de la indisciplina, irresponsabilidad, falta de dedicación y falta de esfuerzo. Tienen talentos, pero no los desarrollan.

En el Antiguo Testamento tenemos ejemplos de personas con talentos que sirvieron en la obra de Dios:

> *Jubal y Tubal-caín tuvieron los talentos, el primero de la música y el segundo, de ser artífice. Y el nombre de su hermano fue Jubal, el cual fue padre de todos los que tocan arpa y flauta. Y Zila también dio a luz a Tubal-caín, artífice de toda obra de bronce y de hierro; y la hermana de Tubal-caín fue Naama* (Génesis 4:21-22).

> *Bezaleel y Aholiab tuvieron el talento para la construcción del tabernáculo —Mira, yo he llamado por nombre a Bezaleel hijo de Uri, hijo de Hur, de la tribu de Judá; y lo he llenado del Espíritu de Dios, en sabiduría y en inteligencia, en ciencia y en todo arte, para inventar diseños, para trabajar en oro, en plata y en bronce,*

y en artificio de piedras para engastarlas, y en artificio de madera;
para trabajar en toda clase de labor. Y he aquí que yo he puesto
con él a Aholiab hijo de Ahisamac, de la tribu de Dan; y he puesto
sabiduría en el ánimo de todo sabio de corazón, para que hagan
todo lo que te he mandado; el tabernáculo de reunión, el arca del
testimonio, el propiciatorio que está sobre ella, y todos los utensi-
lios del tabernáculo, la mesa y sus utensilios, el candelero limpio
y todos sus utensilios, el altar del incienso, el altar del holocausto
y todos sus utensilios, la fuente y su base, los vestidos del servicio,
las vestiduras santas para Aarón el sacerdote, las vestiduras de sus
hijos para que ejerzan el sacerdocio, el aceite de la unción, y el
incienso aromático para el santuario; harán conforme a todo lo
que te he mandado (Éxodo 31:2-11).

Y dijo Moisés a los hijos de Israel: Mirad, Jehová ha nombrado
a Bezaleel hijo de Uri, hijo de Hur, de la tribu de Judá; y lo ha
llenado del Espíritu de Dios, en sabiduría, en inteligencia, en cien-
cia y en todo arte, para proyectar diseños, para trabajar en oro, en
plata y en bronce, y en la talla de piedras de engaste, y en obra de
madera, para trabajar en toda labor ingeniosa (Éxodo 35:30-33).

Y ha puesto en su corazón el que pueda enseñar, así él como
Aholiab hijo de Ahisamac, de la tribu de Dan; y los ha llenado
de sabiduría de corazón, para que hagan toda obra de arte y de
invención, y de bordado en azul, en púrpura, en carmesí, en lino
fino y en telar, para que hagan toda labor, e inventen todo diseño.
(Éxodo 35:34-35).

Notemos que, sobre Bezaleel, Dios puso Espíritu de sabiduría, de
inteligencia y ciencia. De igual manera, Dios puso ánimo sobre Aholiab
y sobre todos. El Dios que da talentos también da dones.

David tenía el don de la música, pero con la práctica se desarrolló en él
el talento de tocar el arpa y de ser un compositor de salmos; por eso el rey
Saúl lo contrató como músico principal en su palacio:

Diga, pues, nuestro señor a tus siervos que están delante de ti,
que busquen a alguno que sepa tocar el arpa, para que cuando
esté sobre ti el espíritu malo de parte de Dios, él toque con su
mano, y tengas alivio. Y Saúl respondió a sus criados: Buscadme,
pues, ahora alguno que toque bien, y traédmelo. Entonces uno de
los criados respondió diciendo: He aquí yo he visto a un hijo de

Isaí de Belén, que sabe tocar, y es valiente y vigoroso y hombre de
guerra, prudente en sus palabras, y hermoso, y Jehová está con él
(1 Samuel 16:16-18).

Y cuando el espíritu malo de parte de Dios venía sobre Saúl,
David tomaba el arpa y tocaba con su mano; y Saúl tenía alivio y
estaba mejor, y el espíritu malo se apartaba de él (1 Samuel 16:23).

David, con otros guerreros, tuvieron el talento de utilizar la honda
para la defensa:

De toda aquella gente había setecientos hombres escogidos, que
eran zurdos, todos los cuales tiraban una piedra con la honda a
un cabello, y no erraban (Jueces 20:16).

Y metiendo David su mano en la bolsa, tomó de allí una piedra,
y la tiró con la honda, e hirió al filisteo en la frente; y la piedra
quedó clavada en la frente, y cayó sobre su rostro en tierra
(1 Samuel 17:49).

Estaban armados de arcos y usaban ambas manos para tirar
piedras con honda y saetas con arco. De los hermanos de Saúl de
Benjamín (1 Crónicas 12:2).

Un talento puesto al servicio de Dios se puede transformar en un
arma de guerra espiritual. David, con su honda y con una piedra tele-
dirigida por el poder de Dios, derrotó al hombre fuerte de los filisteos.

Martillo me sois, y armas de guerra; y por medio de ti quebrantaré
naciones, y por medio de ti destruiré reinos. Por tu medio
quebrantaré caballos y a sus jinetes, y por medio de ti quebrantaré
carros y a los que en ellos suben (Jeremías 51:20-21).

A Hiram de la tribu de Neftalí, Dios le dio sabiduría, inte-
ligencia y ciencia. Este Hiram de Neftalí no se debe confundir
con el rey Hiram de Tiro que proveyó materiales y ayuda pres-
taría para Salomón construir el templo y la casa de Dios
(1 Reyes 5:10-11; 2 Crónicas 2:8-10).

Salomón había solicitado al rey Hiram de Tiro un hombre con
talento. —Envíame, pues, ahora un hombre hábil que sepa

trabajar en oro, en plata, en bronce, en hierro, en púrpura, en grana y en azul, y que sepa esculpir con los maestros que están conmigo en Judá y en Jerusalén, los cuales dispuso mi padre (2 Crónicas 2:7).

Hiram de la tribu de Neftalí, procedente de Tiro, tuvo el talento de trabajar con bronce del templo de Salomón —Y envió el rey Salomón, e hizo venir de Tiro a Hiram, hijo de una viuda de la tribu de Neftalí. Su padre, que trabajaba en bronce, era de Tiro; e Hiram era lleno de sabiduría, inteligencia y ciencia en toda obra de bronce. Éste, pues, vino al rey Salomón, e hizo toda su obra (1 Reyes 7:13-14).

El rey Hiram de Tiro le envió a un tocayo llamado Hiram con talento de madre hebrea. —Yo, pues, te he enviado un hombre hábil y entendido, Hiram-abi, hijo de una mujer de las hijas de Dan, mas su padre fue de Tiro; el cual sabe trabajar en oro, plata, bronce y hierro, en piedra y en madera, en púrpura y en azul, en lino y en carmesí; asimismo sabe esculpir toda clase de figuras, y sacar toda forma de diseño que se le pida, con tus hombres peritos, y con los de mi señor David tu padre (2 Crónicas 2:13-14).

El nombre *Hiram* procede de *Ahiram* de los idiomas hebreos y fenicio; significa "hermano exaltado". En los pasajes anteriores se habla de "Hiram, hijo de una viuda de la tribu de Neftalí" (1 Reyes 7:13) y "Hiram-abi, hijo de una mujer de las hijas de Dan" (2 Crónicas 2:13). ¿Era su mamá de la tribu de Neftalí o era de la tribu de Dan? Muy probablemente, ella se identificaba con la tribu de Neftalí y pudo haber vivido con su marido en el territorio de la tribu de Dan.

Esto demuestra que, aun a una persona con talentos para servir a Dios, Él le da el don de sabiduría y de ciencia manifestados en la inteligencia para hacer aquello que servirá para la adoración de Dios y para el servicio de los creyentes.

La mujer virtuosa, fuerte, trabajadora, excelente ideal, ejemplar, del poema del libro sapiencial de Proverbios 31:10-31, presenta un acróstico con el orden de las letras hebreas, que encabezan en cada versículo las descripciones de esta mujer como esposa y madre ejemplar. Este poema parece ser la combinación de varias mujeres, o es una mujer supertalentosa: hace todo. Es la mujer maravilla del Antiguo Testamento.

En el Nuevo Testamento encontramos creyentes con talentos que fueron de mucha bendición en la obra de nuestro Señor Jesucristo:

Dorcas tuvo el talento de la costura. *Levantándose entonces Pedro, fue con ellos; y cuando llegó, le llevaron a la sala, donde le rodearon todas las viudas, llorando y mostrando las túnicas y los vestidos que Dorcas hacía cuando estaba con ellas* (Hechos 9:39).

Aquila con Aquila y Pablo tuvieron el talento de hacer carpas. *Y halló a un judío llamado Aquila, natural del Ponto, recién venido de Italia con Priscila su mujer, por cuanto Claudio había mandado que todos los judíos saliesen de Roma. Fue a ellos, y como era del mismo oficio, se quedó con ellos, y trabajaban juntos, pues el oficio de ellos era hacer tiendas* (Hechos 18:2-3).

En las congregaciones hay muchas personas con talentos que sirven en la decoración del santuario y del salón de actividades. Ayudan en la organización de banquetes y programas de entretenimiento congregacional. Se ven creyentes con talentos en los grupos de danza, de panderos, de banderas o banderines.

Vemos a otros creyentes con talentos en los dramas, las poesías coreadas, los mimos y las pantomimas. Pero, en esos creyentes, los dones de servicio y de ayuda se hacen manifiestos en el ejercicio de sus talentos. Cada uno de ellos deben ser estimulados a ejercer sus talentos y encomiados por su labor realizada. El ejercicio de los talentos se va transformando en ministerios, y los ministerios se van transformando en dones.

Muchas veces el talento viene antes del don y en otros casos el don viene primero, y después se desarrolla el talento. Debemos ser conscientes de que un creyente puede tener un talento o talentos, y no por eso tiene o recibirá un don o dones.

CONCLUSIÓN

JUNTOS, EL LECTOR y el autor, hemos recorrido esta ruta sobre la temática de los dones. En el enfoque didáctico y práctico de estos, se ha hecho un análisis objetivo del uso y abuso de cada don.

En cada uno de los dones y su clasificación, hemos descubierto su riqueza espiritual. La finalidad de este descubrimiento es animar a los creyentes en la búsqueda y descubrimiento de los dones que el Espíritu Santo haya dado a sus vidas.

Por otro lado, vemos que los dones son una necesidad para la edificación y debido funcionamiento del cuerpo místico de Cristo, es decir, la Iglesia. Esta acciona en la operación y manifestación de los dones.

Los dones, por lo tanto, son señales de la actuación y participación divinas en la vida comunitaria de los santos. Ser testigos de la operación de los dones es testificar la presencia activa de Dios.

Ante el mundo, los dones dan evidencia del poder y realidad de la intervención divina. A través de los dones, Jesucristo y el Espíritu Santo, segunda y tercera personas de la trinidad, se hacen públicos y presentes. Los dones son las habilidades divinas en acción y revelación. Ante su expresión, el mundo tiene evidencias tangibles de la realidad de Dios.

Son señales que siguen a la Iglesia, pero esta no puede seguir las señales. Los dones deben apuntar hacia el dador, y no hacia el revelador. Así como Juan el Bautista menguaba para que Jesucristo creciera (Juan 3:30), la personalidad de aquel que opera en el uso del don debe menguar para que Jesucristo crezca.

> *Vosotros mismos me sois testigos de que dije: Yo no soy el Cristo, sino que soy enviado delante de él. El que tiene la esposa es el esposo; mas el amigo del esposo, que está a su lado y le oye, se goza grandemente de la voz del esposo; así pues, este mi gozo está cumplido. Es necesario que él crezca, pero que yo mengüe* (Juan 3:28-30).

Ustedes saben que les dije claramente: Yo no soy el Mesías; estoy aquí solamente para prepararle el camino a él. Es el novio quien se casa con la novia, y el amigo del novio simplemente se alegra de poder estar al lado del novio y oír sus votos. Por lo tanto, oír que él tiene éxito me llena de alegría. Él debe tener cada vez más importancia y yo, menos (NTV).

Los dones deben señalar hacia Dios, y no hacia la Iglesia. Deben exaltar al Señor Jesucristo y al Espíritu Santo, y no al instrumento humano por medio del cual se manifiestan.

Al hablar del abuso del don, lo he hecho no para herir, sino para sanar; no para atacar, sino para ayudar; no para criticar, sino para amonestar. Mucho hemos leído sobre cómo identificar los dones en la vida del creyente y cómo ponerlos en práctica, pero el tema del *abuso de los dones* es algo que se evita. Pienso que el libro que usted ha acabado de leer al menos concientiza y, ¿por qué no decir?, abre los ojos ante el abuso de manipuladores e ignorantes.

Nadie nos debe impresionar por su cofre abierto de dones, por su unción, por su carisma, por su verbosidad, por su posición, por su intelectualidad, por sus logros, por sus trofeos. Debemos ser impresionados por Aquel que los llamó y los escogió para que estos fueran sus mandaderos o mensajeros.

Sansón fue un juez con mucho carisma, pero con poco carácter; con mucha unción, pero con poca transformación. Saúl fue un rey ungido, pero lleno de celo y de envidia. Los dones son señales de poder, pero el fruto del Espíritu Santo manifiesta las señales del carácter y vida santos.

Hace 50 años dejé de impresionarme por los poco ungidos, casi ungidos, medio ungidos y superungidos de Dios. De igual manera con los profetas de fuego; los apóstoles de revelación; los pastores de poder y los querubines de cuatro caras y los serafines de seis alas. Es más, a mí me impresionan aquellos que no buscan impresionarme y en cuya humildad Cristo se engrandece. ¡Ellos y ellas, nosotros, todos tenemos pies y manos de barro y corazones de papel!

El Rvdo. José Lachapell, un pastor del Bronx, New York, expresa a los muchos que les gusta lucirse con la unción de caídas en la mediática del Facebook:

No me muestres tus videos soplando personas y estas cayendo al suelo o revolcándose en el piso. Eso no me impresiona. Mejor testifica o dime que dos o tres escucharon la Palabra predicada y creyeron, y hoy están perseverando y sirviendo a Dios en algún lugar. Esto trae más gloria a Dios que cualquier video que publiques mostrando tu poder o promoviendo tu nombre o Ministerio. ¡Estamos cansados de shows!

Los dones no operan de manera automática: Dios los tiene que despertar, mover, activar y manifestar. Hombres y mujeres de Dios con dones, déjense usar por el Espíritu Santo y no traten de usar los dones a su antojo.

Los dones espirituales como don de profecía o don de profeta, dones de sanidades o dones de operación de milagros son abusados cuando el Espíritu Santo usa a un creyente de una manera y con un propósito particular.

Entonces se extralimitan en el don o dones para continuar haciendo algo en que el Espíritu Santo no los ha empoderado. Profetizan cuando ya no deben profetizar. Desean ministrar sanidad y que se hagan milagros cuando ya su tiempo terminó.

Donde termina de moverse la unción, no debe comenzar a moverse la emoción. Los dones te usan a ti, tú no puedes usar los dones. Lo que ocurrió en un culto o reunión no tiene que ocurrir en el próximo culto o reunión.

El Espíritu Santo obra y opera de manera soberana y sobrenatural, y no conforme a nuestra voluntad. Manifiesta sus dones cuando Él quiere, y no cuando nosotros queremos.

Aunque se discrepe de la autoridad espiritual, siempre se debe respetar su investidura espiritual, su don de oficio y sus dones espirituales. Aprendí de un oficial militar en nuestra congregación que, en el ejército, aunque la persona que lleve el uniforme de oficial le caiga mal a uno, uno tiene que saludar su rango.

Para muchos, sujetarse y someterse a una autoridad secular (juez, policía, bombero, patrón, principal, profesor, médico, enfermera, etc.) es más fácil. Lo hacen sin cuestionar y de manera automática. Pero sujetarse a una autoridad espiritual (obispo, presbítero, pastor, maestro, líder, anciano, diácono, etc.) le causa trabajo, la resisten y hasta la resienten. Oponerse a la autoridad es oponerse a Dios. Resistir la autoridad es resistir a Dios.

*Solo Dios puede darle autoridad a una persona, y es él quien les
ha dado poder a los gobernantes que tenemos. Por lo tanto, debemos obedecer a las autoridades del gobierno. Quien no obedece a
los gobernantes se está poniendo a lo que Dios ordena. Y quien
se oponga será castigado, porque los que gobiernan no están para
meterles miedo a los que se portan bien, sino a los que se portan
mal. Si ustedes no quieren tenerles miedo a los gobernantes, hagan
lo que es bueno, y los gobernantes hablarán bien de ustedes. Porque
ellos están para servir a Dios y para beneficiarlos a ustedes. Pero, si
ustedes se portan mal, ¡pónganse a temblar!, porque la espada que
ellos llevan no es de adorno. Ellos están para servir a Dios, pero
también para castigar a los que hacen lo malo. Así que ustedes
deben obedecer a los gobernantes, no solo para que no los castiguen,
sino porque eso es lo correcto. Los gobernantes están al servicio
de Dios, y están cumpliendo un deber. Por eso pagan ustedes sus
impuestos. Así que páguenle a cada uno lo que deban pagarle, ya
sea que se trate de impuestos, contribuciones, respeto o estimación*
(Romanos 13:1-7, TLA).

*A los hermanos de la iglesia, recuérdales que deben obedecer a los
gobernantes y a las autoridades del país. Recuérdales también que
deben ser obedientes en todo y estar siempre dispuestos a hacer el
bien* (Tito 3:1, TLA).

Un comunicador de la radio me escribió el siguiente mensaje de
alguien que me quería pedir perdón por ser parte de un grupo que
hablaba mal de mí:

*Luego de haber yo terminado de ministrar en la radio acerca del
tema "Respetar la unción". Me llamó un hermano que hace años
participó en una reunión de crítica en contra de usted. Dice que
desde ese día "le cayó lepra", y su vida entró en un letargo. Hoy él
se arrepiente y quiere pedirle perdón. Oramos por la oportunidad
de que lo haga personalmente y descargue frente a usted esa culpa
que lo agobia.*

El Espíritu Santo da dones espirituales, el Padre da dones de servicio y Jesucristo da dones de oficio o dones humanos para que podamos
servir en los ministerios y funciones a las cuales nos llama. Sin el don
del Espíritu Santo y los dones espirituales o ministeriales, no podemos

ser obreros eficaces. Las oportunidades de servir ahora en diferentes asignaciones te prepararán para servir luego en una asignación mayor.

David, en la asignación de llevar grano y diez panes para sus hermanos y diez quesos para el jefe de batallón de mil guerreros, alcanzó la asignación en su vida que le trajo promoción en el reino:

> *Y dijo Isaí a David su hijo: Toma ahora para tus hermanos un efa de este grano tostado, y estos diez panes, y llévalo pronto al campamento a tus hermanos. Y estos diez quesos de leche los llevarás al jefe de los mil; y mira si tus hermanos están buenos, y toma prendas de ellos* (1 Samuel 17:17-18).

Mi amigo y asistente conciliar, el obispo Ismael Claudio, en un sermón que predicó sobre este pasaje, tituló esa asignación "Llevando pan con queso". Y muchos ministerios comienzan llevando pan con queso, antes de realizar una ministerio mayor.

David primero tuvo la asignación de matar el león. Luego tuvo la asignación de matar al oso, para después cumplir con la asignación voluntaria de matar a Goliat:

> *David respondió a Saúl: Tu siervo era pastor de las ovejas de su padre; y cuando venía un león, o un oso, y tomaba algún cordero de la manada, salía yo tras él, y lo hería, y lo libraba de su boca; y, si se levantaba contra mí, yo le echaba mano de la quijada, y lo hería y lo mataba. Fuese león, fuese oso, tu siervo lo mataba; y este filisteo incircunciso será como uno de ellos, porque ha provocado al ejército del Dios viviente* (1 Samuel 17:34-36).

Nehemías primero tuvo la asignación como un eunuco de servir de copero del rey Artajerjes. Luego tuvo la asignación de servir como el constructor y como el gobernador asignado de Jerusalén:

> *Sucedió en el mes de Nisán, en el año veinte del rey Artajerjes que, estando ya el vino delante de él, tomé el vino y lo serví al rey. Y, como yo no había estado antes triste en su presencia, me dijo el rey: ¿Por qué está triste tu rostro? pues no estás enfermo. No es esto sino quebranto de corazón. Entonces temí en gran manera. Y dije al rey: Para siempre viva el rey. ¿Cómo no estará triste mi rostro, cuando la ciudad, casa de los sepulcros de mis padres, está desierta, y sus puertas consumidas por el fuego? Me dijo el rey:*

¿Qué cosa pides? Entonces oré al Dios de los cielos, y dije al rey: Si le place al rey, y tu siervo ha hallado gracia delante de ti, envíame a Judá, a la ciudad de los sepulcros de mis padres, y la reedificaré (Nehemías 2:1-5).

Los que firmaron fueron: Nehemías el gobernador, hijo de Hacalías, y Sedequías, Micaía, Rehob, Hasabías [...] (Nehemías 10:1-11).

Donde el Señor Jesucristo nos quiere utilizar y nos necesita, ahí es donde nos pondrá para su gloria y su honra. Acepta esa asignación divina para tu vida.

Los creyentes somos sembrados como árboles y floreceremos como la palmera donde nos planta el Señor el Señor Jesucristo.

Será como árbol plantado junto a corrientes de aguas, Que da su fruto en su tiempo, Y su hoja no cae; y todo lo que hace prosperará (Salmos 1:3).

El justo florecerá como la palmera; crecerá como cedro en el Líbano (Salmos 92:12).

De igual manera el salmista se comparó con el olivo verde que creció con frutos en las inmediaciones de los atrios de la casa de Jehová.

Pero yo soy como un olivo verde que florece en la casa de Dios; yo confío en el gran amor de Dios eternamente y para siempre (Salmo 52:8, NVI).

El profeta Jeremías, inspirado por el Espíritu de Dios, comparó el pueblo de Israel con el olivo verde:

Olivo verde, hermoso en su fruto y en su parecer, llamó Jehová tu nombre [...] (Jeremías 11:16).

El olivo verde habla de las muchas estaciones por las cuales pasa el siervo de Dios. El fruto del olivo es la aceituna; de la aceituna se saca el aceite. Con el aceite se unió al rey Saúl (1 Samuel 10:1), al rey David (1 Samuel 16:1, 13), al rey Salomón (1 R. 1:33-35, 39), y se ungía a los reyes. Con el aceite se ungía al sumo sacerdote y a los sacerdotes (Levítico 14:16). El aceite se utilizaba para el alumbrado y para la unción (Éxodo 25:6). Era utilizado para las ofrendas de tortas y hojaldres (Levítico 7:12). Con el aceite se ungía a ovejas (Salmo 23:5). Se usaba el aceite como ungüento para heridas (Lucas 10:33-34). Se empleaba en el Nuevo Testamento como símbolo del Espíritu Santo para orar por los enfermos (Santiago 5:14).

La madera de olivo se utilizó para hacer los querubines del lugar santísimo y las puertas al lugar santísimo:

> *Hizo también en el lugar santísimo dos querubines de madera de olivo, cada uno de diez codos de altura* (1 Reyes 6:23).

> *A la entrada del santuario hizo puertas de madera de olivo; y el umbral y los postes eran de cinco esquinas. Las dos puertas eran de madera de olivo y talló en ellas figuras de querubines, de palmeras y de botones de flores, y las cubrió de oro; cubrió también de oro los querubines y las palmeras. Igualmente hizo a la puerta del templo postes cuadrados de madera de olivo* (1 Reyes 6:31-33).

Así que no te olvides de que eres para Dios como un olivo verde, y como tal debes dar fruto, unción, sanidad, alimento. Eres verde para bendecir en la casa de Dios. Aunque los años vengan sobre ti, seguirás dando fruto como olivo verde. Los olivos milenarios del Getsemaní todavía se conservan verdes y dan el fruto de las olivas o aceitunas.

Es mi oración a Dios que ahora que usted sabe algo más sobre el uso y abuso de los dones, no cargue su rifle espiritual o tome su arco espiritual con una alhajaba de flechas, y se vaya a la caza de abusadores del don. Muchos fallan por desconocimiento, porque no se les ha enseñado. Esto se ilustra en el diálogo entre el etíope y Felipe:

> *Acudiendo Felipe, le oyó que leía al profeta Isaías, y dijo: Pero ¿entiendes lo que lees? Y él dijo: ¿Y cómo podré, si alguno no me enseñare? y rogó a Felipe que subiese y se sentara con él* (Hechos 8:30-31).

Puedo parafrasear las dos interrogantes y aplicarlas al uso y abuso de los dones de esta manera: "¿Entiendes cómo usas el don?". La respuesta sería con otra interrogante: "¿Y cómo podré evitar el abuso del don, si no me enseñan?".

El mayor abuso en contra de los dones es manifestarlos para

provecho propio, ignorarlos por falta de estudio, negar su uso, criticar su manifestación, decir que han cesado y atribuir sus manifestaciones a algo que no es.

Debemos pedir los dones en humildad para que sea el Padre que los dé, el Hijo que los otorgue y el Espíritu Santo que los manifieste en nosotros. Pidamos recibir aquellos dones que en su voluntad el Padre Celestial tiene para nosotros, y no exijamos aquellos dones que no son para nosotros.

No nos olvidemos de que los dones son para servir a otros, y no para nosotros ser servidos; deben administrarse en conformidad con la pluralidad de la gracia de Dios.

> *Cada uno, según el don que ha recibido, minístrelo a los otros, como buenos administradores de la multiforme gracia de Dios* (1 Pedro 4:10).

> *Cada uno de ustedes ha recibido algún don de Dios; úsenlo para servir a los demás. Sean fieles administradores de los diferentes dones de Dios* (NBV).

Toda ministración con los dones debe ser contextualizada con la Palabra de Dios y conforme al poder del Espíritu Santo, para que, en la ministración de los dones, el Padre sea siempre glorificado en el Hijo Jesucristo por medio del Espíritu Santo.

> *Si alguno habla, hable conforme a las palabras de Dios; si alguno ministra, ministre conforme al poder que Dios da, para que en todo sea Dios glorificado por Jesucristo, a quien pertenecen la gloria y el imperio por los siglos de los siglos. Amén.* (1 Pedro 4:11).

> *El que habla, que lo haga como el que habla las palabras mismas de Dios. El que presta algún servicio, que lo haga como el que tiene la fuerza de Dios para hacerlo. Así, en todo lo que ustedes hagan, Dios será alabado por medio de Jesucristo, a quien le pertenece la gloria y el poder para siempre. Amén* (NBV).

¿Deseas ser usado en grandes cosas por nuestro Señor Jesucristo? ¿Quieres que el Espíritu Santo derrame su poder sobre ti? Ora, ayuna, estudia la Biblia, congrégate y sé un servidor de Jesucristo.

¿Sientes emprender algo grande para la obra del Padre? ¿Te sientes sin fuerzas espirituales? ¿Buscas más unción del Espíritu Santo en tu vida? Ora, ayuna, estudia la Biblia, congrégate y sé un servidor de Jesucristo. ¿Deseas una mayor manifestación de la gloria de Dios en tu ministerio? ¿Deseas que dones espirituales se manifiesten en tu vida? ¿Necesitas más poder para echar fuera demonios? ¿Quieres ser un hombre o mujer de reino? Ora, ayuna, estudia la Biblia, congrégate y sé un servidor de Jesucristo.

DATOS BIOGRÁFICOS DEL AUTOR

EL DR. KITTIM Silva Bermúdez es el obispo general del International Council of Pentecostal Churches of Jesus Christ, así como miembro fundador de Radio Visión Cristiana Internacional, fundador de la Universidad Cristiana de Desarrollo Humano y del Instituto Cristiano de Desarrollo Humano. También es el fundador del programa de rehabilitación para adictos y alcohólicos Ministerios Puerta a la Vida y de la Confraternidad de Líderes Conciliares de Nueva York. Ha predicado el evangelio alrededor del mundo durante más de cuatro décadas y escrito sobre 60 libros. Desde su base ministerial en la Iglesia Pentecostal de Jesucristo de Queens en Nueva York y a través de Radio-Retorno, TV-Retorno y Libros-Retorno, con programas de radio, televisión y libros ha estado llegando a miles de personas. Reside en la ciudad de Nueva York junto a su esposa la Rev. Rosa M. Silva, tienen dos hijas, Janet y Aimee y dos nietos, Josiah Kittim y Meela Rose.

Información de contacto
E-mail: kittim1950@gmail.com
Tel: (718) 738-5640

BIBLIOGRAFÍA

Bartleman, Frank. *Cómo Pentecostés llegó a Los Ángeles.* (Publicado en 1925).

Barclay, William. *Comentario al Nuevo Testamento.* Tomo 9, sobre 1 y 2 de Corintios. Editorial CLIE. Barcelona, España. (Publicado en 1996).

Bonhoeffer, Dietrich. *El precio de la gracia.* Ediciones Sígueme, Salamanca. (Publicado en 2004).

Chambers, J. Oswald. *Madurez espiritual: principios de crecimiento espiritual para cada creyente.* Editorial Portavoz. Grand Rapids, Michigan, USA. (Publicado en 2007).

Chambers, J. Oswald. *En pos de lo supremo. 365 lecturas devocionales.* Editorial CLIE. Barcelona, España. (Publicado en 2007).

De Cesarea, Eusebio. *Historia eclesiástica.* Editorial Portavoz, Grand Rapids, Michigan, USA. (Publicado en 1999).

Fumero, Mario E. *El caos de los apóstoles y profetas modernos.* Honduras. (Publicado en 2010).

Gran Diccionario Enciclopédico de la Biblia. Editado por Alfonso Ropero Berzosa. Editorial CLIE. Barcelona, España. (Publicado en 2010).

Kuen, Alfred. *Dones de servicio.* Editorial CLIE. Barcelona, España. (Publicado en 2010).

Lee, Jaerock. *El cielo I.* Libros Urim. Seúl, Corea. Edición en español. (Publicado en 2005).

Lutero, Martín. *Comentario libro de Romanos.* Editorial CLIE. Barcelona, España. (Publicado en 1998).

MacArthur, John. *Fuego extraño: El peligro de ofender al Espíritu Santo con adoración falsa.* (Publicado en 2013).

McDonald, William. *Comentario bíblico de McDonald.* Editorial CLIE. Barcelona, España. (Publicado en 2004).

Magnin, Lucas. *Cristianismo y posmodernidad: La rebelión de los Santos.* Editorial, CLIE, Barcelona, España. (Publicado en 2018).

Myer Pearlman. *Teología bíblica y sistemática.* Editorial Vida. Miami, Florida. (Publicado en 1992).

Parham, Charles F. *A Voice Crying in the Wilderness [Una voz clamando en el desierto].* Baxter Springs, Apostolic Faith Bible College. (Publicado en 1902).

Parham, Charles F. *The Everlasting Gospel [El Evangelio eterno].* Baxter Springs, Apostolic Faith Bible College. (Publicado en 1911).

Parham, Sarah E. *Selected Sermons of the Late Charles F. Parham [Sermones escogidos del fallecido Charles F. Parham].* Baxter Springs, Apostolic Faith Bible College. (Publicado en 1941).

Saucedo Valenciano, José M. *Comentario teológico y expositivo: Romanos.* (Publicado en México, 2007).

Rios, Danny. *Tesis Doctoral: La nación desheredada: orígenes y desarrollo del Pentecostalismo en Puerto Rico (1916-1990)* (Publicada en Puerto Rico, 2014).

Ridderbos, Herman. *El pensamiento del apóstol Pablo.* Editorial Libros Desafío. Grand Rapids, Missouri. (Publicado en 2006).